国家出版基金项目
NATIONAL PUBLICATION FOUNDATION

"一带一路"沿线国家教育研究书系

王英杰　刘宝存　主编

『十四五』时期国家重点出版物出版专项规划项目

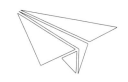

Thailand

张清玲

著

泰国教育研究

广西教育出版社　南宁

图书在版编目（CIP）数据

泰国教育研究 / 张清玲著 . -- 南宁 : 广西教育
出版社 , 2023.3

（"一带一路"沿线国家教育研究书系 / 王英杰，
刘宝存主编）

　ISBN 978-7-5435-8948-3

Ⅰ . ①泰… Ⅱ . ①张… Ⅲ . ①教育研究－泰国 Ⅳ .
① G533.6

中国国家版本馆 CIP 数据核字 （2023）第 046352 号

泰国教育研究
TAIGUO JIAOYU YANJIU

策　　划：廖民锂
责任编辑：农　郁
责任校对：袁妙玲　谢桂清
装帧设计：李浩丽
责任技编：蒋　媛

出 版 人：石立民
出版发行：广西教育出版社
地　　址：广西南宁市鲤湾路 8 号　邮政编码：530022
电　　话：0771-5865797
本社网址：http://www.gxeph.com
电子信箱：gxeph@vip.163.com
印　　刷：广西民族印刷包装集团有限公司
开　　本：787mm×1092mm　1/16
印　　张：16.75
字　　数：269 千字
版　　次：2023 年 3 月第 1 版
印　　次：2023 年 3 月第 1 次印刷
书　　号：ISBN 978-7-5435-8948-3
定　　价：54.00 元

（如发现图书有印装质量问题，影响阅读，请与出版社联系调换。）

序

2013 年，习近平总书记提出共建"丝绸之路经济带"和"21 世纪海上丝绸之路"的重大倡议（以下简称"一带一路"倡议）。2015 年 3 月 28 日，我国政府正式发布《推动共建丝绸之路经济带和 21 世纪海上丝绸之路的愿景与行动》。建设"丝绸之路经济带"和"21 世纪海上丝绸之路"（以下简称"一带一路"），是党中央、国务院主动应对全球形势深刻变化、统筹国内国际两个大局做出的重大战略决策。"一带一路"建设秉持和平合作、开放包容、互学互鉴、互利共赢的理念，全方位推进与沿线国家的务实合作与交流，打造政治互信、经济融合、文化包容的利益共同体、命运共同体和责任共同体，促进沿线国家经济繁荣发展，加强文明交流共享，促进世界和平发展，全面推动人类命运共同体建设。

"一带一路"贯穿亚欧非大陆，沿线各国资源禀赋各异，经济互补性较强，彼此合作的潜力和空间很大，合作的主要内容是实现沿线各国之间的政策沟通、设施联通、贸易畅通、资金融通、民心相通（以下简称"五通"）。在推进"一带一路"建设和促进人类命运共同体建设的进程中，教育有着举足轻重的地位，承担着独特的使命，发挥着基础性、支撑性、引领性的作用。所谓基础性作用，主要是指教育是"五通"的基础，特别是民心相通的基础。沿线国家历史文化不同，宗教信仰各异，政治体制多样，地缘政治复杂，经济发展水平不一。因此，"五通"首先要民心相通。要实现民心相通，主要是通过教育，促进"一带一路"沿线国家人民的相互了解、相互理解、相互信任、相互尊重，增进彼此间的友谊。所谓支撑性作用，主要是指教育特别是高等教育具有人才培养、科学研究、社会服务、文化交流等多种职能，可以通过其知识优势、智力优势、人才优势为"一带一路"倡议提供全方位的支持，为探索和建设新的国际合作以及全球治理新模式贡献宝贵智慧。所谓引领性作用，则是指教育不但要与"五通"的方向和要求相一致，而且必须优先发展，为其他方面的发展奠定坚实的基础。

因此，2016年，教育部牵头制订了《推进共建"一带一路"教育行动》，通过积极推动教育互联互通、人才培养培训合作和共建丝路合作机制，对接"一带一路"沿线各国意愿，互鉴先进教育经验，共享优质教育资源，聚力构建"一带一路"教育共同体，形成平等、包容、互惠、活跃的教育合作态势，促进区域教育发展，全面支撑共建"一带一路"。"一带一路"教育共同体建设，要求加强对"一带一路"国家和区域的教育体系的研究，实现我国与沿线国家教育发展的战略对接、制度联通和政策沟通，实现区域教育治理理论的突围及重建，构建兼顾统一性与差异性的区域教育合作框架，构建科学的教育合作和交流机制，并在教育体系方面做出相应的制度安排及调整。"一带一路"沿线地域广袤，除了中国，还涉及东亚、东南亚、南亚、西亚、中东欧、中亚等地区的65个国家，这些国家在政治制度、经济发展、文化传统等方面都存在较大差异，因此也导致教育体系上有很大差异。我国在制定相应教育合作政策时不可能采取"一刀切"的粗放式做法，必须根据各个国家教育体系的实际情况采取差异化政策，有效实现与"一带一路"沿线国家的教育战略对接、制度联通、政策沟通。然而，客观地讲，我们对"一带一路"沿线国家的教育发展情况了解不多。传统上，由于改革开放后我国教育制度重建和经验借鉴的需要，以国外教育为主要研究对象的比较教育学科长期聚焦美国、英国、法国、德国、俄罗斯/苏联、日本等少数几个国家，即使是在20世纪90年代以后逐渐扩大研究对象国，澳大利亚、加拿大、新加坡、韩国、印度、芬兰、瑞典、挪威、西班牙、荷兰、南非、巴西等国相继被纳入研究范围，关于大多数"一带一路"沿线国家教育的研究仍然处于简单介绍的阶段，对于不少国家的研究仍然处于空白状态，严重影响了我国与"一带一路"沿线国家的教育合作与交流，影响了"一带一路"教育共同体的建设。

正是在这样的大背景下，我们申报了教育部哲学社会科学研究重大课题攻关项目"'一带一路'国家与区域教育体系研究"并成功获批。该课题是一项关于"一带一路"国家与区域教育体系的综合性研究，根据课题设计，研究内容虽然也包括关于"一带一路"国家与区域教育体系的基本理论，但是重点在于对东亚、东南亚、南亚、西亚、中东欧、中亚等地区的国家和区域教育体系的研究，了解不同国家的教育文化传统、现行学制和教育行政管理制度、最新教育政策、教育合作及交流政策与需求，弄清区域组织的教育政策及其对各国教育体系影响的途径与机制、区域内主要国家对区域教育政策及其他国家教育体系影响的途径与机制以及不同区域教育体系的基本特征。在国别与区域研究的基础上，课题进行"一带一路"国家与区域教育体系的比较研究，分析"一带一路"国家和区域教育文化传统、教育制度、教育政策、教育发展水平的共同性与差异性，弄清"一带一路"国家和区域教育体系的共同性与差异性的影响因素。在比较研究的基础上，课题再聚焦"一带一路"教育共同体建设的理论构建与战略选择，讨论"一带一路"教育共同体建设的理论突围，区域和全球教育治理理论模型构建，兼顾统一性与差异性的教育合作框架构建，我国与"一带一路"沿线国家的教育战略对接、制度联通和政策沟通，面向"一带一路"共同体建设的教育合作和交流机制构建，我国在教育体系上的制度安排与调整等政策性问题。

该课题的研究工作得到广西教育出版社的大力支持。广西教育出版社出于出版人的社会责任感和使命感，与我们联合策划了"'一带一路'沿线国家教育研究书系"，选择28个"一带一路"沿线国家开展系统研究，每个国家独立成册，分辑出版。为了全面反映"一带一路"沿线国家教育的全貌，并体现丛书的特征，我们统一了每册的篇章结构，使之分别包括研究对象国教育的社会文化基础、历史发展、基本制度与政策、学前教育、基础教育、高等教育、职业教育、教师教育以及教育改革走向。在统一要求的同时，各册可以根据研究对象国教育的实际情况，适度调整研究内容，使之反映研究对象国教育的特殊性。

"'一带一路'沿线国家教育研究书系"涉及国家较多，既有研究相对薄弱，在语言、资料获取等方面也困难重重。我们有幸获得一批志同道合者的大力支持，他们来自国内外不同的高等院校和研究机构，在百忙之中承担了各册的撰写任务，使得丛书得以顺利完成，在此我们谨向各册作者表示崇高的敬意和衷心的感谢！

"'一带一路'沿线国家教育研究书系"的出版，只是我们"一带一路"国家和区域教育体系研究的阶段性成果，粗陋之处在所难免，且各对象国研究基础存在差异，各册的研究深度也难免有一定差距，希望得到各位专家学者的批评指正。我们也衷心希望在"一带一路"教育领域涌现更多、更高水平的研究成果，为"一带一路"倡议的实施和"一带一路"教育共同体的建设提供有力的支撑，为教育学科特别是比较教育学科的繁荣发展赋能。

王英杰　刘宝存
于北京师范大学
2022 年 2 月

前　言

　　泰国是"一带一路"建设的重要节点国家，更是与我国确立战略合作伙伴关系的东盟国家。自 1975 年建交以来，中泰两国一直保持着和谐友好的关系，频繁开展经贸、教育等方面的合作与交流。"泰国 4.0"战略和"东部经济走廊"发展规划与中国"一带一路"倡议的高度契合，更为中泰教育合作与交流提供了千载难逢的契机。在这新的历史机遇下，开展泰国教育研究的意义不言而喻。

　　本书共有九章，先从泰国的历史、社会、文化等要素出发，探索和分析泰国教育发展的基础和条件，根据泰国教育在不同历史时期呈现出的特征，将其发展阶段主要划分为传统教育时期、西方教育的传播与影响时期、教育改革与发展时期和 21 世纪教育现代化发展时期四个发展阶段。接着，从学前教育、基础教育、高等教育、职业教育和教师教育五个领域来分析泰国的学校教育制度、教育行政管理制度以及教育宏观政策，并从培养目标与实施机构、课程与教学、保障体系等微观的视角探索和总结了泰国教育发展的现状和举措。为了全面提高泰国教育的质量，教育改革从古到今一直在持续进行，取得了一些成绩和经验，然而，仍然存在许多影响教育质量提升的问题和挑战，需要根据实际状况和未来发展方向继续进行改革。本书最后总结泰国教育的特色与经验，分析泰国教育发展面临的问题与挑战，同时结合泰国近年来颁布的教育政策和法规文件，预测泰国教育未来的发展趋势。本书的结尾以附录的形式简要呈现了泰国主要教育统计数据及主要大学介绍，方便读者更好地了解泰国的教育情况。

　　本书得以完成离不开老师、家人和朋友的支持与帮助。首先，感谢本套丛书的主编王英杰先生和刘宝存教授对我的信任和指导，感谢国家出版基金管理委员会的认可和资助。其次，感谢我的好朋友，泰国教育部的Sanicha Powaporn 博士和朱拉隆功大学校友 Suchawalee Jeewasuwan 帮我收集了许多关于泰国教育的资料。最后，感谢家人对我工作的支持和理解，尤其是我的先生和儿子，给了我很多鼓励、包容和力量；还有我的母亲，特别感谢她帮忙照看孩子，让我有更多的时间和精力完成本书的写作。总之，本书得以顺利出版离不开老师的悉心指导、家人的全力支持和朋友的尽心帮助，也离不开广西教育出版社领导的大力支持和责任编辑的辛勤工作，在此深表谢意。

由于学识和能力有限，特别是语言和资料上的限制，加之时间有限，本书还存在很多缺陷和不足，恳请各位专家和广大读者批评指正，以便未来修订完善。

张清玲

2022 年 3 月

目 录

第六章　泰国高等教育　133

第七章　泰国职业教育　161

第一章
泰国教育的社会文化基础

泰国教育的发展与其社会文化演变是不可分割的。泰国的历史、社会、文化等基本要素是其教育发展的根基。本章将从以上几个方面对泰国的社会文化进行审视和分析，以便更深入地了解泰国教育的发展背景和历程。

第一节　泰国教育的历史基础

泰国于 13 世纪初形成较为统一的国家，先后经历素可泰王朝（1238—1438 年）、阿瑜陀耶王朝（1350—1767 年）、吞武里王朝（1767—1782 年）和曼谷王朝（1782 年至今）。这四个王朝的历史发展逐渐奠定了泰国现今教育发展的基础。

一、君主专制时期

（一）素可泰王朝（1238—1438 年）

公元 1238 年，素可泰王朝建立。素可泰王朝历任 9 位国王，他们影响了泰国政治、经济和民族文化的发展，为现代泰国奠定了立国基础。在第三任国王兰甘亨（1275—1317 年在位）统治时期，素可泰王朝达到全盛。在政治上，实行军权与神权相结合的家长制统治，国王和僧侣是国家政权的核心；在经济上，兰甘亨国王鼓励生产、予民生息；在文化上，佛教盛行，兰甘亨国王积极引进锡兰改造后的上座部佛教，以上座部佛教宣扬平等主义和重视改革的思想。此外，为了团结人民和维护国家独立，兰甘亨国王创立了统一的文字，发明了泰文字母表，奠定了泰国以文字记载历史的基础。[1] 他把古孟文和古高棉文加以改造，创造了 44 个辅音字母和 32 个元音字母，增添了 4 个声调符号。[2] 素可泰王朝还经常通过战争扩张领土，在兰甘亨国王统治期间，素可泰王国影响力巨大，其势力最南部达到马来半岛，西部达到缅甸白古和孟加拉湾，东南达到南海，东北达到难府和湄公河西岸，

---

① 田禾，周方冶.泰国［M］.北京：社会科学文献出版社，2005：84.

② 李元君，段立生，连旭.丝绸之路上的东南亚文明：泰国［M］.南宁：广西人民出版社，2015：116.

北部达到喃邦府。① 兰甘亨国王去世后，素可泰王朝开始走向衰落。素可泰最后被罗斛国所灭。

（二）阿瑜陀耶王朝（1350—1767 年）

1350 年，乌通王战胜素可泰王朝，建都阿瑜陀耶城。阿瑜陀耶城位于曼谷以北，处于湄南河的冲积平原地带，地理位置优越，交通发达，土地肥沃，气候暖和，物产丰富，民众富足。阿瑜陀耶王朝在其存在的 400 多年中，对泰国历史影响最大的事件是戴莱洛迦王的政治改革和萨克迪纳土地制度的建立，它标志着古代泰国社会正式确立封建君主制和中央集权统治。在经济方面，阿瑜陀耶王朝实施萨克迪纳土地制度，国王拥有全国土地的所有权，上至贵族下至平民根据不同的身份等级从国王那里获得数量不等的土地，平民获得的土地最少，并且是以租赁的形式获得土地，同时还承担着缴纳贡赋、服劳役和兵役的义务。这种土地制度把社会每个成员分属不同的社会阶级，占全国人口绝大多数的农奴阶级作为依附民被束缚在土地上。在文化方面，阿瑜陀耶王朝继续发扬上座部佛教，从锡兰迎来许多僧侣，广传佛教教义。此外，广泛使用素可泰王朝时期创造的泰文，使其代替巴利文和高棉文，成为人们主要的文字工具。同时，阿瑜陀耶王朝出现了一种用桑树制成的沙纸，分黑白两种。文字和纸的进步，为文学的发展创造了条件。在阿瑜陀耶王朝前期，最为流行和成就最高的文学作品是诗歌，这一时期被认为是"泰国诗歌的黄金时代"。② 阿瑜陀耶王朝时期，来自东西方不同国家的商船聚集于此，使阿瑜陀耶城成为东西方海上交通的交汇口和经济活动中心。这促进了阿瑜陀耶王朝商品经济和对外贸易的发展，也给泰国社会带来了西方文明。然而，西方各国的殖民主义者也纷至沓来，16 至 17 世纪，葡萄牙、荷兰、英国、法国等殖民主义者入侵泰国。1767 年，缅甸军队攻陷了阿瑜陀耶城，不久后，华裔将领郑信领导军民，驱逐了缅甸入侵军，建立吞武里王朝。

（三）吞武里王朝（1767—1782 年）

1767 年 12 月 18 日，郑信成为泰国第三代王朝的开国之君吞武里大帝，

---

① 段立生. 泰国通史［M］. 珍藏本. 上海：上海社会科学院出版社，2019：41.

② 田禾，周方冶. 泰国［M］. 北京：社会科学文献出版社，2005：88.

史称郑王。吞武里王朝建立初期，暹罗呈现一片凋敝的景象，郑信下定决心恢复暹罗社会的繁荣。首先，在经济上，设法解决广大民众的粮食问题；发展商业贸易，刺激社会经济发展；建设交通运输线路，便于商业贸易；缩短农奴的服役时间，让其有较多时间在土地上劳动。郑信的这一系列经济措施在一定程度上促进了生产的发展和社会秩序的稳定。在文化上，重建各地的佛教组织，收集各地散佚的三藏经典，组织力量整理和校勘佛教文献。吞武里王朝始于 1767 年，终于 1782 年，仅仅存在了短短的 15 年，但在泰国历史上是一个关键的转折。

（四）曼谷王朝初期（1782—1932 年）

1782—1910 年，泰国社会经历了从拉玛一世到拉玛五世的统治。经过吞武里王朝 15 年的休养生息，社会经济有所发展，军事实力得以增强，但在国际交往中，暹罗仍处于不利的地位。1855 年的《鲍林条约》是暹罗与英国签订的不平等条约。此后，暹罗又与法国、丹麦、荷兰、德国、瑞士、挪威、比利时、意大利、俄国和日本等 15 个国家签订了各种不平等条约。这些不平等条约使西方殖民主义者不断地对暹罗的政治和经济进行渗透，将其纳入世界资本主义经济体系，使之成为列强的原料产地和商品推销的市场。[①]面对严峻的形势，拉玛四世和拉玛五世决心采取自上而下的改革。他们主动学习西方文明，逐步废除奴隶制和各式各样的封建依附关系，改革中央和地方的行政管理制度，对财政税收制度、教育制度、军事制度、立法和司法制度进行全方位的改革。同时，大力修建铁路和公路，建设邮电通信等公共设施。拉玛五世被认为是一位伟大的改革家，教育改革是他的主要举措之一，最终形成了中央化的国家世俗教育体系。拉玛五世还进行了广泛的海外旅行，包括几次主要的欧洲之行，在那里他了解了西方的教育制度，并运用到本国的现代教育改革当中。

第一次世界大战前后的曼谷王朝，正值拉玛六世和拉玛七世统治时期。拉玛六世继续深化拉玛五世的行政制度改革，增强民众民族认同感，加强国防建设。为了巩固封建君主专制政体，拉玛六世开展各类人才培训，大力开办各级教育事业。例如，1917 年，他创办了朱拉隆功大学；1921 年，

---

① 段立生.泰国通史［M］.珍藏本.上海：上海社会科学院出版社，2019：190.

他领导制定和颁布了《义务初等教育法》。他鼓励和支持学生出国留学，增加从平民中择优录取出国留学生的名额。此外，他明令禁止花会和赌博，发展合作化事业，兴建自来水设施，建立新式医院，创办储蓄银行，订立《国民教育条例》，整顿陆军和海军，新设空军等。由于拉玛六世推行的一系列深化改革，暹罗内政呈现较好和较稳定的局面。在外交上，暹罗保持了主权国家的独立，并在第一次世界大战后废除了外国在泰国的治外法权。拉玛七世是暹罗最后一位封建君主专制的国王。他学习和借鉴英国的文官制度，于1928年颁布《文官条例》，开创了择优选拔官员的新时代。1932年6月，民党发动政变，暹罗从绝对君主专制政体转变为君主立宪制政体。拉玛七世于1935年退位。

二、君主立宪制时期

1939年，暹罗更名为泰国，后经几次更改，于1949年正式定名为泰国。

第二次世界大战后，泰国军人集团长期掌握政权，政府一度更迭频仍。20世纪90年代开始，军人逐渐淡出政坛。2001年，泰爱泰党在全国大选中胜出，塔信担任总理，2005年连任。2006年9月发生军事政变，塔信下台。2007年举行全国大选，人民力量党获胜，党首沙玛出任总理。2008年9月，沙玛被判违宪下台，人民力量党推选颂猜接任总理。12月，宪法法院判决人民力量党、泰国党和中庸民主党贿选罪名成立，予以解散，颂猜下台。12月15日，民主党党首阿披实当选总理。2011年5月，阿披实宣布解散国会下议院，7月举行全国大选，为泰党赢得国会下议院过半议席。8月，英拉政府成立。2013年12月，英拉宣布解散国会下议院，重新举行大选。2014年2月，泰国举行下议院选举，因反对派抵制，部分地区投票无法顺利举行。3月，宪法法院判决大选无效。5月22日，军方以"国家维稳团"名义接管政权。7月31日，国家立法议会组成。8月21日，立法议会选举"国家维稳团"主席、陆军司令巴育为新总理。24日，巴育就任总理。2015年8月、2016年12月和2017年11月，巴育三次调整内阁。2016年10月13日，九世王普密蓬·阿杜德去世，哇集拉隆功国王即位。2019年3月24日，泰国举行新一届大选。6月5日，新一届国会上、下两院投票选举总理，巴育高票当选连任。7月10日，国王御准新一届内阁名单。7月16日，全体阁员宣誓就职。2020 年 8 月，巴育改组内阁。[①]

第二节　泰国教育的社会基础

一、地理位置

泰国位于中南半岛中南部，东与老挝人民民主共和国和柬埔寨王国接壤，东南邻泰国湾和马来西亚湾，与马来西亚接壤，西濒安达曼海，北与老挝人民民主共和国和缅甸联邦共和国接壤。据 2019 年统计，泰国面积约 513 120 平方千米[②]，泰国全国可分为北部、东部、东北部、中部和南部五个地区，现有 77 个省。省下设县、区、村。曼谷是唯一的省级直辖市。

北部主要是山区丛林，该地区是许多山地少数民族的家园。位于北部地区的山区省份通常被统称为"兰那泰"，其中最大的省是清迈府。北部包括泰国第一个王国素可泰的中心地带，即今天泰国北部的素可泰府。

东部地形为洼地平原和沿海平原，中间有山脉分隔开来。山脉南面分布着沿海平原。沿海地区河流纵横、雨量充沛，是水果、橡胶、甘蔗和木薯的主要产区。东部沿海海岸线曲折，附近有许多大小岛屿，其中包括泰国有名的第二大岛——象岛。此外，海边沙滩风景优美，是人们向往的海景度假旅游胜地，著名的芭堤雅就在该地区。

东北部是呵叻高原，为碟形台地。位于东北部高原的呵叻府，是泰国东北部的第一大省，也是泰国面积最大的省，更是通往东北部的主要门户。虽然东北部仍然是泰国大部分农村人口的家园，但它也有新兴的城市。发展最快的城市包括呵叻、孔敬、乌汶和乌隆他尼。

中部是昭披耶河（即湄南河）平原。中部平原占据了湄南河流域的大部分地区，是泰国的政治、经济和文化中心。泰国的商业和工业活动主要集中在该地区，其中就包括首都曼谷（Bangkok）。该地区的经济增长速度

[①]　中华人民共和国外交部 . 泰国国家概况［EB/OL］.（2022-06）［2022-07-20］. https://www.mfa. gov.cn/web/gjhdq_676201/gj_676203/yz_676205/1206_676932/1206x0_676934/.

[②]　National Statistical Office. Statistical yearbook Thailand 2021［M］. Bangkok：Ministry of Digital Economy and Society，2021：9.

较快，吸引着来自泰国其他地区的人们。

泰国南部是西部山脉的延续，山脉向南形成马来半岛，最狭窄处称为克拉地峡。

二、民族

泰国是一个多民族的国家，境内有 30 多个民族，其中泰族占全国总人口的 40% 以上；其余是老挝族、华族、马来族、高棉族，以及苗、瑶、桂、汶、克伦、掸、塞芒、沙盖等山地民族。[①] 据统计，截至 2011 年，泰国华人约有 900 万人，约占泰国全国总人口的 14%，是除泰族之外最大的族群。[②]

三、人口

近年来，泰国人口结构发生了一些变化。据 2018 年泰国教育委员会秘书处统计，泰国 15 岁以下人口数量占总人口数量的百分比在 2010 年下降到 19.8%，预计到 2040 年将下降到 12.8%。[③] 虽然 15～59 岁的劳动年龄人口数量变化小，但老年人口的增长速度将高于劳动年龄人口，预计 60 岁以上老年人的数量占比将从 2010 年的 13.2% 增加到 2040 年的 32.1%[④]，这将导致泰国进入老龄化社会。2019 年泰国教育委员会秘书处研究发现，2017 年泰国的老年人口比例占 17%，预计到 2036 年将增加到 30%，而同期劳动年龄人口的比例将从 65% 下降到 56%，儿童比例从 18% 下降到 14%。[⑤] 这意味着泰国的劳动力将减少，对劳动年龄人口的依赖程度会更高。从城乡人口比例来看，泰国有 50.4% 的人口在城市地区[⑥]，泰国城市人口的比例与

---

① 世界人口网.泰国人口统计［EB/OL］.［2021-10-20］.https://www.renkou.org.cn/countries/taiguo/.

② National Statistical Office.Statistical yearbook Thailand 2011［M］.Bangkok：Ministry of Information and Communication Technology，2011：8.

③ สำนักงานเลขาธิการสภาการศึกษา. สภาวการณ์การศึกษาไทยในเวทีโลกพ.ศ. 2559/2560［M］.กรุงเทพมหานคร：กระทรวงศึกษาธิการ，2018：ข.

④ 同③.

⑤ สำนักงานเลขาธิการสภาการศึกษา. สภาวะการศึกษาไทย 2561/2562การปฏิรูปการศึกษาในยุคดิจิทัล［M］.กรุงเทพมหานคร：กระทรวงศึกษาธิการ，2020：8.

⑥ สำนักงานเลขาธิการสภาการศึกษา. สภาวการณ์การศึกษาไทยในเวทีโลกพ.ศ. 2559/2560［M］.กรุงเทพมหานคร：กระทรวงศึกษาธิการ，2018：ค.

东盟许多发展中国家相近。然而，泰国的大部分人口是农村人口和非市政人口，且大多数只接受过初等教育。在劳动力受教育方面，15 岁及以上的泰国劳动力平均受教育年限为 8.5 年，而 15 ～ 59 岁人口的平均受教育年限为 9.4 年，这与泰国《国家教育计划（2017—2036 年）》提出的将在 2036 年实现劳动力平均受教育年限增加到 12.5 年的目标还有很遥远的距离。[①] 从就业和失业人口方面看，泰国就业人口占总人口的 57%，失业人口占总人口的 0.99%。[②] 对失业人员的受教育水平的调查显示，高等教育毕业生的失业率最高，为 179 万人；其次是高中教育毕业生，为 8.9 万人；初中毕业生为 6.3 万人，小学及以下水平的毕业生失业率不到 1%。[③]

根据 2021 年 12 月泰国中央登记处公告，泰国总人口为 66 186 727 人，泰国籍人口为 65 228 120 人，其中，男性 31 874 308 人，女性 33 353 812 人；非泰国国民 958 607 人，其中男性 501 224 人，女性 457 383 人。[④] 根据 Worldometer 最新的泰国人口统计数据，2020 年，泰国人口增长率为 0.25%。预计到 2030 年，泰国人口增长率为 0，2035 年将出现负增长，为 –0.13%，出现人口增长危机。[⑤]

四、政治体制

1932 年 6 月，泰国开始实行君主立宪制。泰国宪法规定，国王作为国家元首，通过国会、内阁和最高法院行使国家权力。

泰国成立由上、下两院组成的两院制议会，上议院审议或推迟颁布下议院通过的法律。根据《泰国宪法（2017 年）》，总理人选由上、下议院的 750 名议员投票选出，得票过半数者当选。[⑥]

---

① สำนักงานเลขาธิการสภาการศึกษา. สภาวะการณ์การศึกษาไทยในเวทีโลกพ.ศ. 2559/2560 ［M］. กรุงเทพมหานคร: กระทรวงศึกษาธิการ, 2018: ค.

② 同①.

③ 同①.

④ ผู้อำนวยการทะเบียนกลาง. จำนวนราษฎรทั่วราชอาณาจักรตามหลักฐานการทะเบียนราษฎร ［R］. สำนักทะเบียนกลาง, 2021: 21-23.

⑤ Worldometer. Population of Thailand ［EB/OL］. ［2021-12-20］. https://www.worldometers.info/world-population/thailand-population/.

⑥ 澎湃新闻.泰国总理巴育辞去军政府权力机构领导职务, 宣布军人统治结束 ［EB/OL］. （2019-07-16）［2022-03-10］.https://www.thepaper.cn/newsDetail_forward_3927490.

泰国司法属于大陆法系，以成文法作为法院判决的主要依据。司法系统由宪法法院、行政法院、军事法院和司法法院构成。宪法法院的主要职能是对政治家涉嫌违宪等案件进行终审裁定，以简单多数裁决。行政法院主要审理涉及国家机关、国有企业及地方政府间或公务员与私企间的诉讼纠纷。军事法院主要审理军事犯罪和法律规定的其他案件。司法法院主要审理不属于宪法法院、行政法院和军事法院审理的所有案件，分最高法院、上诉法院和初审法院三级，并设有专门的从政人员刑事厅。[①]

自 20 世纪 90 年代以来，泰国主要政党包括民主党、为泰党、自豪泰党、泰国发展党、为国发展党、春府力量党、祖国党、大众党、新民主党等。截至 2011 年 3 月，共有 49 个政党在选举委员会登记注册。[②]议会选举之后，拥有最多立法席位的政党通常会组成联合政府。

五、经济发展

16 世纪以前，泰国经济主要以水稻农业为基础。绝大多数人口是农业人口，他们在食物和其他必需品方面基本自给自足。自 16 世纪末以来，泰国王室领导人将贸易作为经济增长的基础。

到了 20 世纪 70 年代，近 70% 的泰国农民是商业生产者。[③]从 1955 年开始，政府建立了大米专卖店，购买农民的大米用于出口销售。政府购买大米的价格比出口价格低 15% ～ 35%。[④]政府将收益用于资助城市工业发展所需的基础设施项目。这种机制于 1986 年结束。

20 世纪 50 年代末，泰国政府领导人开始推动私营部门的经济增长，以取代以前的国有企业方式。经济学家和技术官员制订了五年经济计划，第一个五年计划于 1961 年颁布。施行后，泰国工业化进程加快，主要城市银行在为经济增长分配信贷方面发挥了重要作用。

---

① 中华人民共和国外交部.泰国国家概况［EB/OL］.（2022-06）［2022-07-20］. https：//www.mfa.gov.cn/web/gjhdq_676201/gj_676203/yz_676205/1206_676932/1206x0_676934/.

② 史国栋，李仁良，刘琪，等.泰国政治体制与政治现状［M］.苏州：苏州大学出版社，2016：52.

③ FRY G W. The Thai context：historical，cultural，demographic，geographic，economic，and political［M］//FRY G W. Education in Thailand. Singapore：Springer，2018：45.

④ 同③.

20 世纪 80 年代，泰国走向出口导向型经济。泰国将重点从劳动密集型产品和资源型产业产品转向以技术为基础的产品，如汽车零部件、计算机零部件和电子产品。到 1986 年，泰国多样化程度很高的出口经济已经超越了以前以农业产品为主的出口经济。1990—1995 年泰国国内生产总值增长率均在 8% 以上。[①]

1997 年，泰国遭到金融风暴袭击，经济严重受挫，但在政府的积极调整下，1999 年经济迅速回升，并以新的姿态走向新世纪。泰国的商品被送往日益多样化的国际市场，经济又恢复了活力。随着时间的推移，泰国经济发展也急剧国际化，1999 年前后，进出口总额占 GDP 的九成以上。

六、宗教基础

泰国自古以来就是一个笃信宗教的国家，宗教在泰国历史文化发展过程中起着非常重要的作用。泰国境内有多种宗教，主要有佛教、伊斯兰教、基督教、印度教和锡克教等。其中，佛教、伊斯兰教和基督教对泰国教育的发展与改革有着相当深远的影响。下面主要介绍泰国的佛教、伊斯兰教和基督教。

（一）佛教

佛教为泰国国教，国内大多数居民信奉佛教。据 2019 年泰国国家统计局统计，泰国信奉佛教人口占全国人口的 93.6%。[②] 考古发现，无论是古代遗址还是文物，都可以证明泰国自古以来就是佛教圣地。佛教自 8—9 世纪开始在泰国传播，在 11 世纪左右确立了牢固的地位。[③]

1889 年以前，佛教寺庙向所有男性开放，人们通过将孩子送到寺庙当僧侣的差役或短期出家，来学习基本文化和佛教知识，并由此产生寺庙教育。传统的寺庙教育的功能主要包括：培养文化素养和良好道德；学会各种手工艺和传统医学；掌握成为农业学徒、工匠等职业所需的技能。对于上层社会和官家子弟来说，他们需要进入寺庙接受传统寺庙教育，经过七八年

---

① 冯增俊，李志厚. 泰国基础教育［M］. 广州：广东教育出版社，2004：3.

② National Statistical Office. Statistical yearbook Thailand 2019［M］. Bangkok：Ministry of Digital Economy and Society，2019：9.

③ กรมการศาสนา. ศาสนาในประเทศไทย［M］. กรุงเทพฯ：กระทรวงวัฒนธรรม，2015：15.

之后，才可以进宫担任御前侍卫。即使学生已年满 20 岁，仍要遵循惯例，如在寺庙削发为僧 3 年，而后才能够还俗担任公职。对于普通和贫穷家庭子弟来说，只有通过佛教寺庙才可以获得正规教育，这也是从下层社会向上层社会迈进的主要路径。[1] 男孩们在寺院除了学习佛教知识，还学习基本的读写知识。可见，泰国的教育与佛教寺庙密切联系在一起。直至今天，佛教道德教育仍是课程教学中必不可少的重要组成部分。

目前，泰国佛教机构提供的教育分为以下三类：

1. 佛法教育

（1）巴利语分部，是使用巴利语进行教学的佛教教育。2020 学年，有 29 193 名僧侣和 1 374 名教师。[2]（2）法部，是用泰语进行教学的佛教教育。法部分为僧侣法和新手法，以及外行和外行法，划分为初级、中级和高级三个级别。2020 学年，有 2 422 713 名僧侣（学生）和 3 339 名教师。[3]（3）综合部，是与教育部基础教育核心课程平行的佛教教育，包括萨纳隆 - 巴利语部和萨纳隆 - 法部。佛法教育一般由寺庙提供。这些寺庙建立佛法学校，为学生提供基础教育，内容包括核心学科、佛教知识和巴利语。2020 年 12 月 10 日的数据显示，综合部共有 409 所佛法学校，其中 22 205 名僧侣在初中，11 065 名僧侣在高中，共有 2 241 名教师和 1 681 名导师。[4]

2. 佛教大学

泰国有两所僧伽大学，提供高等教育，它们分别是马哈马库特佛教大学和摩诃朱拉隆功大学。这两所大学为僧侣、普通民众和外国人提供学士学位、硕士学位和博士学位课程。

3. 佛教中的非正式教育

佛教星期日学校为儿童和公众提供佛教的佛法原则教育，并促进佛教的传播。这类学校在初级、中级和高级阶段教授许多与佛教有关的科目。

---

[1] 阙阅，徐冰娜．泰国教育制度与政策研究［M］．北京：人民出版社，2020：19.

[2] Office of the Education Council. Education in Thailand 2019—2021［M］. Bangkok：Ministry of Education，2021：101.

[3] 同② 102.

[4] 同② 101-103.

（二）伊斯兰教

在素可泰王朝兰甘亨国王时代，伊斯兰教传入素可泰王国。伊斯兰教是泰国的第二大宗教，据统计，泰国有 2 300 多座清真寺，约 200 万穆斯林。其中，位于首都曼谷的清真寺有 148 座，较大的清真寺还设有经学院、阿拉伯语学校和讲习所等。此外，泰国共有穆斯林的各级学校 200 余所，最高学府是曼谷的泰国穆斯林学院。穆斯林学院对青少年进行宗教基础知识和道德传统的教育，还从中选拔培养专业宗教人员。①

伊斯兰教机构在为泰国穆斯林儿童和青年提供正规、非正规和非正式教育方面发挥着重要作用，尤其是在雅拉、帕塔尼、纳拉提瓦、萨顿和宋克拉这五个南部边境省份。据 2019 年民办教育委员会办公室的私人教育统计数据显示：（1）有 1 个基金会设立了 245 所伊斯兰慈善学校，该基金会提供了从幼儿教育到高中教育的通识教育和伊斯兰教研究，有 184 349 名学生和 11 364 名教师。②（2）有 514 所伊斯兰寄宿学校或庞多克学校（Pondok）注册为庞多克学院，有 33 561 名学生和 1 415 名教师③，这些学校提供传统的伊斯兰教育。④ 此外，有 2 128 所塔迪卡学校或清真寺伊斯兰教育中心，有 186 637 名学生和 12 985 名教师。⑤ 有些学校还提供以职业教育和伊斯兰教育为重点的非正规教育。

（三）基督教

基督教于 16 世纪传入泰国。曼谷王朝时期是泰国大规模向西方学习的改革时期。拉玛四世蒙固国王邀请传教士到宫廷教授英语。1897 年，在传教士萨缪尔·麦克法兰德的辅助下，泰国创办了一所西式政府学校。⑥ 当时，传教士们除了向王室子弟和贵族教授英语课程外，也通过建立教会学校广泛地向中低阶层群众教授英语。与此同时，传教士很关注面向儿童特别是

① 段立生.泰国通史［M］.珍藏本.上海：上海社会科学院出版社，2019：278-279.

② Office of the Education Council. Education in Thailand 2019—2021［M］. Bangkok：Ministry of Education，2021：104.

③ 同②.

④ 同②.

⑤ 同②.

⑥ 阚阅，徐冰娜.泰国教育制度与政策研究［M］.北京：人民出版社，2020：22.

贫苦儿童的教育，一些传教士专门向女童提供教育。传教士开办的教会学校一方面为泰国公共教育的发展奠定了基础，另一方面也为泰国培养了很多领导者和各方面的人才。

基督教的传入也在一定程度上促进了泰国女性教育的发展。19 世纪中期以后，玛丽·马顿、玛丽·达文波特、苏菲亚·麦基维利等一些传教士的女眷，将泰国当地的女孩们集中在一起，不仅教授她们缝纫和其他家政手工艺，还开发女性教育课程。同时，玛丽·马顿建立了泰国第一所家庭主妇学校，一方面提供洗涤、熨烫、清洁、烹饪等家政课程，另一方面通过宗教教学教女性学习读写。[①] 此外，玛丽·马顿于 1852 年在教会附近建立了另一所女校，女学生主要来自教会所在村落不远处的走读学校。1874 年，新教徒在曼谷创办了第一所寄宿制女校，即后来的王朗学堂。据统计，截至 1900 年，泰国 13 所政府学校中所有的女教师都毕业于王朗学堂。1921 年，王朗学堂更名为瓦塔纳威达亚学院。另外，1875 年，苏菲亚·麦基维利也在清迈为女童开课。1879 年，艾德娜·科尔将苏菲亚的女童课堂转变成正式的女校，此后，该女校继续得到发展，并于 1923 年发展成为达拉学院。[②]

基督教机构在为泰国基督教社区提供正规、非正规和非正式教育方面发挥着重要作用。在正规教育方面，基督教建立了面向基督徒和其他宗教信徒的开放学校；在非正规教育方面，基督教机构提供以职业教育为重点的基督教教育；基督教机构也在其机构中为想要学习基督教原则的基督徒提供非正式教育。据统计，泰国教会学校共有 130 多所，学员约 15 万，天主教团 30 多个；新教在泰国主办了 30 多所教会学校；泰国基督教协会在全国设有 12 个教区。[③]

---

① 阙阅，徐冰娜 . 泰国教育制度与政策研究［M］. 北京：人民出版社，2020：27.

② 同① 27-28.

③ 段立生 . 泰国通史［M］. 珍藏本 . 上海：上海社会科学院出版社，2019：280-281.

第三节　泰国教育的文化基础

泰国独特的文化为其教育的发展奠定了重要基础。下面将主要介绍泰国的语言、文学和节日。

一、语言

语言是民族文化的载体，也是民族文化的根。泰国的官方语言是泰语，泰语是泰族的语言，属于汉藏语系的语言。泰语有中部泰语、南部泰语、北部泰语和东北泰语之分。泰国以曼谷为主的中部泰语为标准泰语，全国有 85% 以上的人使用泰语。[①]据泰国出土的《兰甘亨石碑》记载，泰文字母是素可泰王朝的兰甘亨国王创造的。泰语在形成和发展的过程中受到一些外来语言的影响，例如汉语、孟 – 高棉语、梵文、巴利语、马来 – 爪哇语和英语。在今天的泰语中，外来词汇约占 30%。[②]在泰国，还有宫廷语，即王室用语。宫廷语的文字和语法与泰语相同，只是某些词语是王室专用语。宫廷语常用在王室成员交谈或书面文件上，在媒体报道或宣传刊物上提到王室重要成员时也使用这类语言。

除了全国通用的官方语言泰语，在泰国的其他民族如高棉族、老挝族、马来族、苗族、瑶族及华人等中，也流行各自族裔的语言。例如，生活在南部地区的马来族人讲马来语。曼谷和北部地区流行中国方言，泰国华人社区的主要汉语方言有闽方言潮州话、粤方言广府话、广西容县白话、客家方言半山客话和深客话，以及云南的西南官话。华侨主要讲中国闽、粤两省方言，尤以潮州话为普遍。此外，英语在泰国被广泛用于商业和许多官方活动。从小学一年级开始，英语就被泰国学校列为必修外语。

二、文学
（一）素可泰时期的文学

素可泰时期的文学作品主要有 5 部，即《兰甘亨石碑》《巴玛芒寺石碑》

---

① 田禾，周方冶 . 泰国［M］. 北京：社会科学文献出版社，2005：41.

② 同① 40-41.

《帕朗格言》《三界经》《娘诺玛》。泰国人普遍认为泰国最早的文学作品是素可泰王朝的《兰甘亨石碑》，它是研究素可泰王朝历史的重要史料。该石碑大约镌刻于 1292 年，形状为四方形，高约 1.11 米，四面都有文字，内容可分为三部分：第一部分用第一人称叙述兰甘亨从出生到继承王位的经历，此外还记述了兰甘亨的家庭以及当时的社会情况；第二部分用第三人称叙述了素可泰人的生活和风俗习惯，以及那时的国家情况；第三部分主要赞颂兰甘亨和素可泰王朝的丰功伟绩。[①]整个碑铭使用的语言是泰语，文字优美流畅，行云流水，像散文一般。

（二）阿瑜陀耶时期的文学

阿瑜陀耶王朝时期经济得到发展，国家曾几度繁荣，文学也得到进一步发展。最初形成文学形式的是民间口头流传的诗歌，到了阿瑜陀耶王朝时期，诗歌创作日趋繁荣，出现许多著名诗人和名篇，并形成很多种类的律诗，包括律律体、莱体、禅体、克隆体和嘎体。该时期的代表诗歌有《饮誓水诗》《钦定佛本生经》《大海的轰鸣》《划船曲》等。[②]在阿瑜陀耶王朝统治的 417 年间，出现过许多杰出的诗人，但由于当时文化教育只局限于上层社会，因此诗人大多是王公贵族和僧侣。

（三）吞武里王朝时期的文学 [③]

由于吞武里王朝仅存在短短的 15 年，而且忙于应付内外战争，所以在文学艺术上没有突出的建树，比较著名的是长诗《拉玛坚》。《拉玛坚》讲述了罗摩王子与其妻悉达的悲欢离合。该作品主要以剧本的形式出现，供皮影戏、孔剧和舞剧等各种演出使用，是供人娱乐的文学作品，深受泰国人民喜爱。此外，还有《广东纪行诗》，全篇 775 句，每句七言，讲求韵律，为暹罗"长歌行"诗体。此诗具体描述了主人公从曼谷到广州的航程，包括沿途航海的情况以及在广州的见闻，具有较高的文学和史料价值，是泰国吞武里王朝时期一部重要的文学作品。

---

① 段立生.泰国通史［M］.珍藏本.上海：上海社会科学院出版社，2019：47-48.

② 同① 96-98.

③ 同① 123-125.

（四）曼谷王朝初期的文学

曼谷王朝初期的文学可分为宗教文学、宫廷文学和民间文学，但以前两种为主。诗歌是曼谷王朝初期文学作品的主要表现形式。拉玛一世是曼谷王朝初期文学繁荣的开创者，他不仅召集全国僧俗文人致力于文学创作，还亲自动手写作。他的《抗缅疆场的长歌》叙述了自己9次参加抗缅战争的经历，格调苍凉悲壮、粗犷豪迈。该作品歌颂英雄业绩，具有时代气息和历史价值。同时代的诗人乃拉里写了一篇《里拉里诺》，成为流传后世的名篇。著名作家披耶洪创作了许多诗歌，有《黄色的诗》《长歌》《谚语诗》等，代表作是《皇冠宝石诗》。在他的主持下，中国的《三国演义》被翻译成泰文，对泰国的文学产生了巨大影响。他的贡献还在于开创了散文体写作的先河，打破了过去用诗歌体韵文写作的旧传统。拉玛二世是一位杰出的诗人和文学家，他的作品主要有记录他戎马生涯的《预言长诗》《进攻缅城诗》《赴洛坤抗击缅军诗》，还有根据印度史诗《罗摩衍那》创作的《猜尼披猜》《金螺》《猜耶策》《卡威》等等作品。他创作的剧本常常在宫廷演出，从此舞剧开始流行。民间诗人顺吞蒲也是曼谷王朝初期人民所熟知和喜爱的诗人，他创作了大量诗歌、寓言、故事、剧本和游记。他的作品主要有《格亮城记行诗》《随驾纪行诗》《牛犊》《拉沙纳翁》等。此外，戏剧也是当时一种重要的文学形式，拉玛一世时期的《塔郎》《乌拉努》《伊瑙》深受人民群众欢迎。[①]

拉玛四世时期，散文的成就令人瞩目，最著名的是出使英国的使节蒙拉措泰写的游记《泰国使节出使英国记事》。拉玛五世时期，泰国文坛开始翻译西方的文学作品，这是泰国文学史上的一个重要转折，由古典文学转变为近代文学。拉玛五世本人也是一位作家，他在欧洲旅游时写了43封记录旅途见闻和感想的信，被辑为《远离家门》一书。他还著有诗集《梦醒诗》。丹隆·拉查奴帕亲王的《泰缅战争的历史故事》叙述了泰缅的24次战争，是一部历史巨著，具有很高的文学价值。拉玛六世也是一位杰出的作家、诗人和翻译家，他的作品数量很多，多达1000余篇，大多是译作。同年代的著名作家还有披耶阿奴曼拉查东，著有《泰国的传统文

---

① 段立生.泰国通史［M］.珍藏本.上海：上海社会科学院出版社，2019：156-158.

化与民俗》。^①

（五）君主立宪制时期的文学

1932 年 6 月 24 日的暹罗政变，推翻了君主专制政体，开启了泰国的君主立宪制时代。这一时期的文学代表人物是西巫拉帕，他坚持"文艺为人生，文艺为人民"，一生创作了 20 多部小说。他的作品内容大多以反对封建等级制度、追求婚姻自由、解放个性、揭露社会黑暗面为主。例如《向前看》《降服》《男子汉》《人魔》《向往》等，反映了作者追求民主的思想、抨击社会丑陋现象的勇气以及向往美好生活的愿望。另一位文学代表人物是克立·巴莫亲王，他曾任泰国总理一职，也是泰国著名的政治家。巴莫亲王利用业余时间进行文学创作，创作了小说、戏剧、政论和散文等作品，在泰国的文学领域产生很大的影响。他的代表作是长篇小说《四朝代》，该小说描绘了一个封建贵族大家庭的兴衰。小说描写的人物众多且性格突出，场面细致且宏大，事件跌宕起伏，展示了一幅波澜壮阔的历史画卷，被誉为泰国最伟大的文学作品之一，深受广大读者喜爱。

三、节日^②

泰国有许多民间传统节日，包括宋干节、万佛节、春耕节、守夏节、秋日节、水灯节、赛牛节、大象节、佛诞节等。这些民间传统节日有些与泰国的佛教有关，有些与农业生产有关。泰国除了民间的传统节日之外，还有一些国家纪念日，例如国王登基纪念日、王后寿辰、拉玛五世逝世纪念日、宪法日等。

（一）宋干节

泰国把每年公历的 4 月 13～15 日定为宋干节。宋干节是泰国最重要的节日之一，相当于中国的春节，其主要活动包括泼水嬉戏、浴佛、洒水礼、滴水礼、放生和堆沙塔。泼水是所有活动中最热闹和最有趣的，参加泼水活动的人群庞大。宋干节期间，泰国大街小巷都有人在尽情地泼水，即使全身湿透也毫不在意。人们泼水以庆祝除旧迎新，有些青年男女还借着泼

---

① 段立生.泰国文化艺术史［M］.北京：商务印书馆，2005：322-323.

② 田禾，周方冶.泰国［M］.北京：社会科学文献出版社，2005：70-75.

水的机会表达爱意。

（二）万佛节

万佛节是泰国重要的佛教节日，每年泰历的 3 月 15 日是该节的法定公休假日，但如逢闰年，万佛节将改至 4 月 15 日。在万佛节这一天，泰国会举行隆重的纪念仪式，国王也会亲自参加。早晨，人们会带着鲜花、香烛等前往寺庙进香礼佛；晚上，人们在佛殿听僧侣诵经，跟随僧人巡烛。

（三）赛牛节

在每年泰历的 11 月 14 日举行赛牛节，这是春武里府的独特传统之一。春武里人爱护水牛，举办赛牛节是对水牛表示感谢，也是为了让村民们在活动中放松和社交。赛牛节期间，人们用手推车把自己的产品带到市场上卖，带领水牛参观市场。

（四）春耕节

春耕节定在泰历 6 月，分两天进行，具体的日子由婆罗门法师用占星术推算。春耕节始于素可泰时期，源于婆罗门教。春耕节的第一天在曼谷玉佛寺举行佛教的"吉谷仪式"，国王和王后都会参加，他们向佛像和种子膜拜，祈求农作物大丰收。他们还向春耕大臣和春耕女行滴水礼，表示祝福。第二天，在曼谷的王家田广场举行婆罗门教的春耕仪式。成千上万的泰国人从四面八方赶来参加典礼，非常隆重和热闹。

（五）水灯节

每年泰历的 12 月 15 日为水灯节。这一天，人们一起到河边或湖边点蜡烛、放水灯和许愿，以表示对河神的感谢。

第二章 泰国教育的历史发展

泰国于公元 13 世纪前后立国，至今大约有八百年的历史，历经素可泰王朝、阿瑜陀耶王朝、吞武里王朝，再到延续至今的曼谷王朝，是东南亚地区拥有悠久历史和灿烂文化的古老国家之一。泰国的教育是随着泰国历史的发展而不断发展的，具有鲜明的时代特征，因而泰国不同历史时期的发展为教育的发展以及现代教育制度的建立奠定了坚实的基础。泰国教育的发展主要经历了传统教育时期、西方教育的传播与影响时期、教育改革与发展时期和 21 世纪教育现代化发展时期等阶段。

第一节　传统教育时期

泰国传统教育发展时期始自素可泰王朝时期，历经阿瑜陀耶王朝、吞武里王朝和曼谷王朝早期。下面主要从办学模式、教学场地、教学内容、教学人员、学习者等方面介绍不同时期的传统教育发展概况。

一、素可泰王朝时期的教育

泰国的教育始于 13 世纪的素可泰王朝时期，皇家学院向王室成员和贵族提供教育，而寺庙中的佛教僧侣则向平民提供教育。素可泰王朝时期的政治环境相对稳定，经济也较繁荣，国王支持宗教学习和读书识字。

在办学模式方面，这一时期由王宫和寺庙办学。王宫教学对象分为两类，一类教学对象是男性军人，主要教授他们拳击、剑术以及各种武器的使用等知识，还涉及如何驾驭马、如何用大象抵抗敌人。另一类教学对象是平民百姓，包括男性和女性学习者。男性主要学习占星术和医学等知识，女性除了学习刺绣、染色、缝纫、编织等课程，还需要接受礼仪、烹饪和进餐方式的培训。而寺庙专门负责宗教和艺术教育。宗教教育是素可泰王朝时期主要的教育内容之一，得到统治者的重视和推崇。此外，手工技艺教育也得到重视。

素可泰王朝时期教学的内容没有统一的标准，主要可以分为以下几类：（1）普通知识课程。主要是语言学习，例如巴利语、梵文和泰文的学习。（2）职业课程。以祖先为榜样进行学习，家族有哪些专门知识和技能，后代就学习和传承哪些知识和技能。教学活动主要发生在家庭里，家长为主要传授者。（3）礼仪课程。让学生学习如何尊敬祖先和长辈、重视和传承传统习俗和文化，尤其在守夏节期间要乐善好施、积功德。这体现了佛教文化礼仪的具体要求。（4）自卫艺术课程。这是一门教授如何使用武器的课程。例如，出战时如何驾驭动物作为一种交通工具来应战。

素可泰王朝时期的教育主要在王宫、寺庙和家里进行。教学者为国王、僧侣和家长，学习者为贵族子弟、政府官员以及普通平民百姓。在这一时期，没有固定的教室，想学者学，能教者教，没有教学用具，更没有课本等教材，读书识字方面主要教拼读、背诵和口述。

二、阿瑜陀耶王朝时期的教育

阿瑜陀耶王朝时期的教育与素可泰王朝时期相似，但是这个时期开始有西方传教士为了传教和教育开办的学校。阿瑜陀耶王朝时期的教育开始使用教材。在那莱大帝统治期间（1656—1688 年），《摩尼珠》被普遍认为是第一本泰语教科书，并且是第一本对泰语语法进行整理的书，此课本长期以来被用作学校教学的典范教材。宗教教育在阿瑜陀耶王朝时期起着非常重要的作用。此外，军事教育也受到重视，军事教育是 13 ～ 60 岁男性的通识教育。

阿瑜陀耶王朝时期的教学内容主要包括：（1）通识教育。以阅读、写作和算术为基础，是泰国人民从事工作所需要学习的基础课程。（2）语言学习。包括语言学和文学，学习的语言包括泰语、梵语、巴利语、法语、高棉语、缅甸语、孟语和汉语等。（3）道德伦理教育。它强调对佛教的研究和学习。（4）体育教育。它与素可泰王朝时期相同，以作战技能和武器训练为主。（5）职业课程。主要是对家族中的职业的学习。对于年轻男孩，僧侣们教授他们学会雕刻和其他技术；女孩则从父母那里学习家庭的知识。开办学校后，学校教授更高深的职业知识，如如何通自来水和制作枪，还教授天文学、商业、医学、药学、建筑学、食物学等知识。这个时期增加了妇女教育，妇女进行职业学习，有家庭教育、编织、礼貌礼仪等课程，王室中的女性开始学习泰语。

三、吞武里王朝时期的教育

吞武里王朝时期的教育继承了阿瑜陀耶王朝时期的传统。虽然吞武里王朝只存在了短短 15 年，但郑信国王为泰国的贸易、宗教和文学发展打下基础。吞武里王朝时期的教育虽然不是很先进，但也为曼谷王朝初期的教育发展奠定了一定基础。其中家庭和佛教寺院在为儿童提供教育方面发挥了关键作用。当时教授的主要内容有宗教、作曲、戏剧艺术、体育和武器训练。教学提倡不专注于知道书本内容，但专注于表演艺术。

四、曼谷王朝早期的教育

曼谷王朝早期的教育和阿瑜陀耶王朝时期的教育没有太大区别，也是主要在宫廷里办学，有专门的教职人员给王室成员传授知识。家庭和佛教寺院同样在为儿童提供教育方面发挥了重要作用。这个时期的教育有一定的计划性和相应的教材。例如，这时期的平民教育依然以寺院为教学中心，由僧人教书，还确定了教育管理的原则和方法。

泰国古代时期教育中国王对教育的态度、学习地点、教师及学生等见表 2-1。通观泰国古代各个时期的教育发展情况可以得知，无论是哪个时期的教育，都把宗教教育放在首位，教育存在着严重的阶级之分，王室成员和贵族享受到最优的教育，而一般平民主要在寺庙跟随僧侣学习。学习内容主要包括四个方面，即佛教教育、手工艺教育、道德教育和体育。

表 2-1　泰国古代教育中国王对教育的态度、学习地点、教师及学生

朝代	国王对教育的态度	学习地点	教师	学生
素可泰王朝	支持宗教教育和读书识字	家、寺庙、王宫、皇家学院	国王、僧侣、家长	一般平民和贵族子弟、政府官员
阿瑜陀耶王朝	支持宗教和文学教育	家、寺庙、王宫、教堂、皇家学院、宗教学校	僧侣、传教士、家长	一般平民和贵族子弟、政府官员
吞武里王朝	重建宗教场所，恢复宗教和表演艺术	家、寺庙	僧侣、家长等	一般平民和贵族子弟、政府官员
曼谷王朝早期	恢复宗教、文学、艺术文化和教育	家、寺庙、皇家学院、男校	教职人员、僧侣、家长等	寺庙弟子、一般平民和贵族子弟、政府官员

第二节　西方教育的传播与影响时期

曼谷王朝拉玛四世、拉玛五世和拉玛六世统治时期被视为泰国教育改革和现代化时期，其教育理念深受西方教育的影响。拉玛四世下令采取措施向西方教育学习，以实现教育现代化为目标，加快了公共教育的发展。拉玛五世朱拉隆功国王统治的曼谷王朝时期是一个重要的教育改革时期，他进一步推行了教育现代化政策，奠定了系统化的现代化教育的基础。拉玛六世执政后，继承其父教育改革事业。

一、拉玛四世时期的教育改革与发展

19 世纪中叶，曼谷王朝拉玛四世蒙固国王继位。他主动向西方学习，重新开始了与西方国家的教育交流。蒙固国王首先在宫廷中推行西方教育，他引进外籍教师在宫廷内授课，课程内容包括数学、科学、天文、地理以及历史等。此后，王室领导层形成了一个主张教育改革的核心梯队，引发了暹罗的教育革命。[①]

与此同时，蒙固国王允许和支持西方传教士进入泰国从事宗教和世俗活动，让泰国人接受西方思想、艺术、技术等方面的教育。1852 年，基督教新教传教士创办曼谷基督教学院。此外，在 1858 年，蒙固国王还采用西方传教士和商人带来的印刷技术建立了印刷所，这一举措促进了文明的发展和交流，以及知识与文化的方便快捷传播。蒙固国王主动恢复引进西方文明的思想和改革举措，为后来拉玛五世朱拉隆功国王旨在向西方学习的教育改革奠定了必要基础。[②]

二、拉玛五世时期的教育改革与发展

泰国教育的第一次系统性改革发生在拉玛五世朱拉隆功国王统治时期。朱拉隆功国王进一步推行了教育现代化政策，继续向西方学习，大力开展

---

① 刘宝存，等．"一带一路"沿线八国国际教育合作与交流政策研究［M］. 北京：人民出版社，2020：206-207.

② 同① 207.

教育改革，推动泰国教育现代化发展。

首先，创办学校。1871 年，朱拉隆功国王在王宫中建立了一所学校来教育年轻的王子和贵族子弟，一年后又建立了一所英语学校。这是现代意义上的泰国学校，拥有自己的教师、课程、时间表和校舍。拉玛五世重视女性教育，于 1880 年建立了一所女子学校 Sunanthalai，虽不久之后关闭了，但直接促进了后来妇女教育的普及。他还创办了专门学校，如军事学校、皇家佩奇学校和制图学校。后来，军校改为普通学校，学生毕业后可以继续在专门学校学习。拉玛五世建立了第一所向全民提供教育的官立学校。拉玛五世意识到教育是提高人民生活水平和发展国家的基础，他开始通过全民教育提高人民素质，并逐步将传统教育与普及教育相结合，以适应泰国当时的社会状况和条件。后来，许多其他的公立和私立学校开学了，他督促有关部门为这些学校编写新教科书，并亲自对每本书发表评论。曼谷以外的其他省份也修建了类似的学校。简言之，从一开始，拉玛五世就认为所有人都迫切需要教育，教育不再局限于王室或贵族家庭。为了发展高等教育，他建立了一些小型专业学校，如皇家佩奇学校、工程学院、法学院和医学院。

其次，积极引进西方人才，鼓励外籍教师到泰国任教。拉玛五世认识到教育是国家发展的最重要因素，因此非常重视通过学习外国先进经验来促进本国的教育发展。为了应对现代化的挑战性任务，开发本国人力资源，他从国外聘请许多专家，例如从国外聘请医生、律师、铁路工程师以及其他领域的工程师，帮助泰国推进教育现代化进程。同时，他还把英语学习列为新的教育要求的一部分。他认识到掌握良好的英语技能的重要性，认为英语不仅是进一步学习前沿知识所必需的"钥匙"，也是与外国人交流的关键媒介。他在王宫建立的英语学校，为王子和王室子弟出国深造做好外语方面的准备。

再次，留学教育在这一时期蓬勃发展起来。在拉玛五世统治时期，泰国开始成批派遣优秀学生出国学习。国王是欧洲教育的热心支持者。他不仅送自己的儿子去英国留学，而且在 1897 年设立了"国王奖学金"项目，用于派遣聪颖的泰国学生到欧美国家留学。据统计，拉玛五世派遣的留学生大多前往欧洲国家学习，尤其是英国、德国、匈牙利、丹麦和法国等国家，这些留学生主修英语、法语、德语、军事、外交、法律、医学、工程学等专业。此外，一些官员也被派往瑞士、美国、埃及、日本和印度等国，学习国外的教育制度和教学模式。

最后，积极地引进西方现代教育的模式。拉玛五世积极地引进西方现代教育的模式，先后学习与借鉴英国、法国、德国等西方国家的教育经验，参照这些国家的教育管理模式，建立和发展了泰国现代学校教育制度。在拉玛五世时期，泰国借鉴西方教育模式，采取了积极发展正规世俗教育的政策。例如，通过改革政府及其行政结构实现了教育现代化——1887 年，拉玛五世成立了教育局，负责监督王国的教育和宗教事务。教育局成立时，下辖各省和首都地区的 34 所学校、81 名教师和 1 994 名学生，其中包括在首都地区的 4 所高级学校。教育局的建立意味着教育由此成为国家规划的事业，意味着教育发展比以往更具系统性。1892 年，拉玛五世将教育局更名为教育部。1898 年，制订了第一个教育计划。该计划分为两个部分：一是曼谷地区的教育，二是各省的教育。该计划最重要的部分是涵盖了学前、小学、中学、技术教育和高等教育等所有层次的教育组织。[①] 拉玛五世建立了一个全新的暹罗教育基础，包括新课程的开发、教育标准和规章、行政结构、师资队伍、工作人员和管理者的发展。对拉玛五世来说，教育不仅是为了培训人们，使其为政府服务，也为了提高人们的生活质量和公民素质。

综上所述，拉玛五世统治时期主要的教育改革措施如下：（1）在王宫建立现代化学校。后来，新的教育体系得到了扩展，发展出教师培训学校、法学院、皇家佩奇学校和公共普通学校等各类学校，为国家发展服务。主要城市相继建立了新的教育体系。（2）开设皇家课程以及供学生在三个月内完成的快速课程。（3）引入期末考试，以评估想进入公务员队伍的学生的能力。（4）成立教育局，监督教育的实施和发展。（5）通过启动泰国第一个教育计划构建教育体系，将王国的教育分为四个层次，即幼儿园、小学、中学和高等教育，并确定其他事项，如考试、教师工资、学校检查等。

---

① 阚阅，徐冰娜. 泰国教育制度与政策研究［M］. 北京：人民出版社，2020：6-7.

三、拉玛六世时期的教育改革与发展

拉玛六世执政后，继承其父教育改革事业，继续执行允许贵族子弟出国留学和派遣优秀学生出国深造的政策。随着教育特别是高等教育的发展，泰国留学教育的规模和专业方向不断扩展。留学生毕业之后带着西方国家的文化思想回到泰国，成为泰国各个领域的杰出人才，甚至成为某些领域的开拓者。这一时期，泰国拥有一批受过良好西方教育的知识分子，他们在吸收西方文化成果的基础上形成了本民族的政治思想流派，促进了泰国科学技术的发展和文化艺术的繁荣。

1917 年，拉玛六世以法国和德国的教育模式为基础，并通过合并现有学校和增加一些新学院，创建了泰国第一所综合大学——朱拉隆功大学。该校师资主要从欧洲国家引进，大多数课程是全英文教学，进行国际化人才培养。起初，这所大学的教育目的是为许多新成立的政府机构提供高级人力资源，后来，这所大学也向那些不在政府工作的人开放。朱拉隆功大学设有四个学院，即医学院、法律和政治学学院、工程学学院、文学和科学学院，它拉开了泰国现代大学制度的序幕。1918 年，拉玛六世颁布《私立学校法案》和《泰国民办学校管理条例》，旨在强化对私立学校的管理。1921 年，颁布了《义务初等教育法》，根据该法的规定，泰国所有儿童，无论男女，都必须接受 4 年的初等教育。这是泰国教育的一个重大发展，它使以前无法进入教育系统的女孩能够接受教育。该法颁布后，泰国建立起许多免费的政府学校。[①]

第三节　教育改革与发展时期

1932 年，泰国的政治体制从君主专制向君主立宪制转变，政治体制的变化必然引起教育制度的变化。新政体实施初期，泰国政府提出了让每个公民都有权利接受教育的目标。第二次世界大战后，泰国政府实行教育改革，使其与不断变化的社会、经济需求联系在一起。20 世纪 70 年代至 90 年代

---

① 阚阅，徐冰娜．泰国教育制度与政策研究［M］．北京：人民出版社，2020：7-8.

是泰国教育史上一个新的发展时期，政府加强了对教育的管理和领导，调整了学制，还强调教育数量和质量的发展。

一、君主立宪制建立初期的教育发展

新政体实施初期，泰国政府学习西方教育理念和教育制度模式，推动泰国义务教育、教育制度等方面的改革，颁布了《1932 年全家教育计划》，该计划正式承认个人的教育能力，无论其性别、社会背景或身体状况如何。此外，该计划强调实施四年初等教育和八年中等教育。1933 年，泰国政府提出了扩大教育机会、发展扫盲教育、发展高等教育等重要计划。1936 年，泰国政府明确提出"政府的目标是使每个公民都有权接受教育，以充分实现每个公民的民主权利"[①]，并建立起包括学前或幼儿园教育、初等教育、中等教育、大学预科教育和高等教育等在内的五个层次的教育体系。泰国1951 年的国家教育计划则进一步促进了特殊教育和成人教育的发展。此外，泰国还加入了联合国教科文组织，自此泰国的教育不断与国际接轨并得到国际社会的支持。[②]

二、第二次世界大战后的教育改革与发展

第二次世界大战后，为适应经济和政治发展，泰国于 1960 年出台了一项新的国家教育计划。该计划由德育、体育、智育和实践教育 4 个主要部分组成，奠定了现今泰国教育总体目标的基础。此外，泰国基础教育体系的结构改变为"4-3-3-2"（初小 4 年、高小 3 年、初中 3 年、高中 2 年）体系。泰国将初等教育延长到 7 年，使中等教育变得更加灵活。这一方面是为了遏制普遍文盲的现象，以及在尽可能短的时间内培训男女青年以适应充满活力的社会发展进程，另一方面也为了满足学生才智发展的需要以及社会日益增长的科学和商业发展的需要。此后，泰国政府一直致力于建立一个符合时代需要的教育系统。例如，下放教育行政管理权——泰国政府于 1966 年将曼谷以外各省的市立小学的管辖权从教育部下放到各省的省

---

① 段立生.泰国通史［M］.珍藏本.上海：上海社会科学院出版社，2019：294.

② 同① 294.

行政委员会。从 1966 年起，泰国还实施了国家教育发展的两个 5 年计划。这两个 5 年计划的侧重点有所不同：第一个 5 年计划的重点在于发展中等职业教育，第二个 5 年计划侧重支持建立开放大学。第二个 5 年计划是推进高等教育大众化发展的创举，开放大学的建立，大大促进了高等教育的发展。1971 年，泰国建立了第一所开放大学——兰甘亨大学，在校学生人数多达 100 万人；1978 年，泰国建立了第二所开放大学——素可泰塔马斯莱特开放大学，在校学生人数达到 20 万人。[①]

泰国政府分别于 1974 年和 1975 年部署教育改革架构委员会和教育改革委员会修订教育制度，并就改善教育质量提出建议。根据两个委员会的建议，泰国以 1977 年的国家教育计划取代此前的 1960 年的国家教育计划。1977 年的国家教育计划的一个重要变化是将初等教育的学制从 7 年缩短到 6 年，但不减少学习的内容，这一变化的主要目的是加快普及初等教育。

三、20 世纪 70 年代后的教育发展

20 世纪 70 年代至 90 年代是泰国教育史上一个新的发展时期。1973 年至 1976 年，强调几个重要主题的教育改革。首先，泰国政府加强了对教育的管理和领导。在行政管理上，教育事务由 4 个不同的政府部门管辖，4 个不同的部委参与了教育管理工作：内政部负责农村初等教育和地方市政教育；教育部负责中等教育、职业教育、教师培训、私立教育和成人教育；大学事务部负责高等教育；设在总理办公室下的国家教育委员会负责教育政策与规划的制定和实施。1980 年，初等教育被纳入教育部管辖范围。这项改革的目的是将小学教育纳入教育部进行管理，这对提高初级中学教育的入学率具有重大意义。许多小学成为"扩大机会的学校"，在这些学校增加 3 年的初中教育，大大增加了偏远农村地区学生接受中等教育的机会。

随后，泰国政府对学制进行了调整。1977 年，当时的教育改革委员会考虑到偏远农村地区的学生只完成了 4 年的小学教育，提出将学制从"4-3-3-2"结构改为"6-3-3"结构。在新学制结构下，泰国要求所有学生完成 6 年的义务学校教育，6 年义务初等教育后是 3 年初中教育，再接着是 3 年高

---

① 阚阅，徐冰娜．泰国教育制度与政策研究［M］．北京：人民出版社，2020：9-10.

中教育。目前，泰国教育体系仍在使用"6-3-3"学制。[①]

接着，泰国政府推行教育发展规划与社会经济发展计划紧密结合的政策，坚持教育人才培养要符合和满足社会经济发展需求。例如，1982 年，泰国在实施第五个《国民经济与社会发展规划（1982—1986 年）》期间，将《国家教育发展规划》作为其中的重要组成部分。该国家教育规划的目的是立足于国家经济和社会需要，促进和加快教育的数量和质量发展。然而，泰国的教育发展并没有取得期望的效果。为了满足人民和经济的需要，泰国在 1992 年对教育体系进行了重大改革。例如，第七个《国家教育发展规划（1992—1996 年）》旨在发展和形成具备适当知识和技能的人力资源，使他们能胜任工作，满足社会经济发展的需求，对国家的发展做出有力的贡献。此外，该规划还侧重于增加社会弱势群体的受教育机会，扩大教育的服务范围。可见，为了满足社会经济发展的需求，泰国政府不断调整和改进国家教育规划的目的和举措。

20 世纪 90 年代后半期，在向信息技术社会快速发展的过程中，教育质量的下降引起了泰国社会对各级教育的反思。1999 年，泰国颁布并实施了《国家教育法》，这是自拉玛五世重大改革以来，泰国最为重要的一次教育改革。此次教育改革主要基于教育内、外部所面临的问题与挑战而展开。根据《国家教育法》展开的教育改革主要推出以下重点政策：（1）每个公民都享有 12 年免费基础教育的权利和机会（在 2009 年 3 月延长至 15 年，包括 3 年学前教育）；（2）实施以学生为中心的教学，开发和发展所有适龄儿童的最大潜能；（3）下放教育行政管理权力，扩大地方教育组织和教育机构的自主权；（4）鼓励和支持终身教育与继续学习，提高人们的职业技能水平；（5）建立教师和教育人员的标准，促进教师队伍专业发展；（6）制定教育标准和质量保证体系，包括内部、外部质量保证体系；（7）政府保障教育预算投入，鼓励采用多种渠道筹措教育经费；（8）各部门参与教育资源开发；[②]（9）促进教育技术的研究、开发与运用。

---

① Office of the Education Council. Education in Thailand［M］. Bangkok： Ministry of Education，2017：3.

② 阚阅，徐冰娜.泰国教育制度与政策研究［M］.北京：人民出版社，2020：12.

第四节　21 世纪教育现代化发展时期

21 世纪以来，在国内外一系列新的经济社会发展动力推动下，泰国教育发展呈现出新的面貌，这主要体现在推动全民教育发展、推进"泰国 4.0"教育发展、不断扩大与东盟的教育合作与交流、促进国际教育发展四个方面。

一、推动全民教育发展

2000 年，世界教育论坛在达喀尔召开，与会国家承诺到 2015 年实现全民教育的六项目标：（1）扩大和改善幼儿的全面保育和教育，特别是对脆弱的和残疾的儿童的教育和保护；（2）至 2015 年，保障所有儿童都能接受优质的、免费的义务初等教育；（3）保证满足所有青年和成人的学习需求，并提供平等与合适的学习途径和生活技能课程；（4）至 2015 年，成人文盲，特别是女性文盲的比例降为现有的一半，为所有成人提供平等的基础教育和继续教育；（5）至 2005 年，消除初等教育和中等教育中的性别差异，2015 年达到性别均等，确保女童全面、均等地接受和完成优质基础教育；（6）全面提高教育质量，并保证所有人获得公认的和可测的学习结果，特别是获得阅读、书写、计算等能力和基本生活技能。[①] 泰国作为其中一员，大力开发教育和人力资源，履行和兑现全民教育承诺，为实现全民教育的六个目标做出了很大努力。根据联合国教科文组织国家委员会发布的《2015 年全民教育国家评估：泰国》，为了扩大和改善儿童保育和教育，泰国政府部署全国幼儿发展委员会制定幼儿发展政策。此外，泰国政府鼓励各相关机构也参与推动泰国儿童教育发展的工作。为了扩大基础教育的覆盖面，有关机构努力为生活在泰国的所有人提供教育条件，增加其获得优质教育服务的机会。为了给成年人提供学习和发展生活技能的机会，泰国制定发展终身学习社会的战略，促使人们在人生的各个阶段持续学习，同时还加强了职业教育发展。为了提高成人识字水平，泰国制定提高国人读写能力的政策，并帮助人们掌握日常生活中所需要的数学和科学技术基

---

① Office of the Education Council. Education in Thailand [M]. Bangkok： Ministry of Education，2017：8.

本知识。为确保教育中的性别平等，考虑到个人和性别差异，泰国修订课程和学习内容以符合学习者的兴趣和能力。除此之外，泰国努力实施多项政策来实现教育质量的提高。泰国在 2015 年之前实现了发展目标指标，包括普及初等教育、促进两性平等和赋予妇女权利的目标。泰国的毛入学率已达到 100%，女孩和男孩都有平等的受教育机会。2015 年，联合国大会宣布了联合国可持续发展目标，遵循和扩大了各国政府于 2001 年商定并将于 2015 年底到期的千年发展目标。在这 17 项全球目标中，2030 年可持续发展目标之一是确保包容和公平的优质教育，并让所有人享有终身学习机会。这一目标强调，到 2030 年，所有女孩和男孩完成免费小学和中学教育，同时还强调提供平等获得职业培训和优质高等教育的机会。这是泰国继续推进全民教育的下一个目标。

二、推进"泰国 4.0"教育发展

泰国《国家二十年发展战略规划（2018—2037 年）》是国家发展的总体规划。与此同时，泰国向"泰国 4.0"转型对于实现可持续发展至关重要，并为长期发展指明了方向——成为"一个稳定、繁荣和可持续的国家，并且是一个遵循适足经济理念的发达国家"。泰国《国家二十年发展战略规划（2018—2037 年）》已被应用于国民教育发展的框架，其主要任务是培养高素质的人才，这是全面发展国家的基础。因此，教育在人力资源开发战略的实施中发挥着重要作用。该战略指出，未来的泰国人民身心健康，具备终身学习能力，有社会责任感，讲道德，守纪律，同时具备 21 世纪所需的技能（这些技能将培养高度熟练的创新型人才、思想家和企业家），他们重视道德、纪律、社会责任和公民福祉。更重要的是，人力资源开发战略还规定进行学习改革，以应对 21 世纪的变化，强调培养具有持续学习技能和注意力的学习者。人力资源开发战略还设计了新的学习系统，将教师角色转变为"教练"或"促进者"，培养学生发展 21 世纪所需技能；通过在所有学校制定最低标准，提高各级各类教育的教育行政和管理系统的效率；培养人们终身学习观念并付诸行动，重点通过各种机制，提供高质量和灵活的、基于能力的教育和培训系统；让泰国人民高度意识到泰国在东南亚和全球社会中的角色和定位；为数字平台学习奠定坚实的基础，突出数字技能和知识选择主体的发展；将技术与教师价值观相结合，发展优质学习媒体及国际学术卓越教育体系。"泰国4.0"战略是教育发展面临的挑战之一，该战略是将泰国发展成为"价值型经济"的新经济模式，这项政策将有助于泰国实现以下转变：（1）传统农业转变为智慧农业，传统农民转变为企业家；（2）传统中小企业转型为智能企业；（3）低价值的传统服务转变为高价值服务；（4）低技能劳动力转化为高技能劳动力。"泰国4.0"战略将以目标技术和产业集团为基础，强调发展科学、创意、创新与科技等。在迈向"泰国4.0"的过程中，教育将在培养和开发与新经济模式相适应的高技能人力资源方面发挥重要作用。

三、扩大与东盟的教育合作与交流

作为东盟重要的创始国之一，泰国积极借助东盟这个平台，加强与东盟区域内国家在教育领域的合作与交流。第一，积极参与东盟的教育合作与交流项目。一方面，泰国高校积极参与东南亚教育部长组织高等教育与发展区域中心的各种学生交流项目，其中最具代表性的是东盟国际学生流动（ASEAN International Mobility for Students，简称为AIMS）项目。该项目旨在加强东南亚区域学生的区域与国际意识，开发全球化的人力资源。截至2019年，AIMS项目主要包括学期项目和两周短期项目，来自9个成员国的77所大学提供的语言文化、国际贸易、工程、经济、旅游、医学、农业、食品科学技术、生物多样性与海洋科学、环境科学与管理等专业，为东南亚区域学生提供了一个十分广泛的学习交流机会。据统计，2010—2019年间，泰国在AIMS项目的支持下，共接收813名学生，派出759名学生。① 另一方面，泰国积极支持东盟奖学金中的东盟大学联盟学生交换项目和东盟学习奖学金项目。东盟大学联盟的秘书处设在泰国朱拉隆功大学内，经费由泰国政府承担，旨在加强东盟高校之间的学习合作与交流研究。受东盟大学联盟的影响，泰国与东盟国家的高等教育机构的合作与交流日益频繁和扩大。第二，积极倡导与东盟的教育合作与交流活动。首先，泰

---

① Bureau of International Cooperation Strategy. ASEAN international mobility for student（AIMS）programme Thailand［EB/OL］.［2019-02-26］. http://www.inter.mua.go.th/.

国政府部门设立了一系列学生双向流动项目和奖学金项目，开展与东盟国家的教育合作与交流。例如，泰国教育部高等教育委员会和泰国文官委员会与东盟区域内的高校开展了广泛的合作，先后出台学生流动的系列项目，为泰国学生提供出国学习交流活动的奖学金。与此同时，泰国国际关系厅设立助学金项目，为邻国学生提供到泰国职业教育机构和高等教育机构学习的奖学金。据统计，2011—2013 年，在泰国高校留学生中，东盟国家的留学生数量位居第二，仅次于中国，这些东盟留学生主要来自缅甸、老挝、越南和柬埔寨等国家。其次，泰国教育部积极扩大与东盟高等教育机构的合作伙伴关系网络，将东盟大学联盟、大湄公河次区域的其他五个国家（包括柬埔寨、老挝、缅甸、越南和中国）列为合作伙伴。同时，在大湄公河次区域有关国家的同意和支持下，泰国教育部积极协助东南亚教育部长组织，成立了"大湄公河次区域高等教育协调工作组"。再次，泰国教育部教育委员会办公室大力推动与东盟国家共同创建东盟资历参照框架，例如，为了响应东盟一体化教育战略实施，泰国按照东盟教育质量标准框架，在2010 年颁布了《教师教育质量标准框架》后，又进一步制定了《教师质量指标体系》。[①]

四、促进国际教育发展

在基础教育阶段，泰国与美国、英国、新加坡等国家合作，在泰国开设国际学校，国际学校受教育部私立教育委员会办公室的监督，国际学校的政策、规则、法规和标准由教育部根据部长理事会的决议制定。据统计，截至 2019 年，泰国有 207 所国际学校。[②] 这些国际学校提供国际课程，主要有：美国课程、英国课程、新加坡课程、国际文凭课程和其他国家课程。此外，2019 年泰国引进的基础教育阶段的国际教师增加到 5 762 人。[③]
在高等教育阶段，泰国许多公立和私立高等教育机构与世界著名大学合作，

---

① 刘宝存，等 ."一带一路"沿线八国国际教育合作与交流政策研究［M］.北京：人民出版社，2020：238-240.

② Office of the Education Council. Education in Thailand 2019—2021［M］. Bangkok： Ministry of Education， 2021：221.

③ 同② 222.

向本科生和研究生提供广泛的国际课程。例如，朱拉隆功大学沙辛工商管理研究生院与美国西北大学凯洛格管理学院、宾夕法尼亚大学沃顿商学院合作，提供 MBA 课程；由德国亚琛工业大学和泰国曼谷国王科技大学联合建立的诗琳通国际泰德工程研究生院提供工程学硕士和博士学位课程；泰国农业大学和澳大利亚维多利亚科技大学联合提供热带农业和国际贸易本科双学位课程等。据统计，2014 年，泰国高等教育机构一共提供了 769 门国际课程，实行学分制，可授予学士学位、硕士学位和博士学位。其中包括 249 门本科生课程、290 门硕士学位课程、224 门博士学位课程和其他 6 门学位课程。① 在这些国际课程中，公立高校开设 667 门国际课程，占比约 87%，包括 184 门本科生课程、262 门硕士学位课程、215 门博士学位课程和其他 6 门学位课程；私立高校开设 102 门国际课程，占比约 13%，包括 65 门本科生课程、28 门硕士学位课程和 9 门博士学位课程。② 泰国高校不断增加国际课程，并采用符合国际惯例的课程设置、学分制度以及学位资格等，以满足本国和外国学生的需求，不断推进人才的国际化培养。③ 此外，泰国的高等教育机构与英国、美国、日本、中国和澳大利亚等国的知名院校签署联合办学协议，建立合作学位项目，联合培养学生。根据泰国教育部高等教育委员会办公室国际合作战略局公布的数据，2015—2016 年，泰国与 23 个国家和地区开展了 135 项合作学位项目，包括联合学位、双学位、国家学位以及三联学位这四种合作学位项目类型。④ 其中，以合作双学位项目数量最多（77 项），占比约 57%；其次是国家学位项目（51 项），占比 38%。⑤

---

① Office of the Education Council. Education in Thailand［M］. Bangkok：Ministry of Education，2017：158-159.

② 同① 158.

③ 刘宝存，等 . "一带一路"沿线八国国际教育合作与交流政策研究［M］. 北京：人民出版社，2020：226-227.

④ 同② 235.

⑤ Bureau of International Cooperation Strategy. Collaborative Degree Programmes between Thai and Foreign Higher Education Institutions Academic Year 2015/16（August 2015- July 2016）［R］. Bangkok：Office of the Higher Education Commission，2017：3-7.

第三章 泰国教育的基本制度与政策

泰国认为，教育制度旨在为不同社会、经济和文化背景的学习者提供各种教育类型和教学方法，为每个学习者提供合适的教育机会。在泰国，教育部和高等教育、科学、研究和创新部是负责教育工作的主要政府机构，负责促进和监督国家和私营部门提供的各级各类教育的发展。本章从泰国的学校教育制度、国家和地方的教育行政管理制度以及教育宏观政策等三个方面，从宏观上概述泰国教育的基本制度与政策。

第一节　学校教育制度

根据泰国《国家教育法（1999 年）》和 2002 年《国家教育法》（修正案），泰国教育分为正规、非正规和非正式三种类型。[①] 教育机构可以为学习者提供一种或所有类型的教育。此外，学习中心、家庭、社区、非政府组织、地方行政办公室、专业组织、福利机构和其他社会组织也可以适当地提供不同类型的教育。

一、教育层次

泰国现行学制的教育层次主要有两个：基础教育和高等教育。基础教育分为学前教育或幼儿园教育、小学教育和中学教育（初中教育、高中教育）；高等教育分为文凭教育、本科教育和研究生教育。（如图 3-1 所示）

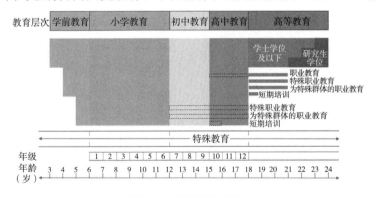

图 3-1　泰国现行学制

资料来源：Office of the Education Council. Education in Thailand ［M］. Bangkok：Ministry of Education，2017：67.

---

① 　Office of the Education Council. Education in Thailand 2018 ［M］. Bangkok：Ministry of Education，2019：18.

（一）基础教育

泰国基础教育年限为 15 年，从学前教育或幼儿园教育到高中教育，包括 3 年的学前教育或幼儿园教育、6 年的小学教育、3 年的初中教育和 3 年的高中教育。

（1）学前教育或幼儿园教育的学制为三年制，主要是对 3 ～ 6 岁儿童的养育和教育。该阶段根据儿童的年龄和能力特征，主要提供身体、心理、情感、智力和社交等方面的教育。

（2）小学教育的学制为六年制，是对 7 ～ 12 岁儿童进行义务教育的活动，目标是为学习者提供形成道德品质、基础知识和能力、识字和算术能力等相应素质的基础。小学课程的时间每年不少于 1 000 小时。

（3）中学教育实行学分制，分为初中教育和高中教育。三年初中教育对 13 ～ 15 岁的学生进行义务教育，其目标是使学生在小学基础上提高自己的知识、能力和技能水平，认识自己的需要和兴趣，认识自己在普通教育和职业教育上的态度和能力倾向，并通过与自身年龄相关的工作和职业实践发展能力。初中课程每年不少于 1 200 小时。高中教育分普通高中教育和中等职业教育。普通高中教育为三年学制，中等职业教育年限为 1 ～ 3 年不等。高中教育的目的是使 15 ～ 17 岁的学生在校期间能够根据自己的能力和兴趣不断变化和成长，进一步促进其道德、品质、知识和从事工作所需要的社会技能的发展，获得进一步接受高等教育或工作的基础。中等职业教育为初级中等教育水平的毕业生提供三年制课程，课程包括 10 个主要科目，即工业、商业、美术、家政、农业、渔业、旅游、纺织、信息和通信技术以及生活技能。在这些领域学习的学生将有机会到合作工厂或公司参加实践培训，时长至少为一个学期。为了增加学生的机会，许多企业家和教育机构提供了双元制教育计划，参与该计划的学生在整个学习期间有一半时间接受在职培训。高中三年课程的学习时间不少于 3 600 小时。[①]普通高中毕业生通过考试进入高校深造，中等职业教育毕业生可就业，也可考入技术院校继续学习。

---

① Office of the Education Council. Education in Thailand 2018［M］. Bangkok：Ministry of Education，2019：22.

基础教育由以下机构提供：

（1）幼儿发展机构，如托儿中心、儿童发展中心、由宗教机构经营的幼儿发展中心、残疾儿童或有特殊需要儿童的初级护理中心、以其他名义提供幼儿护理的机构。

（2）公立学校、私立学校以及宗教机构管辖的学校。

（3）学习中心，例如由非正规教育机构、个人、家庭、社区、地方行政组织、私人组织、专业团体、宗教机构、企业、医疗机构、福利机构和其他社会机构组织的学习中心。

（二）高等教育

高等教育由大学、教育机构、学院或其他类型的机构提供。根据《泰国高等教育资格框架（2009年）》，有六个级别的资格，包括一级高等文凭、二级学士学位、三级研究生文凭、四级硕士学位、五级高等研究生文凭和六级博士学位。[①]

1. 高等文凭

高等文凭或高等职业教育证书层次需要6个学期或3年的学习。双元制职业教育性质的高等文凭，全日制学习不得超过6年，非全日制学习不得超过9个学期。

2. 学士学位

希望攻读学士学位的学生必须完成高中教育、职业教育或同等教育。通常，学士学位需要学习4年，在某些专业领域需要学习5～6年。例如，在建筑、绘画和工业专业领域需要学习5年；在医学、药学和兽医学专业领域需要学习6年，并且在被授予学位之前需要实习。继续教育学士学位课程，全日制学习不超过4年，非全日制学习不超过6年。

3. 研究生文凭

研究生文凭，高于学士学位但低于硕士学位，拥有学士学位的学生通过1年全日制或同等的非全日制学习获得研究生文凭。研究生文凭的课程，旨在为希望提高专业技能和知识，但不愿意为了获得硕士学位而进行科研

---

① Office of the Education Council. Education in Thailand 2019—2021［M］. Bangkok：Ministry of Education，2021：40.

任务的学生，提供学士学位水平以外的高级学术和专业学习。获得研究生文凭的学生可以继续申请攻读硕士学位，前提是他们需要完成额外的理论或应用研究。

4. 硕士学位

与学士学位级别相比，硕士学位规定了更深入、更具体的学习范围。其目的是促使学生获得知识，了解创作过程，并将新知识应用于工作和社会的发展。攻读硕士学位通常需要 2 年的学习，且必须在 6 个学年内完成。在被授予学位之前，学生必须撰写与其研究领域相关的论文或独立研究报告。

5. 高等研究生文凭

高等研究生文凭高于硕士学位但低于博士学位，是在一定的专业领域提供的高级专业资格，它主要用于医学和相关研究，如药剂学和其他医学科学。学生必须在入学前获得硕士学位，且该文凭要求至少 24 个学分的高级专业学习。

6. 博士学位

博士课程涉及大量先进的独立学术研究，要求掌握主要研究领域的最新发展状况，以促进学科或专业领域发展的方式创造、解释和应用知识。这一水平的教育需要在获得硕士学位后额外进行 3 年学习，且必须在 6 个学年内完成。

高等教育旨在按照国家高等教育发展规划、高等教育哲学、高等教育机构理念以及国际学术和专业标准培养毕业生。

二、教育类型

根据《国家教育法（1999 年）》和 2002 年《国家教育法》（修正案）的规定，泰国的教育可以划分为 3 种类型，即正规教育、非正规教育和非正式教育。

（一）正规教育

根据《国家教育法（1999 年）》和 2002 年《国家教育法》（修正案），正规教育被定义为规定确切目标、方法、课程、期限、评估方式和完成评估条件的教育。① 正规教育有两个层次，即基础教育层次和高等教育层次。正规教育提供普通教育和职业教育，普通教育和职业教育由公立和私立教育机构在基础教育和高等教育两个层次提供。泰国为不同的目标群体提供各种形式的正规教育，包括主流教育、为有特殊教育需要的学生提供的基础教育、宗教机构提供的教育、由教育部以外的其他机构提供的特定教育，以及使用其他语言作为教学媒介的国际教育。这里仅介绍主流教育和针对有特殊教育需要的学生的基础教育。

1. 主流教育

主流教育是由教育机构提供的正规教育，学生必须进行全日制学习。主流教育分为普通教育和职业教育。

（1）普通教育

学前教育或幼儿园教育遵循《学前教育课程大纲（2017 年）》的规定，该课程大纲针对 0～6 岁的儿童。幼儿课程分为 3 岁以下儿童课程和 3～6 岁儿童课程。3 岁以下儿童课程分为 0～2 岁年龄段的课程和 2～3 岁年龄段的课程。0～2 岁年龄段课程的重点是根据该年龄段儿童的生活方式制定良好教养的指导方针。2～3 岁年龄段的课程关注良好教养的培养，促进儿童发展和学习，使儿童身心健康成长，获得语言和交流技能，并培养儿童持续的学习兴趣。3～6 岁儿童的课程包括儿童的养育和教育，重点根据其年龄和能力特征提供身体、心理、情感、智力和社交方面的发展教育。

小学至高中教育（1～12 年级）遵循《基础教育核心课程（2008 年）》（以下简称《课程》）的规定。《课程》旨在培养成为国家力量的学习者，使其在身体、智力和道德上均衡发展。此外，《课程》要求学习者维护以国王为国家元首的民主政体，并具备基本知识和技能，同时培养对教育、职业和终身学习所必需的态度。《课程》将知识和技能分为 8 个领域：泰语、数学、科学、社会研究、职业和技术、艺术、外语以及健康和体育。此外，还包括针对学习者特定兴趣的活动。《课程》对数学、科学和地理等学科领域进行了修订，一方面为了符合"泰国 4.0"的战略要求，另一方面为了

---

① Office of the Education Council. Education in Thailand 2018 [M]. Bangkok：Ministry of Education，2019：19.

帮助学生获得 21 世纪所需的技能。值得注意的是，泰国的中小学还向学生提供与职业和技术相关的教育，为他们提供职业准备和技术应用所需的工作经验和基本知识。此外，一些学校还提供职业教育和高中教育的双元制教育。这一特定课程的毕业生同时获得高中教育和职业教育学位。这为高中教育水平的学习者创造了有利的受教育机会，使他们能够在职业领域学习，以提高技能和知识水平，并拥有更广泛的就业机会。

（2）职业教育

职业教育遵循《职业教育证书课程（2019 年）》和《职业教育文凭课程（2020 年）》的规定。这些课程是根据劳动力市场对熟练劳动力的需求和当前的技术水平而设计的。接受职业教育的学生可以选择与其潜力、兴趣和机会相关的学习系统和方法。职业课程开发促进国家、地方和社区各级教育机构在教育管理和参与课程开发方面进行合作。职业教育课程注重能力培养，并明确学生未来职业所需的知识、技能、态度和个人属性的标准。根据《国家教育法》，职业教育与培训由公立或私立机构通过与企业之间的合作提供。

中等职业教育遵循《职业教育证书课程（2019 年）》的规定，为中等教育水平的毕业生提供三年制课程。课程涉及 10 个主要学科领域，即工业、纺织、信息和通信技术、商业、美术、家政、农业、渔业、旅游、娱乐和音乐。在每个学科领域，学生可以选择学习内容和选修科目。此外，还向学习者提供生活技能主题学习，以提高他们的社交和生活技能。

高等职业教育遵循《职业教育文凭课程（2020 年）》，为中等职业教育和普通高中教育的毕业生提供两年制课程。课程涉及 11 个主要学科领域，即工业、工商管理、美术、家政、农业、渔业、旅游、纺织、信息和通信技术、娱乐和音乐、海事，以及其他选修科目。此外，也向学习者提供生活技能主题学习，帮助他们掌握知识和基本的生活技能。

据统计，截至 2020 年，泰国大约有 200 所职业院校提供双元制职业教育，即教育机构与企业或公共机构在学习目标、课程管理、测试和评估方面有合作。①学生在职业学校学习，并在企业实习，这使不同学科领域的学生有机会获得直接的实地工作经验，也可以让学生赚取收入。

2. 特殊教育

《泰国宪法（2017年）》规定，要保护所有人的学习权利和自由，包括残疾人和有特殊需要的人。与此同时，泰国《国家教育计划（2017—2036年）》提出了为所有人提供平等且公平教育机会的战略。该战略的目标是让所有学习者，包括有特殊需要的资优生、残疾人和其他弱势群体，获得平等接受优质教育的机会。此外，《国家教育法（1999年）》和2002年《国家教育法》（修正案）也重视有特殊教育需求的学习者，规定这一特定群体的学习者必须受到密切关注，并提供符合这类学习者需求的教育。该法案还强调，必须为有学习障碍的学习者和弱势群体提供特殊基础教育，使其在身体、心理、智力、情感、社交、沟通等方面得到发展，同时根据有天赋的孩子的能力特征提供合适的基础教育。②

（1）资优生特殊教育

天赋异禀的学习者将成为国家发展的关键劳动力。因此，泰国通过创造和增加学习机会，进一步提高这类学习者的能力，使之能够在未来为国家带来可观的效益。培养资优生的教育和活动具体如下：

①为各领域的资优生建立学校和学院，包括20所侧重科学和数学的院校、29所体育学校和15所音乐和戏剧艺术学校。③

②在普通学校内提供全纳教育。普通学校需要为语言、科学和数学等各个领域的资优生设立特殊课程，并制订教学、学习和评估流程。

③提供特殊活动、收费课程和竞赛。推广学术活动，发展科学教育基金会；开设教学科学与技术促进研究所；国家科学技术发展局组织特别活动，开展辅导课程和竞赛，如学术奥林匹克营、科学营、初级科学人才项目、探索中心和科学或数学竞赛。

---

① Office of the Education Council. Education in Thailand 2019—2021［M］. Bangkok：Ministry of Education，2021：20.

② Office of the Education Council. Education in Thailand 2018［M］. Bangkok：Ministry of Education，2019：25-26.

③ 同① 23-24.

④提供进修计划。该计划基于中学和大学之间的合作，允许中学生参加为大学一年级学生组织的课程，并获得学分，这些学分可在他们继续攻读学士学位时累积。

⑤提供特定课程。一些大学为资优生提供特定课程，侧重于特定领域的研究或荣誉课程。

⑥研究和发展知识体系。教育委员会办公室对学校天才儿童课程进行研究和开发，研究结果以及所创造的知识体系已被纳入《发展天才儿童战略提案（2006—2016 年）》和《天才儿童战略草案（2016—2020 年）》。

⑦建立天才中心和研究开发机构。这类中心和研究所是由朱拉隆功大学、诗纳卡琳威洛大学等多家机构建立的。

⑧在泰国和海外提供奖学金。奖学金是由"科技人才开发和推广"项目、国家科学技术发展局项目、学术奥林匹克项目提供的，还有一些公共和私人机构的资助。

（2）弱势学生特殊教育

根据基础教育委员会办公室的划分，弱势学生是指：①孤儿；②少数民族儿童；③被遗弃的儿童；④被强迫进入劳动力市场的儿童；⑤身体受到虐待的儿童；⑥受毒品影响的儿童；⑦被迫提供性服务的儿童；⑧在观察和保护中心的儿童；⑨贫困儿童；⑩街头儿童；⑪为自己和家人工作的儿童；⑫感染艾滋病的儿童；⑬其他弱势儿童。泰国的一些公共机构，特别是教育部、边境巡逻警察局以及社会发展和人类安全部，为社会、经济和文化上处于弱势的儿童提供教育。此外，许多公共慈善机构也密切关注弱势儿童的教育问题。这些慈善机构组织各种项目，为各类弱势儿童提供教育，使他们能够接受正规和非正式教育。大多数贫困学生在普通公立学校学习，这些学校被称为全纳学校，而其余弱势学生在福利学校和边境巡逻警察学校学习。

福利学校专为弱势儿童提供教育，以促进教育公平。弱势学生在学习期间免学费和住宿费，同时免费获得食物、衣服和课本。据 2020 年统计，泰国共有 52 所福利学校，有些福利学校还为弱势学生提供职业教育。①

---

① Office of the Education Council. Education in Thailand 2019—2021 [M]. Bangkok：Ministry of Education，2021：29.

边境巡逻警察学校位于较偏远的边境和荒野地区，由泰国皇家警察边境巡逻警察局监管。据边境巡逻警察局统计，2019 学年边境巡逻警察局管辖的学校总数为 218 所，包括 216 所小学和 2 所中学；共有 26 417 名学生，包含 6 813 名学前教育学生、18 421 名小学教育学生和 1 183 名中学教育学生，大多数学生是少数民族且来自农村家庭。①

（3）残障学生特殊教育

基础教育委员会办公室下属的特殊教育管理局将残疾儿童分为 9 种类型，包括听力障碍类、精神障碍类、视觉障碍类、身体障碍类、学习障碍类、自闭症类、情绪和行为障碍类、语言障碍类、多重残疾类。泰国《国家教育法》规定，残疾人有权接受各级教育。泰国《残疾人教育法》强调残疾人拥有受教育权，相关教育机构要向残疾人提供免费的教育和学习设施。残疾人还可以选择与其需求相关的教育服务。泰国重视残疾人教育，规定残疾学生可在全纳学校和特殊学校接受正规基础教育。此外，泰国还为残疾儿童的教育提供预算援助，预算来自政府拨付的正常预算和残疾学生教育基金。

全纳学校接受残疾儿童与普通学生一起学习，学校没有将残疾儿童排除在外，而是通过调整课堂环境、教学活动、课程和评估，根据所有学生的需求设计教学，使儿童能够根据自身需要提高学习能力。这类学校还得到了特殊教育中心、特殊教育学校、国家电子和计算机技术中心、内政部、社会发展和人类安全部的帮助，包括提供教师、培训、材料和设施等方面的援助。

特殊教育学校为身体、智力、心理或情绪障碍的学生提供特殊教育，使他们能够根据自己的身体、心理和能力状况进行学习。据 2017 年统计，在基础教育委员会办公室的监管下，有 48 所特殊学校接受各类残疾儿童入学。②此外，据 2015 年统计，在基础教育委员会办公室特殊教育管理局监

---

① Office of the Education Council. Education in Thailand 2019—2021［M］. Bangkok：Ministry of Education，2021：30.

② 同① 32.

督下，有 77 个特殊教育中心。① 这些特殊教育中心在为残疾人提供康复教育帮助方面承担着许多责任，包括在特殊教育中心、全纳学校、家庭和医院提供服务；组织会议或研讨会，向残疾儿童的父母和有关机构普及知识；进行研究并编制残疾人短期培训课程。

（二）非正规教育

《国家教育法（1999 年）》及其 2002 年的修正案对非正规教育的管理做出了规定，非正规教育办学可以制订灵活的学习时间表、测量和评估标准，并根据每个学习者群体的问题和需求制订适当的课程内容。泰国《促进非正规和非正式教育法》提出，要重视泰国人民的素质，发展他们的知识和技能、道德原则、道德行为、核心价值观和生活常识，因为这既关系到人民的个人福祉，也是确保国家可持续发展的关键。此外，通过接受非正规和非正式教育，人民将有能力过上幸福的生活，能够感知周围的瞬息万变，能够终身不断地寻求知识，为国家的发展及参与国际竞争发挥自身潜力和智慧。教育部、国防部、劳动部、内政部、卫生部、交通部、农业和合作社部、工业部、私营组织和非政府组织等公共和私人机构可以提供非正规教育服务。据 2019 年统计，隶属非正规和非正式教育办公室的学员有 3 638 401 名，隶属职业教育委员会办公室的学员有 525 137 名，隶属私立教育委员会办公室的学员有 70 289 名，隶属高等教育、科学、研究和创新部的学员有 25 285 名，隶属曼谷大都会管理局的学员有 19 641 名。②

在教育部的监督下，非正规和非正式教育办公室是负责非正规和非正式教育的主要机构。该机构通过电子书、电子图书馆和电子学习计划为各种目标群体提供服务，主要提供以下 3 种主要类型的非正规教育：

（1）扫盲促进——为文盲组织教学活动。这将使他们能够掌握听说读写的基本语言能力，并能完成日常生活中的简单计算。

（2）基础教育——在小学、初中和高中阶段制订适当的教育计划。教育的对象包括职业证书项目中的学生，以及尚未完成义务教育且未进入学

---

① Office of the Education Council. Education in Thailand [M]. Bangkok：Ministry of Education，2017：59.

② Office of the Education Council. Education in Thailand 2019—2021 [M]. Bangkok： Ministry of Education，2021：33.

校系统的学习者，如残疾老人、劳工群体、移民工人、囚犯、山地部落居民、无家可归的儿童等。这些群体通过基础教育计划，能获得接受更高水平的教育的机会。

（3）继续教育——为满足学习者日常生活需要而制订的非正规教育计划。该项目旨在培养学习者获得各种职业技能的知识和能力，希望通过培训，使学习者能够在社会和社区中具有自力更生的能力。该计划以各种形式组织学习活动，包括职业发展活动、生活技能发展活动、社会和社区发展活动以及与自力更生技能相关的其他学习活动。

（三）非正式教育

非正式教育是一个教育项目，人们可以通过图书馆、博物馆、科学中心、广播、电视、报纸、杂志、社区学习网络等公共知识来源学习，还可以在家庭中学习。自 2018 年以来，泰国增加了许多非正式学习来源，包括 59 个校外学术来源和 923 个非正式学习资源。[①] 非正式教育使学习者能够根据自己的兴趣、潜力、准备程度进行学习，具体知识来源包括：

（1）图书馆、博物馆和科学中心，以及大众媒体（广播、电视、报纸和杂志等）等提供的非正式教育课程。

（2）社区学习网络提供的非正式教育课程，如社区学习中心、乡村阅读中心、街道卫生办公室、分区农业办公室以及每个社区的自然学习资源。

（3）其他各种来源，例如家庭、通过合作活动建立的网络等。

根据《国家教育法》规定，国家要提供足够数量的学习资源，以有效运作的方式促进各种类型学习资源的建立和运行，并改善已有的终身学习资源，包括公共图书馆、博物馆、美术馆、动物园、公园、植物园、科技园、体育和娱乐中心。此外。还有其他几种终身学习资源，包括历史公园、艺术和文化中心等。泰国努力使每个人能够通过多种渠道随时随地学习，并通过提供非正式教育的方式促使人们终身学习。

（四）三种教育类型之间的联系

《国家教育法》明确所有教育类型的重要性。因此，相关非教育机构

---

① Office of the Education Council. Education in Thailand 2019—2021［M］. Bangkok：Ministry of Education，2021：36.

和教育机构正努力在正规、非正规和非正式教育系统之间建立联系。学习者累积的学分可以在同一教育类型内或不同教育类型之间转移，这些学分可以从相同或不同的教育机构累积，包括从非正规或非正式教育、职业培训和工作经验中学习累积。这样一个灵活的教育体系，有助于增加人们受教育的机会，并利于在所有类型的教育之间建立联系。如此一来，体系不仅会吸引未来几代泰国人终身学习，而且将会在 21 世纪建立一个以学习和知识为基础的社会。可见，改善三种教育及其关系是培养终身学习文化和创建学习型社会的必要条件。

第二节　教育行政管理制度

泰国有许多机构和组织负责教育管理及提供教育服务，但负责教育工作、促进和监督国家和私营部门提供的各级各类教育的主要政府机构是教育部以及高等教育、科学、研究和创新部。内政部监督下的地方行政组织在监督地方教育机构方面也发挥着重要作用。此外，还有一些部门在其他部委和机构的监督下提供教育，培养能够满足各机构具体需求的合格人员，这样的部门包括国防部、泰国皇家警察局、交通部、卫生部、农业和合作社部以及曼谷大都会管理局等。国家的教育行政管理由教育部的中央层和教育机构的不同层级完成。本节主要介绍两个部分：一是国家对教育的行政管理；二是地方对教育的行政管理。

一、国家对教育的行政管理

教育部是负责管理各级各类教育的最大政府机构，包括中央级机构、区域和省级机构以及全国各地的教育机构。同时，高等教育、科学、研究和创新部主要负责管理高等教育。此外，还有其他部委和机构负责具体的教育项目，以满足每个机构的需求。

（一）教育部

根据《国家教育法（1999 年）》，教育部有权力和义务促进和监督各级各类教育（高等教育除外，高等教育由法律明确规定的其他部委监督）；

制定教育政策、计划和标准；调动教育资源；促进和协调与教育有关的宗教事务以及艺术、文化和体育活动。此外，该法规定，教育部应下设三个主要机构，即教育委员会、基础教育委员会和职业教育委员会。因此，教育部中央一级的主要教育管理机构有四个：（1）教育部常务秘书办公室；（2）教育委员会办公室；（3）基础教育委员会办公室；（4）职业教育委员会办公室。其权力和职责如下。①

1. 教育部常务秘书办公室

教育部常务秘书办公室的职责如下：（1）负责管理一般行政工作，为教育部部长提供信息；（2）协调教育部内部的活动，协调各部门和政府办公室之间的合作和行政管理，履行法律规定的其他官方职能；（3）制订财政预算和工作计划，并根据教育部的政策、指南和工作计划对履行职责的结果进行监测、检查和评估；（4）代表教育部出面实施有关学生、教师、教育人员、家长的公共服务项目；（5）促进教育的国际合作；（6）促进私立教育和非正规教育的发展，以及建立和发展信息管理系统等。

2. 教育委员会办公室

教育委员会办公室是牵头机构，其职责主要包括：（1）制订国家教育计划，整合宗教、艺术、文化等相关方面进入各级教育；（2）依据国家计划，制定教育政策、计划和标准，加强人力资源开发；（3）开展研究，制定优质教育和人力资源开发政策、计划和标准；（4）提出有关教育资源分配的计划；（5）监督、评估和开发针对教育供给和人力资源开发的评估系统；（6）对有关的教育法和部级规章制度提出意见；（7）鼓励合作，推动教育和人力资源开发。

3. 基础教育委员会办公室

基础教育委员会办公室具有以下职能和职责：（1）审议政策提案、教育发展计划、教育提供标准和基础教育中心课程；（2）制定标准和指导方针，通过分配资源和管理预算为教育提供支持；（3）发展管理体制，促进和协调信息网络，在教学中使用信息技术，促进教育监督、行政

---

① Office of the Education Council. Education in Thailand 2019—2021 ［M］. Bangkok：Ministry of Education，2021：57-58.

和管理；（4）在教育服务领域层面对基础教育进行监督、检查和评估；（5）发展教育创新；（6）履行基础教育委员会的秘书职责。

4.职业教育委员会办公室

职业教育委员会办公室主要负责：（1）根据国家需要促进职业教育和专业培训的质量；（2）提升职业教育人力资源的质量和标准，以达到国际水平；（3）全面、持续、平等、公平地扩大职业教育机会；（4）成立技能和技术的职业教育和专业培训中心；（5）建立合作网络，让所有部门参与职业教育和专业培训的发展；（6）针对学生的职业发展和生活质量开展研究；（7）加强和发展职业教育师资队伍。

此外，教育部还包括7个独立机构。其中4个是自治的国家机构，包括泰国教师委员会秘书处办公室、教育科学与技术促进研究所、教师和教育人员福利促进委员会办公室以及泰国国家童子军组织。另外3个是公共组织，分别是国家教育标准和质量评估办公室、国家教育考试服务研究所、玛希隆威特学校。这7个独立机构的职责具体如下：

（1）泰国教师委员会秘书处办公室。

泰国教师委员会秘书处办公室是由教师和教育行政人员组成的组织，其职责包括制定专业标准、签发和吊销执业许可证、执业许可证续期、监督专业教育人员的行为和表现并使其符合职业标准和道德规范、促进和支持教育领域的研究和专业发展，以及促进教育机构管理人员和教师的发展。国家和私营部门的教师、教育机构的管理人员、教育管理人员和其他教育人员应具有法律规定的由该办公室签发的专业执照。

（2）教育科学与技术促进研究所。

教育科学与技术促进研究所的职责包括：促进课程、教学和学习技术的研究，并评估各级教育的科学、数学和技术课程，尤其是基础教育课程；制订针对教师、学生的科学、数学和技术教学培训计划并督促其执行；开发教科书、习题、学术论文、所有补充材料，制作用于科学、数学和技术教学的设备和材料；发展和培养在科学、数学和技术方面有天赋的学生和教师；就教育问题向教育机构提供建议。

（3）教师和教育人员福利促进委员会办公室。

教师和教育人员福利促进委员会办公室负责维护教师和教育人员权利，

提高其福利，包括住宿、医疗、保险、奖学金、安全、咨询服务、债务支持以及其他权利；促进教师与教育人员之间的和谐与团结；支持和促进教育部在教学材料、教育设备以及与教育管理等其他事项方面的管理；促进和支持与教师发展有关的研究；维护教师和教育人员的荣誉。

（4）泰国国家童子军组织。

泰国国家童子军组织是专门面向中小学生的组织机构，辅助学校开展体育、德育和智育活动，通过讲授组织常识、军事知识、纪律等多个方面培养童子军，培养他们健康的体魄、良好的品德和独立的实践动手能力，促进其身心健康发展，使童子军成为有智慧和道德的好公民，将来为泰国创造一个和平与安全的社会。

（5）国家教育标准和质量评估办公室。

国家教育标准和质量评估办公室负责开发外部质量评估系统；制定外部质量评估的标准和方法；培训和认证外部评估员；每五年对所有教育机构进行一次评估，并将评估结果提交给有关机构并向公众公开，以提高泰国的教育质量。

（6）国家教育考试服务研究所。

国家教育考试服务研究所的成立是为了组织建立教育测量和评估的考试系统、方法和工具，并根据学习者的教育标准开发测量和评估工具；组织全国教育考试，为学校和教育服务区办公室的考试提供支持；向国内外各种组织提供测试结果。

（7）玛希隆威特学校。

玛希隆威特学校是泰国第一所科学和数学学校，为在科学、数学和技术方面具有非凡天赋的高中生提供专业教育，使他们未来能够成为研究者和发明家。玛希隆威特学校是一所公立自治学校，由教育部部长监管。

综上所述，泰国教育部的中央一级机构由 4 个主要教育管理机构和 7 个独立机构组成，其行政结构如图 3-2 所示。

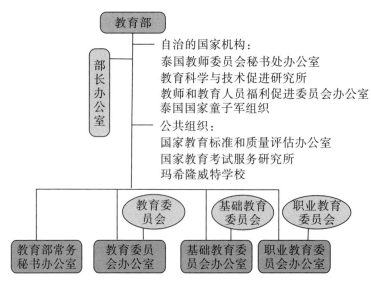

图 3-2 教育部的中央行政结构

资料来源：Office of the Education Council. Education in Thailand 2019—2021［M］. Bangkok：Ministry of Education，2021：63.

教育部在区域一级的教育管理是通过设立的 18 个区域教育办公室完成的，在教育部常务秘书办公室的监督下，区域教育办公室执行教育部在区域一级的任务。其主要职责是通过促进、支持和发展教育，以及与教育部下属机构、其他机构、该地区其他相关部门建立合作，推动地区和省级教育发展。地区总监负责监督区域教育办公室。

教育部在省一级的教育管理是通过在 77 个省设立的省级教育办公室完成的，在教育部常务秘书办公室的监督下，省级督学担任最高执行官。省级教育办公室依法履行教育部教育行政管理任务，按照相关政府机构的政策和策略履行教育相关职责。根据政府政策，教育部在 6 个地区成立了 18 个省级小组，并将指定省份作为省级小组的运作中心。教育部发布部长级公告，在教育部常务秘书办公室下设立 6 个地区教育办公室，共负责 18 个区域教育办公室的运作。

基础教育委员会办公室在全国不同地区都设有中央机构，包括 183 个小学教育服务区办公室和 62 个中学教育服务区办公室。[①] 这些办公室的主要职能包括在区域一级制定教育政策、教育发展计划和教育标准。他们还负责与各教育服务区办公室的学校一起协调、推广、支持和开发学校课程。此外，这些办公室还收集、分析和研究教育服务领域的信息，协调本领域的资源调动，建立教育质量保证体系，评估本教育服务区的学校。

（二）高等教育、科学、研究和创新部

最初，监督公立和私立高等教育机构的部门是高等教育委员会办公室，它是教育部的主要机构之一。为了配合 21 世纪的教育环境以及将泰国社会引入以科学、研究和创新为重点的"泰国 4.0"战略，产生了成立高等教育、科学、研究和创新部的提议。接着，《高等教育法（2019 年）》于 2019 年颁布，以建立和支持新的高等教育、科学、研究和创新部为中心。就这样，原隶属于泰国教育部的高等教育委员会办公室独立出来，联合科技部、国家研究委员会办公室和泰国研究基金办公室组成高等教育、科学、研究和创新部。根据《高等教育、科学、研究和创新部法案（2019 年）》，新的高等教育管理部门成立。

泰国高等教育、科学、研究和创新部设立高等教育委员会，负责提出符合国民经济与社会发展规划以及国家教育计划要求的政策、发展计划和高等教育标准。该委员会还负责支持、监督、审查和评估高等教育的管理，同时确保高等教育机构的独立性和学术卓越性。此外，还设有高等教育标准委员会，它的一项重要任务是监督、审查教育管理和质量等，以及评估教育部下属公立高等教育机构和私立高等教育机构的高等教育管理。高等教育委员会和高等教育标准委员会是部级委员会，由高等教育、科学、研究和创新部常务秘书办公室负责运作。

除了监督和评估高等教育机构的教育管理外，高等教育、科学、研究和创新部还肩负着监督大学下属示范学校的使命。截至 2020 年，公立大学、自治大学、皇家大学、皇家科技大学和私立大学共有 96 所附属示范学校。[②]

---

① Office of the Education Council. Education in Thailand 2019—2021［M］. Bangkok：Ministry of Education，2021：66.

② 同① 69.

（三）其他组织的教育管理

除教育部和高等教育、科学、研究和创新部外，其他国家机构也提供校内教育、校外教育和专门教育，培养具有特定知识和技能的人员，以满足各个机构的特定需求。这些国家机构包括内政部、社会发展和人类安全部、曼谷大都会管理局、卫生部、交通部、国防部、文化部、旅游和体育部、国家佛教办公室和泰国皇家警察局。

此外，一些机构还提供与普通教育机构不同的专业教育。这种教育旨在培养具有特殊知识和技能的人员，以满足每个机构的特殊需要。这些机构设有专门的教育机构，并为普通和职业高中至硕士学生设计课程。目前，提供专门教育的机构包括国防部、泰国皇家警察局、内政部、交通部、数字经济和社会部、卫生部、曼谷大都会管理局、泰国红十字会，以及泰国律师协会。这些机构的专门教育机构有自己的教师，他们具有教学资格和专业知识，有实际工作经验，能够直接向学习者集中传授知识和实践经验。

二、地方对教育的行政管理

地方的教育行政管理由内政部地方行政局负责，该局有权支持、协调和促进地方政府提供的公共服务和教育。地方行政组织分为四种类型，分别为省级行政组织、市级行政组织、街道行政组织和特殊行政组织。《泰国宪法（2017 年）》规定，地方行政组织有权力和义务监督和提供公共服务和公共活动，以造福当地人民，并支持和促进为当地居民提供教育的工作。

根据《泰国宪法（2017 年）》规定，地方政府有权支持和促进当地人民的教育，使所有年龄段的人都能接受终身教育。地方当局与中央政府合作组织各级教育。中央政府负责监督、支持和促进当地的教育管理，以保证质量和符合国际标准。中央政府还制订了 2018 年至 2022 年的地方教育发展计划，并在该计划实施期间为地方政府和地方政府下属学校提供教育发展框架。该发展计划的愿景是在社区各部门的参与推动下，引导当地居民接受终身教育，以泰国文化为基础，遵循适足的经济理念，掌握 21 世纪所需的技能，过上幸福和可持续的生活。地方政府的教育发展使命包括：（1）为当地居民提供正规、非正规和非正式教育，使所有年龄段的人都能终身学习；（2）促进具备 21 世纪所需基本技能的公民的发展；（3）鼓励各部门参与地方政府提供的教育；（4）推广宗教、艺术、文化、传统和当地智慧；（5）秉承适足经济理念，融入地方政府教育管理；（6）提高南部边境省份的地方教育质量。

第三节　教育宏观政策

泰国教育政策的制定一方面依据国家社会与经济发展战略和计划、教育发展实际状况以及相关法律，另一方面根据世界变化和未来发展趋势。近年来，泰国通过并颁布了《国家教育计划（2017—2036 年）》《国家教育改革计划（2019—2029 年）》《职业教育发展二十年计划（2017—2036 年）》，以及《高等教育发展二十年长期计划（2018—2037 年）》，从宏观层面明确教育发展方向以及不同层次教育的发展指南。

一、《国家教育计划（2017—2036 年）》
（一）《国家教育计划（2017—2036 年）》出台的背景

《国家教育计划（2017—2036 年）》的制定和颁布主要源于内外部因素。外因主要是泰国面临着全球发展形势所带来的挑战，例如数字革命时代对人才培养的要求、实现联合国 2030 年可持续发展目标、东盟经济共同体建设等。内因主要是泰国社会和经济存在的问题，以及当前教育存在的问题。在社会和经济方面，主要指社会贫富差距大、劳动力无法满足 21 世纪市场的需求、老年人口数量不断增长、自然资源和环境受到破坏等问题。当前亟待解决的教育问题包括教育不平等、教育质量不高、缺乏科技人才和外语人才、教育行政制度僵化、教学效果不理想、教育预算管理缺乏有效性等。因此，《国家教育计划（2017—2036 年）》的制定和颁布既是为了应对外部的挑战，也是为了解决泰国当前教育发展存在的问题。此外，该计划也符合《国家二十年发展战略规划（2018—2037 年）》框架和《第十二个国民经济与社会发展规划（2017—2021 年）》的要求。

（二）《国家教育计划（2017—2036 年）》的愿景、目标、目的和战略

1. 愿景

《国家教育计划（2017—2036 年）》的愿景是在应对全球变化和坚持适足经济理念的基础上，为所有泰国人提供 21 世纪优质教育，使其拥有终身学习的能力，过上幸福的生活。

2. 目标

《国家教育计划（2017—2036 年）》基于愿景的实现确立了四个目标：（1）发展优质有效的教育体系和过程；（2）培养符合泰国宪法、国家教育法和国家战略要求的优质泰国公民；（3）坚持适足经济理念，将泰国建设成为一个高质量学习的、有道德和伦理的、和谐与合作的社会，实现国家的可持续发展；（4）将泰国从"中等收入陷阱"和收入不平等中解放出来。

3. 目的

为了实现愿景和目标，《国家教育计划（2017—2036 年）》确定了两个目的：

（1）学习者期望。学习者期望是指培养具有高学历和 21 世纪所需的技能的学习者。期望学习者掌握的 21 世纪所需的技能包括 3Rs——阅读（Reading）、写作（Writing）和算术（Arithmetic）；8Cs——批判性思维和解决问题的能力（Critical thinking and problem solving），创造力和创新能力（Creativity and innovation），跨文化理解能力（Cross-cultural understanding），协作、团队合作和领导力（Collaboration, teamwork, and leadership），通信、信息和媒体素养（Communications, information, and media literacy），计算和信息与通信技术素养（Computing and ICT literacy），职业和学习技能（Career and learning skills）以及同情心（Compassion）。

（2）提供教育希望达到的 5 种期望。具体包括：①机会——所有人都有机会接受高质量和标准化的教育。关键指标一是政府向 6 ～ 14 岁人口提供小学和初中免费教育或同等教育，向有特殊需要的学习者提供适当的教育服务和能力发展机会；二是受过教育的劳动适龄人口的平均数量要增加。②平等——目标群体中的每个学习者都能平等地获得高质量的标准化教育。关键指标是基础教育阶段的学习者要获得 15 年的教育经费资助。③质量——优质教育体系使学习者能够充分发挥其潜力。关键指标是学生每门学科的 O-NET（全称为 Ordinary national education test，国家基础教育统考）平均分至少为 50 分（百分制），此外，15 岁学生参加国际学生评估项目的考试分数应有所提高。④效率——高效的教育管理会带来有价值的投资和教育成果。关键指标是小规模学校通过质量评估的百分比提高、对教师和教育人员的高效和标准化管理，以及鼓励各部门为教育资源提供资金的机制等。⑤相关性——教育系统响应并适应环境和全球变化的动态。关键指标是国家在教育竞争力方面达到更高的排名；高职学生与四年制大学学生的比例提高等。

4. 战略

为了实现《国家教育计划（2017—2036 年）》的愿景、目标和目的，泰国制定了以下 6 个配套战略及其指标：

战略一：为培养国家和社会人才而进行教育管理，主要目标见下。

（1）各个年龄段的人都热爱国家。关键指标包括：基础教育机构开展热爱和维护重要国家机构的活动；为学生提供公民教育的教学管理，促使他们更好地在多元文化社会中共同生活等。

（2）为南部边境省份的特别开发区和其他特殊地区的人们提供优质教育。关键指标包括：学生每门学科的 O-NET 分数至少为 50 分（百分制）；学生人数有所增加；增加对多元文化群体、边缘群体和移徙工人的教育；对学校实施激励措施，如提供更高的工资或回报率等。

（3）为各年龄段人群提供非传统安全威胁的教育。关键指标包括：更多地实施和平解决冲突的方法；更多地促进人们对非传统安全威胁的认识和理解；在有效的制度、机制和措施下减少校园斗殴等问题。

该战略决心推进教育发展，以提升国家重点机构的实力，并提升教育质量。此外，鼓励南部边境省份和其他特殊地区的人员接受教育，包括山区、边境地区、岛屿和沿海地区的人员，以及多元文化群体、边缘群体与移徙工人。该战略还提出教育的发展旨在保护人们免受各种形式的暴力、毒品、自然灾害、新出现的传染病、网络威胁等非传统安全威胁的伤害。

战略二：发展研究和创新队伍，增强国家竞争力，主要目标如下。

（1）国家劳动力具备基本知识和技能，能够满足就业市场的要求以及国民经济和社会发展的需要。关键指标包括：按行业类型分类的劳动力需求数据的完整性；职业学生与四年制大学生的比例；健康科学、科技与社会科学的学生比例；不同行业中更专业的合格劳动力等。

（2）教育机构和组织在特定领域培养出优秀和专业的毕业生。关键指标包括：就业市场和按教育水平或类型分类的国家发展所需领域中，中级工人与高级工人的比例增加；具有标准化双元教育课程、合作学习课程、工厂学校课程的教育机构比例增加；教育机构提供的双学位课程增加；职业和高等教育机构为专业学习者开设课程的比例增加；加强教育机构与政府、私营部门、工人、专业协会、教育组织等的合作。

（3）通过研究和开发构建知识和创新，从而增加经济价值。这一目标的关键指标包括：与政府部门相比，私营部门的研究和开发资金比例有所增加；研发投资成本占国内生产总值（GDP）的比例增加；为国家发展构建知识和创新的项目和研究增加；每万人中研发人员的数量增加；专利创新增加；加强知识产权保护等。

该战略旨在培养满足劳动力市场需求和国家经济社会发展要求的人才。此外，它的目标是培养专家，促进研究和开发，以构建能够增加经济价值的知识和创新。

战略三：为所有年龄段的人提供发展能力的机会，构建终身学习型社会。主要目标如下。

（1）学习者具备泰国公民的技能和特点，以及 21 世纪所需的其他技能和资格。主要指标包括：具备 21 世纪所需技能和资格的学习者人数增加；各级教育的学习者表现出有纪律性和公众意识的特点；中学或同等学校数量增加；组织活动培养学生的纪律、公众意识及理想特征。

（2）所有年龄段的人都拥有教育和专业标准中规定的基本知识和技能，并能发挥其潜力改善生活。主要指标包括：5 岁以下的儿童正常发育；学生在每门学科的 O-NET 分数在 50 分以上（百分制）；更多的成年人能够获得教育服务，例如获得职业培训和生活引导；为成年人提供更多的学习和职业培训机会。

（3）各级教育机构可根据课程要求组织活动。主要指标包括：根据课程要求组织高质量、标准化活动的儿童发展中心或幼儿园数量增加；与东盟国家小学生标准学业成绩相关的儿童能力提高；培养 21 世纪所需素质和学习技能的教育机构数量增加；具备与"泰国 4.0"战略相关素质的职业学校和大学数量增加。

（4）学习中心、教材、教育创新和学习媒体具有高质量和高标准，人们能够不受限制地获得这些资源。主要指标包括：在质量方面得到改善的学习中心数量增加，这些学习中心可以成为终身学习活动的场所；大众媒体教育项目数量增加，相关机构开发并鉴定的教科书和教学媒体数量有所增加等。

（5）学生的测试、监控和评估系统和机制有效。主要指标是测试和评估各级教育和目标群体中学生知识和技能的制度和机制有效，建立监测缺乏教育和有辍学倾向的学生的机制等。

（6）教师和教育人员的招聘和培训必须符合国际标准。主要指标包括：显示教师需求的数据库；根据学术领域、机构规模和省份分类的教育人员培训和招聘十年计划（2017—2027 年），增加在封闭系统中接受招聘和培训的教师比例；放宽其他领域毕业生申请教师职位的标准和条件。

（7）教师和教育人员已接受标准能力培训。主要指标是所有教育级别的教师、讲师和教育官员都接受了专业标准所要求的培训，能够有效地工作，满足院校的需求和愿景。此外，必须提高教师、讲师和教育官员对培训及其效益的满意度。

该战略重在提高学习中心、教科书和其他学习媒体的标准和质量，让人们能够无限制地访问，并培养人们的纪律性、公共意识和良好的行为价值观，以及发展对学生的测试、监测和评估系统与机制，使其更加有效。

战略四：创造教育机会和平等。

该战略决心为所有年龄段的人提供更多接受优质教育的平等机会，发展教育数字技术，并开发更易访问的教育数据库。这项战略是通过各种计划进行的，例如学生个人信息数据库项目，其中将包括有关公共卫生、社会发展、地理信息技术、劳动力、教育等方面的信息。

战略五：教育行政部门致力于提高生态友好生活的质量。

该战略旨在提高学生的环境意识，发展道德和伦理，并在生活中应用适足经济理念。此外，它还旨在开发课程、学习过程、学习中心、学习材料、知识体系以及促进生态友好生活的研究和创新。这一战略通过各种计划和项目进行，如实施国王可持续发展哲学项目、道德学校项目和绿色学校项目等。

战略六：提高教育管理者能力。

该战略旨在改善教育管理的结构和效力。此外，鼓励各社会群体参与教育管理，并改进与教育预算分配有关的法律。该战略包含各种项目的实施，如制定教育资产配置项目、基于供求的预算分配试点项目、提高小规模学校项目的管理效率等。

二、《国家教育改革计划（2019—2029 年）》

（一）《国家教育改革计划（2019—2029 年）》出台的背景

泰国教育改革十年计划的出台，主要基于教育外部的状况及趋势、新的《国家教育法》、相关法律及教育制度、学习改革，以及泰国教育的现状等方面的综合考虑。该计划包括：（1）基于教育外部的状况及趋势——迎接数字革命的要求、泰国在东盟成员国中的地位、泰国已经迈入老龄化社会、自然环境恶化等状况。（2）基于泰国内部状况及趋势——不同年龄阶段的教育质量有待提高、国民素质还未达到理想状态、"泰国 4.0"战略实施的要求。（3）基于泰国教育的现状——教学质量不高，学生的学术成就有待进一步提高；教育均衡有待进一步加强；教育管理体制效率较低，教育质量评估体系没有完全达到效果；泰国急需提高国家教育竞争力等。（4）教育改革的目标和内容要与国家战略规划、《第十二个国民经济与社会发展规划（2017—2021 年）》、《国家教育计划（2017—2036 年）》方向一致。

从内外现状以及未来发展趋势，可以看出，泰国有一部分儿童的教育质量还没有达到预期目标。很多学校缺乏合格的教育管理人员，预算利用率及分配也存在问题。此外，政府、地方政府和私营部门之间的联系还有待加强。随着国家和世界在经济发展、社会变革以及技术创新等方面的急速变化，泰国教育系统需要及时调整，必须快速发展自己，增强教育竞争力，使其与国际水平相持衡。在制订教育改革计划时，要根据宪法和教育法律法规的相关要求，并服务于国家二十年战略、国家"十二五"规划及国家教育计划的实施。

（二）《国家教育改革计划（2019—2029 年）》的目标和主要内容

为了解决教育内部存在的问题，顺应"泰国 4.0"战略及国家教育计划要求，以及迎接未来发展挑战，泰国国家独立改革委员会制定了教育改革十年计划，教育改革的主要目标有 4 个：一是提高教育质量；二是消除教育的不平等；三是追求卓越和提高国家竞争力；四是调整教育系统，提高教育资源的利用率，增强各种教育形式的灵活性和加强对教育的管理。基于以上的教育改革目标，具体的改革内容如下表 3-1 所示。

表 3-1　泰国《国家教育改革计划（2019—2029 年）》的主要内容

改革事件	改革议题	预算（百万泰铢）
基于新的《国家教育法》和相关法律的教育制度开展学习和改革	①依据新的《国家教育法》，制定、修改和调整相关法律 ②促进中央、地方政府和私营部门的合作 ③驱动教育发展自己，秉持终身学习理念，促进自身潜能开发 ④修订和调整国家教育规划 ⑤建立国家教育政策委员会办公室	115
幼儿保育和教育的发展改革	①发展照顾、开发和管理儿童学习的体制，让学前儿童在身心、纪律、情绪、社交和智力方面获得符合相应年龄阶段特征的发展 ②增加社会交流以了解学前儿童的发展过程	2 630
消除教育不平等的改革	①实施消除教育不平等改革计划 ②给残疾的、有特殊才能的人和有特殊需要的人提供合适的教育 ③提高偏远地区以及需要紧急提高教育质量的学校的教育质量	89 410
教师的选拔、培养和发展机制改革	①选拔、培养能满足国家的需要并有教师精神的教师 ②促进教师专业化发展 ③教师职业发展规划要有进步空间以及合适的报酬和福利 ④加强学校领导培训，提高学校的教育管理质量 ⑤推进教师职业机构改革，调整相关法律	7 303.5

续表

改革事件	改革议题	预算（百万泰铢）
应对 21 世纪变化的教学改革	①调整课程设置、教学过程以及评估方式，建立能力本位课程 ②加强道德和品德教育 ③评估国家级教育质量和选拔入学制度 ④发展教育体制 ⑤改进学生的安全制度 ⑥改革职业教育，增强国家竞争力 ⑦改革高等教育，提高教育质量，提高竞争力，提高高等教育制度的管理效率 ⑧建立国家级的学习与课程机构	6 256.5
调整教育体制的部门结构，以便改进教学管理和提高教育质量	①赋予学校管理的自主权 ②建立教育创新基地 ③调整教育部的结构	173.5
推进数字化的教育和学习改革	①数字化学习改革：建立国家数字化学习平台 ②完善教育大数据系统 ③发展能够在数字化阅读、信息阅读、媒体阅读中学习如何正确地接受信息、判断信息的数字化公民，并保证其在使用媒体、信息以及网络进行交流时所表现出的行为是符合规定的、有礼貌的、有道德的	1 178.2

资料来源：คณะกรรมการอิสระเพื่อการปฏิรูปการศึกษา.แผนการปฏิรูปประเทศด้านการศึกษา［M］. กรุงเทพฯ：กระทรวงศึกษาธิการ，2019：41-223.

从表 3-1 中可以看出，教育改革计划共涉及 7 个方面的改革，涵盖了上述 4 个目标，总预算约为 107 066.7 百万泰铢。在过去 10 年中，从泰国每年拨给教育部的预算中可看出，与其他发展中国家相比，泰国的教育经费在国民经济总量中所占的比重很高，这充分说明泰国的教育改革一直以来都得到国家的积极支持。其中，消除教育不平等的改革经费投入最高，这表明泰国对消除教育不平等的决心。此外，以上 7 个改革事件各有自己的改革要点，一共有 29 个改革要点。迫切需要立即采取行动的有 6 个要点，分别为：通过执行新的《国家教育法》来改革教育制度；以学校为中心的教育管理创新；调整基础教育课程，创建基于能力的课程设置；形成国家学习数字化；建立高质量、有教师精神的教师培养机制；建立国家教育政策委员会，使其成为国家教育计划和教育改革实施的驱动力。

三、《职业教育发展二十年计划（2017—2036 年）》

职业教育委员会于 2017 年发布《职业教育发展二十年计划（2017—2036 年）》，其愿景、使命、目标、策略与实施指南如下。

1. 愿景

接受职业教育和职业培训的人，都能具有符合国家发展需要的品德和素质。

2. 使命

（1）提高培养的质量和标准，按照企业和个体户的要求培养专业人才，以达到国际标准。

（2）扩大各年龄段人群接受职业教育的机会。

（3）通过各部门的合作网络，在善治原则下提高职业教育管理效率。

（4）研究用于职业教育和专业发展的发明、创新、技术和知识创造。

（5）采用多种方式培养优质师资和职业教育人才。

3. 目标

（1）培养和发展具有高素质和良好道德品质的专业人才。

（2）增加各年龄段人群接受职业教育的机会。

（3）在职业教育管理中坚持善治原则。

（4）开展和职业教育机构相关的研究。

（5）培养教师和职业教育人员的能力，使其具备符合专业标准的素质。

其中，毕业生质量方面的目标为：

①培养理想的品格，包括品德、伦理、职业道德、行为规范和智力等。

②培养核心能力和一般能力，包括知识和沟通技巧、信息技术的使用、学习和表现发展、与他人合作、科学过程的使用、数字的应用、工作的管理和发展。

③培养专业能力，即将专业知识和技能应用到实践中的能力。

4. 策略

（1）以社会和国家安全为目标进行职业教育管理。

（2）培养和发展职业教育人才，增强国家竞争力。

（3）开发职业教育人才的潜力以符合国家发展需要。

（4）在职业教育中创造平等和公平的机会。

（5）通过职业教育提升环保生活品质。

（6）优化职业教育管理体系。

5. 实施指南

（1）建立社会对职业发展的认知和理解，让各行各业人士意识到其重要性，使其做好参与推进职业发展规划的准备。与此同时，让职业教育管理机构、相关组织和网络合作伙伴建立对职业发展计划愿景和目标的理解。

（2）建立《职业教育发展二十年计划（2017—2036年）》与职业教育委员会办公室财政年度政府行动计划之间的关系，以及与职业教育委员会办公室教育机构会计年度行动计划的关系。

（3）更新规则、法规和法律，推进职业发展计划。

（4）从政策层面和运营层面为职业教育网络合作伙伴开拓更广泛参与教育的渠道。

（5）跟进和评估职业发展规划。

四、《高等教育发展二十年长期计划（2018—2037年）》

高等教育委员会办公室于2018年发布《高等教育发展二十年长期计划（2018—2037年）》，其愿景、目标、战略如下。

1. 愿景

泰国高等教育实现创造、研究和知识创新，为社会问题提供替代方案和解决方案，成为社会智慧的源泉，为国家的发展和增强竞争力引路。

2. 目标

（1）提高高等教育水平。

（2）支持知识和创新的广泛传播，并覆盖所有生产部门的所有利益相关者。

（3）提高社会流动性。

（4）在符合自主管理的独立性的前提下，发展和完善对高等教育系统的有效监督。

3. 战略

（1）高等教育是开发人力资源、培养思维和认知能力的源泉，根据国家战略支持国家发展。

（2）开发学生潜力，提高学生素质，提升其知识和专业技能，为未来的变化做好准备。

（3）提高泰国高等教育的核心竞争力，使其成为进一步利用知识创造研究成果的源泉，帮助国家找到解决问题的方法，促进地方和国家层面的经济发展。

（4）高等教育通过与私营部门和地方部门合作，创造就业机会、应用知识解决问题。

（5）完善管理体系，使其有效和高效，并建立对大学各方面绩效负责的治理体系。

（6）调整审计制度、预算分配，通过有效的后续报告持续跟踪。

第四章
泰国学前教育

泰国十分重视幼儿教育，近年来不断改进和完善促进幼儿发展的相关政策和法律。泰国的幼儿教育主要针对3～6岁的儿童，教育形式以保育为主，根据幼儿不同的年龄阶段和能力特征，提供教育服务，使其在身体、情绪、心理、社会和智力方面得到恰当发展和锻炼。本章将从泰国学前教育的培养目标与实施机构、课程与教学、保障体系三大方面进行剖析。

第一节　学前教育的培养目标与实施机构

为幼儿提供适当的环境和经验将促进其认知和学习发展，但是，这需要相关社会机构的合作才能实现。如果参与幼儿教育的各方都能意识到这一点，并为之一起努力发展幼儿教育，将会产生优质的人才，最终将成长为国家发展的动力。[①]

一、学前教育的培养目标

《学前教育法（2019）》是一部专门支持和促进未满 6 周岁儿童（包括进入小学教育之前的儿童）全面发展的法律。该法第一章第 5 条提出了学前教育的培养目标，主要包括 3 个方面：（1）让学前儿童在身体、心理、纪律、情感、社交和智力等各个方面都有良好的发展，培养他们终身学习的基本技能，使其能够根据自身潜力和特殊需要进行发展和学习；（2）培养学前儿童良好的品格、品德、纪律、好奇心和创造力，使其能够吸收各种美学和文化；（3）培养学前儿童尊重他人价值观的态度，使其具有与他人和谐平等共处、成为泰国公民和世界公民的意识。[②]

根据泰国教育部制定的《学前教育课程大纲（2017 年）》，为了让 0～6 岁的儿童能够在不同的年龄阶段、潜力发展阶段得到发展，泰国制定了学前教育的目标，具体包括以下 4 个方面：（1）身体方面——儿童会随着年龄的增长而成长，儿童应身体健康并且养成良好的生活习惯；（2）心理方面——心理健康，友善有礼，有道德和一颗善良的心；（3）社会生活方

① วันเพ็ญนันทะศร. การพัฒนาครูปฐมวัยในศตวรรษที่ 21 ในการจัดประสบการณ์ตามแนวสะเต็มศึกษา［J］. วารสารการบริหารการศึกษาและภาวะผู้นำ，2019（1）：218-219.

② พระราชบัญญัติการพัฒนาเด็กปฐมวัยพ.ศ. ๒๕๖๒［EB/OL］. ［2022-03-01］. http：//www.pecerathailand.org/download/ecd62.

面——掌握生活技能，践行适足经济理念，遵守纪律，能与他人愉快相处；（4）智力方面——有思考能力，会使用语言交流，以及能够学习适合自己年龄阶段的知识。[①]此外，教育部还专门提出了学前教育要培养出理想儿童的特征以及具体指标。

（一）儿童的理想特征

根据泰国《学前教育课程大纲（2017年）》，3～6岁儿童的理想特征包括4大方面，共12项标准，具体如表4-1所示。

表4-1　3～6岁儿童的理想特征

理想特征方面	标准
身体发展方面	标准1：　具有健康的生活习惯，身体在每个年龄段的成长和发育能达到健康水平 标准2：　大小肌肉发达，能熟练地活动，协调性和灵巧性增加
情感发展方面	标准1：　心理健康且心情愉悦 标准2：　通过艺术、音乐和运动来表达情感 标准3：　有良好的情绪，坚守道德，有一颗善良的心
社会生活方面	标准1：　掌握生活技能，以适足经济理念作为行为准则，实践适足经济理念 标准2：　热爱自然、环境和文化，并为身为泰国人而自豪 标准3：　能够与他人相处愉快，成为民主社会的好成员
智力发展方面	标准1：　语言交流符合年龄特征，在适当的年龄标准内进行有意义的交流 标准2：　发展基本的学习思维能力，在学习中学会思考 标准3：　有想象力和创造力 标准4：　表现出积极的学习态度，具备在适当的年龄学习相应的新知识的能力

资料来源：สำนักงานคณะกรรมการการศึกษาขั้นพื้นฐาน.หลักสูตรการศึกษาปฐมวัยพุทธศักราช๒๕๖๐［M］.กรุงเทพมหานคร：กระทรวงศึกษาธิการ，2017：26-27.

（二）理想儿童的指标和状态

根据泰国《学前教育课程大纲（2017年）》，理想儿童的指标是指培

---

① สำนักงานคณะกรรมการการศึกษาขั้นพื้นฐาน.หลักสูตรการศึกษาปฐมวัยพุทธศักราช๒๕๖๐［M］.กรุงเทพมหานคร：กระทรวงศึกษาธิการ，2017：26.

养达到理想标准的儿童需要实现的目标。儿童的理想状态标准，是指以各年龄段儿童发展的预期行为或能力作为标准，以供参考的理想儿童具体状态信息。教育部根据理想儿童的每一项特征标准制定了相应的指标以及理想状态，详细说明见表4-2。

表4-2　理想儿童的标准、指标和理想状态

标准	指标	理想状态		
		3～4岁	4～5岁	5～6岁
标准1：具有健康的生活习惯，身体在每个年龄段的成长和发育能达到健康水平	标准体重和身高	达到卫生部规定的体重和身高	达到卫生部规定的体重和身高	达到卫生部规定的体重和身高
	良好的生活习惯	听从指导，吃有营养的食物和喝干净的水	能够自己吃有营养的食物和喝干净的水	能够自己吃多种类的有营养的食物和喝干净的水
		听从指导，饭前便后洗手	能够自己饭前便后洗手	能够自己做到饭前便后洗手
		按时睡觉	按时睡觉	按时睡觉
		保证运动时间	保证运动时间	保证运动时间
	保护自己和他人	听从指导，安全地游戏和活动	能够自己安全地游戏和活动	安全地与他人游戏和活动
标准2：大小肌肉发达，能熟练地活动，协调性和灵巧性增加	身体活动熟练，肢体协调、稳当	能够按照路线行走	沿直线向前走，不张开双臂	倒退沿直线行走，不张开双臂
		双腿原地跳跃	单腿原地跳跃而不会失去平衡	单腿不断向前跳跃而不会失去平衡
		能起跑、停下	能够奔跑并避开障碍物	能够奔跑并熟练避开障碍物
		用手和身体接球	用双手接球	接到一个从地面反弹的球
	手眼协调	单手用剪刀将纸剪断	能够用剪刀沿着直线剪纸	能够用剪刀沿着直线剪纸
		能够画圆圈	能够绘制一个具有清晰角度的矩形	能够绘制一个具有清晰角度的三角形
		能够将带有直径为1厘米的孔的教具串起来	能够将带有直径为0.5厘米的孔的教具串起来	能够将带有直径为0.25厘米的孔的教具串起来

续表

标准	指标	理想状态		
		3～4岁	4～5岁	5～6岁
标准3：心理健康且心情愉悦	适当表达情绪	在一些特定情境表达合适的情绪和感觉	根据情境表达情绪和感受	根据情境表达恰当情绪和感受
	对自己和他人具有良好的感知能力	敢于表达	敢于在一定情境下适当表达	敢于根据实际情况适当表达
		对自己的成绩表示满意	对自己的成绩和能力表示满意	对自己和他人的成绩表示满意
标准4：通过艺术、音乐和运动来表达情感	通过绘画、音乐和活动获得乐趣并进行自我表达	通过绘画获得乐趣并进行自我表达	通过绘画获得乐趣并进行自我表达	通过绘画获得乐趣并进行自我表达
		通过音乐获得乐趣并进行自我表达	通过音乐获得乐趣并进行自我表达	通过音乐获得乐趣并进行自我表达
		通过根据伴奏音乐节奏做手势/动作来获得乐趣	通过根据伴奏音乐节奏做手势/动作来获得乐趣	通过根据伴奏音乐节奏做手势/动作来获得乐趣
标准5：有良好的情绪，坚守道德，有一颗善良的心	诚实纯洁	能够说出或者指出哪些东西是自己的，哪些东西是别人的	在他人的引导下，当需要别人的东西时，学会请求或者等待	当需要别人的东西时，自己能够请求或者等待
	有仁心、善心，乐于助人和分享	对朋友友爱，爱护动物	对朋友友爱，爱护动物	对朋友友爱，爱护动物
		在他人的引导下，与他人分享	在他人的引导下，帮助他人，与他人分享	自己能帮助别人，能与他人分享
	有同情心	能够感知他人的感受	能够感知他人的感受	能够根据情境清楚地感知他人的感受
	有责任心	在他人的帮助下，能够完成被布置的工作	在他人的引导下，能够完成被布置的工作	能够自己完成被布置的工作

续表

标准	指标	理想状态		
		3～4岁	4～5岁	5～6岁
标准6：掌握生活技能，以适足经济哲学作为行为准则，实践适足经济哲学	在日常活动中能够独立	在他人的帮助下能够着装	能够自己着装	能够自己熟练着装
		能够自己吃饭	能够自己吃饭	能够自己正确地吃饭
		在他人的帮助下会上厕所	能够自己上厕所	能够自己上厕所并冲干净厕所
	有纪律	在他人的引导下，能够收拾玩具和用品，并将东西放回原处	能够自己收拾玩具和用品，并将东西放回原处	能够自己收拾玩具和用品，并整齐地将东西放回原处
		在他人的引导下，能够按先后顺序排队	能够自己按先后顺序排队	能够自己按先后顺序排队
	节约和适足	在他人的引导下，节约并适当地使用用具	在他人的引导下，节约并适当地使用用具	能够自己节约并适当地使用用具
标准7：热爱自然、环境和文化，并为身为泰国人而自豪	爱护自然和保护环境	在他人的引导下，参与爱护自然和环境的活动	在他人的引导下，参与爱护自然和环境的活动	能够自己参与爱护自然和环境的活动
		把垃圾放在正确的地方	把垃圾放在正确的地方	正确处理垃圾
	举止遵守泰国礼仪，为身为泰国人而自豪	在他人的引导下，举止遵守泰国礼仪	举止能够遵守泰国礼仪	能够自己根据情境遵守泰国的礼仪
		在他人的引导下，会说谢谢和对不起	自己会说谢谢和对不起	自己会说谢谢和对不起
		当听到泰国国歌时，停下其他活动并站立	当听到泰国国歌时，停下其他活动并站立	当听到泰国国歌时，停下其他活动并站立

续表

标准	指标	理想状态		
		3～4岁	4～5岁	5～6岁
标准8：能够与他人相处愉快，成为民主社会的好成员	接受个体之间的差异	能和不同性格的孩子一起玩耍或做活动	能和不同性格的孩子一起玩耍或做活动	能和不同性格的孩子一起玩耍或做活动
	与他人关系友好	和朋友一起玩	和朋友组成小组玩耍或完成某项任务	有目的地与朋友一起玩耍或完成某项任务
		在他人的引导下，向长辈和熟悉的人微笑或打招呼	自己会向长辈和熟悉的人微笑、打招呼或交谈	根据情况，向长辈和熟悉的人微笑、问候和交谈
	练习成为社会的良好成员	在他人的引导下，按照约定表现（遵守约定）	参与制定和遵守约定	参与制定和遵守约定
		在他人的引导下，充当领导者或跟随者	自己能够充当领导者或跟随者	自己能根据情况，充当领导者或跟随者
		在他人的引导下，和谐地解决问题	在他人的引导下，和谐地解决问题，避免使用暴力	自己能够和谐地解决问题，避免使用暴力
标准9：语言交流符合年龄特征，在适当的年龄标准内进行有意义的交流	能与他人进行对话和互动，能讲他人可以理解的故事	听别人讲话后能转述所听到的陈述	听别人讲话后能准确转述所听到的陈述	耐心听完对方说话，并能持续地与之进行有关对话
		用短句讲一个故事	用连续的句子讲述一个故事	讲一个连贯的故事
	能够读、写、画和进行标注	能够读图，并用自己的语言说出图中的信息	用手指点读或扫读图片、符号、文字	用手指点读或扫读的方式阅读小文章，理解文中的图片、符号、单词
		有目的地涂鸦	用字母书写	根据示例写下自己的名字，在自己的思考下写下信息

续表

标准	指标	理想状态		
		3～4岁	4～5岁	5～6岁
标准10：发展基本的学习思维能力，在学习中会思考	有思考的能力	通过接触和观察，能够说出各种事物的特征	通过接触和观察，能够说出各种事物的组成部分和特征	通过接触和观察，能够说出各种事物的组成部分、特征、变化或联系
		根据单个特征或功能对事物进行配对或比较	根据单个观察到的特征，对事物进行配对，同时能比较事物间的差异或相似之处	根据两个或以上观察到的特征，对事物进行匹配，同时能比较事物间的差异或相似之处
		能按照事物的性质或功能对事物进行分类	以至少一个特征作为标准，对事物进行分类或分组	以两个以上特征作为标准，对事物进行分类或分组
		按顺序排列至少3件东西或事件	按顺序排列至少4件东西或事件	按顺序排列至少5件东西或事件
	有理性思考的能力	在他人的引导下，能够指出事件发生的结果	在他人的引导下，能够指出事件发生的原因或结果	能够自己解释事件发生的原因与结果的联系
		能预测可能发生的事情	能猜测或预测可能发生的事情，或者根据所获得的信息表达意见	能够有逻辑地猜测或预测可能发生的事情，或根据所获得的信息表达意见
	有解决问题和做决定的能力	能够在简单的事情中做决定	能够在简单的事情中做决定，以及了解产生的结果	能够在简单的事情中做决定，以及接受产生的结果
		能尝试解决问题	能指出问题和尝试解决问题	能够指出问题，提出可选择的方案和选择解决问题的方法

续表

标准	指标	理想状态		
		3～4岁	4～5岁	5～6岁
标准11：有想象力和创造力	根据想象力和创造力进行艺术创作	创作艺术作品来交流自己的思想和感受	创作艺术作品以表达自己的思想、感情，用多变的、新奇的方式或用更多的细节来自我表达	创作艺术作品以表达自己的思想、感情，用多变的、新奇的方式或用更多的细节来自我表达
	通过创造性的想象力来活动	通过活动来交流自己的思想和感受	通过活动来交流自己的感受或新的想法和自己的感受	通过活动来交流感受，敢于表达自己新的想法或意见
标准12：表现出积极的学习态度，具备在适当的年龄段学习相应的新知识的能力	有良好的学习态度	对听和读感兴趣	对所看到的符号或文字感兴趣或好奇	有兴趣拿起一本书定期阅读，并写下自己的想法
		积极热情地参与活动	积极热情地参与活动	积极热情地参与活动，并坚持到活动结束
	有追求知识的能力	在他人的引导下，根据一定的方法寻找各种问题的答案	能够自己根据方法寻找各种问题的答案	能够自己根据多种方法寻找各种问题的答案
		带着"是谁""是什么"等问题去寻找答案	带着"在哪儿""为什么"等问题去寻找答案	带着"什么时候""怎样"等问题去寻找答案

资料来源：สำนักงานคณะกรรมการการศึกษาขั้นพื้นฐาน. หลักสูตรการศึกษาปฐมวัยพุทธศักราช๒๕๖๐［M］. กรุงเทพมหานคร：กระทรวงศึกษาธิการ，2017：27-34.

　　由此可见，幼儿教育管理应充分促进儿童各个方面的发展。根据幼儿教育的原则，幼儿教育机构提供适合儿童年龄、能力和个体差异的体验活动，形成符合儿童天性和发展规律的学习过程，使儿童能够在身体、情感、心理、社交和智力上发展。此外，根据《学前教育课程大纲（2017年）》的幼儿教育理念，相关教育机构应通过游戏的形式组织幼儿体验，但前提是此类游戏不得无目的地进行，同时也不能向孩子们教授小学内容。与此同时，为幼儿提供适当体验的教师必须先了解孩子的学习情况，然后为孩子们创造体验和安排学习活动，让孩子们可以根据自己的兴趣和能力自由选择学习内容，这样有助于他们练习分析思维，学会计划，敢于实践和建立知识体系。幼儿教师还要营造轻松、温暖、包容的氛围，创造机会让孩子们与他人互动，让他们敢于挑战有难度的活动，并能够将所学的知识应用到日常生活中。

二、学前教育的实施机构

（一）学前教育的实施机构

泰国学前教育的实施机构是指为 6 岁以下或进入小学之前的儿童提供各种早期儿童学习体验和教育的机构，包括附属机构。

（1）内政部：地方行政机构、儿童发展中心和幼儿园。

（2）社会发展和人类安全部：私立托儿所。

（3）曼谷：学龄前儿童发展中心、日间托儿所和幼儿园。

（4）卫生部：医院儿童中心。

（5）教育部：幼儿园和民办幼儿园。

（6）其他机构，如大学示范幼儿园、国防部、泰国皇家基金会和非政府组织。[①]

提供学前教育课程的各种教育机构，例如托儿所或幼儿园和学习中心，旨在使儿童在进入小学之前就为其身体、情感、社交和智力发展做好准备。除了国家支持的机构外，一些私人机构和非政府组织也积极参与提供幼儿教育。据 2019 年统计，在泰国 4 个主要政府部门的领导下，具体实施学前教育的机构有 50 000 多个，它们分别是：（1）1 600 多个私立托儿所和 63 个教育部监管机构托儿所；（2）19 429 个儿童发展中心和在内政部监督下的 1 215 个地方行政机构的幼儿园；（3）312 个社会发展办公室学龄前儿童发展中心和卫生局的 12 个日间护理中心，包括曼谷市政府下属教育局的 429 个幼儿园；（4）民办教育委员会办公室下的 1 830 所私立幼儿园；（5）基础教育委员会办公室下的 30 006 所幼儿园；（6）其他机构，如大学示范幼儿园、卫生部、泰国皇家警察局和非政府组织。[②]

---

① สำนักงานเลขาธิการสภาการศึกษา,มาตรฐานสถานพัฒนาเด็กปฐมวัยแห่งชาติ（ฉบับย่อ）[M]. กรุงเทพฯ: กระทรวงศึกษาธิการ, 2019: 7-8.

② สำนักงานเลขาธิการสภาการศึกษา,รายงานการศึกษาสภาวการณ์การจัดการศึกษาสำหรับเด็กปฐมวัยในประเทศไทย [M]. กรุงเทพฯ: กระทรวงศึกษาธิการ, 2020: 71.

在泰国，负责学前教育发展的政府部门主要有 4 个：卫生部、教育部、社会发展和人类安全部、内政部。基于满足儿童早期发展的目标，这 4 个主要部门的下属机构分别负责促成和实施重要项目，各有各的职责范围。

1. 卫生部

卫生部负责幼儿发展的下属部门有 4 个，分别是国家儿童健康发展研究所，健康部，卫生署、疾控署和精神卫生署，诗丽吉王后国家儿童健康研究所。每个部门在儿童早期发展方面都负有相应的职责，具体如表 4-3 所示。

表 4-3　卫生部下属负责儿童早期发展的部门和职责

部门	职责
国家儿童健康发展研究所	①开发 3 岁以下幼儿的发展课程 ②提供育儿指南，促进 3 岁以下儿童的发展和学习 ③制定《儿童早期发展监测和促进指南》
健康部	①推动卫生部智慧公民（儿童）项目 ②实施育龄妇女项目，提供孕前辅导和帮助，例如免费发放维生素 ③实施"生命的前 1 000 天奇迹工程"项目，目标群体涵盖从母腹受孕到 2 岁的儿童，他们将得到营养和保健方面的帮助，以及获得开发潜力的活动练习 ④发布幼儿口腔健康促进操作指南 ⑤帮助孕妇接受口腔检查 ⑥建立营养监测系统，呈现营养获取信息 ⑦关注儿童从 0 岁开始的成长 ⑧提供有关妇女和幼儿营养状况的信息
卫生署、疾控署和精神卫生署	国家儿童中心标准评估
诗丽吉王后国家儿童健康研究所	儿童疾病研究

资料来源：สำนักงานเลขาธิการสภาการศึกษา. รายงานการศึกษาสภาวการณ์การจัดการศึกษาสำหรับเด็กปฐมวัยในประเทศไทย［M］.กรุงเทพฯ：กระทรวงศึกษาธิการ，2020：65.

2. 教育部

教育部也是负责儿童早期发展的重要政府部门，负责相关工作的下属部门是基础教育委员会办公室、民办教育委员会办公室、教育委员会秘书处、高等教育委员会办公室和教育部常务秘书办公室。各部门有着不同的职责范围。基础教育委员会办公室主要负责制定幼儿教育的课程和标准，以及教育经费的支持；民办教育委员会办公室负责制定民办幼儿教育机构的教育发展规划以及对民办幼儿教育机构进行管理；教育委员会秘书处负责制定幼儿教育的长期发展政策和规划，以及开展相关研究；高等教育委员会办公室负责大学附属幼儿园的管理；教育部常务秘书办公室主要负责学前教育的评估和管理。（详见表4-4）

表4-4　教育部下属负责幼儿发展工作的部门及其职责

部门	职责
基础教育委员会办公室	①制定幼儿教育课程 ②制定幼儿教育标准（教育质量评估标准） ③基础教育费用支持（3～5岁儿童）
民办教育委员会办公室	①制定民办幼儿教育机构教育发展规划 ②民办幼儿教育机构管理
教育委员会秘书处	①制定幼儿（0～5岁）长期发展政策和战略 ②制订幼儿发展行动计划 ③建设国家儿童发展中心 ④开展幼儿能力项目的研究和开发 ⑤建立全国幼儿信息系统和中央数据库
高等教育委员会办公室	大学附属幼儿园的管理
教育部常务秘书办公室	①学前教育管理、评估、跟踪、引导 ②制订省级学前教育管理发展计划 ③建立学前教育管理方面知识体系

资料来源：สำนักงานเลขาธิการสภาการศึกษา. รายงานการศึกษาสภาวการณ์การจัดการศึกษาสำหรับเด็กปฐมวัยในประเทศไทย [M]. กรุงเทพฯ：กระทรวงศึกษาธิการ，2020：72.

3. 社会发展和人类安全部

社会发展和人类安全部负责幼儿发展的两个下属机构，分别是儿童和青年事务部、妇女事务部和家庭研究所。它们有着不同的职责。儿童和青年事务部实施政府的育儿补贴政策：一是收集整理获得育儿补贴的用户信息；二是创建儿童抚养补助金计划，为贫困或高危家庭提供补贴福利，为新生儿提供基本福利，让育儿家庭享有社会保障权利；三是为幼儿的营养和福祉方面提供有关财政支持，例如为 0～3 岁儿童提供每月 600 泰铢的补贴。① 可见，儿童和青年事务部负责为儿童项目提供福利和补贴，以促进儿童高质量成长和减少社会的不平等现象。妇女事务部和家庭研究所就暴力问题向接受服务的人提供有关初步保护援助的信息，主要面向的群体包括儿童、妇女，以及参加妇女和家庭发展学习中心职业培训的人。妇女事务部和家庭研究所关注和保护被暴力侵害的儿童和家庭，帮助营造温馨的家庭环境。

4. 内政部

内政部在推动幼儿发展方面发挥着重要作用。内政部坚持国家发展政策、战略和计划，协调家庭、社区、教育部监督下的儿童发展中心和社会大众之间的关系，最大限度地发挥幼儿的发展潜力。内政部在促进幼儿发展方面的主要使命有：（1）在地方层面制订发展计划，促进儿童整体发展；（2）在有孩子居住的社区创造一个有利于孩子发展和保护孩子安全的环境，比如设立公园和儿童发展中心；（3）为儿童提供午餐和牛奶的资金预算支持；（4）增加父母或监护人的额外工作收入，以便其有足够的收入来照顾孩子；（5）建立儿童发展中心标准。从上述任务中可以看出，内政部通过各方的努力，在社区和社会中创造有利于儿童潜力发展的环境。

（二）学前教育实施机构的国家标准

2019 年，教育部制定了学前教育实施机构的国家标准，旨在提高早期儿童管理的质量，减少教育不平等的现象以及加大教育的普及力度，同时也是为了在 21 世纪中期实现国家繁荣、稳定和可持续发展的目标。这些标准适用于泰国 50 000 多个幼儿发展机构。学前教育实施机构的国家标准由 3 项标准组成，每一项标准都有具体的指标，具体如表 4-5 所示。

---

① สำนักงานเลขาธิการสภาการศึกษา. รายงานการศึกษาสภาวการณ์การจัดการศึกษาสำหรับเด็กปฐมวัยในประเทศไทย ［M］. กรุงเทพฯ：กระทรวงศึกษาธิการ，2020：74.

表 4-5　学前教育实施机构的国家标准

内容	标准内容	指标
学前教育实施机构的国家标准	标准1：儿童发展机构的管理方面	指标1：有系统和有制度地进行管理 指标2：按所属部门管理各类人员 指标3：安全环境管理 指标4：促进健康和学习的管理 指标5：促使家庭和社区参与管理
	标准2：教师或照顾者提供照顾，并为幼儿发展提供学习和游戏体验的水平方面	指标1：全面的儿童保育和发展 指标2：促进身体发育及健康保育 指标3：促进智力发展，培养儿童的语言和交流能力 指标4：促进儿童情感、心理的发展，培养他们的道德和公民意识 指标5：鼓励过渡期儿童适应下一阶段的成长
	标准3：幼儿成长的质量方面	指标1：儿童随着年龄的增长而成长 指标2：儿童发展状态符合年龄条件 指标3：儿童发展运动能力 指标4：儿童在情感和心理上得到发展 指标5：儿童智力得到开发，进行学习和创造 指标6：儿童发展语言和交流能力 指标7：儿童发展社会、道德、纪律和公民意识

资料来源：สำนักงานเลขาธิการสภาการศึกษา,มาตรฐานสถานพัฒนาเด็กปฐมวัยแห่งชาติ（ฉบับย่อ）［M］.กรุงเทพฯ：กระทรวงศึกษาธิการ，2019：10–22.

（三）学前教育实施机构的领导体制

幼儿发展由全国幼儿发展委员会和委员会指定的小组委员会推动。总理或指定的副总理担任委员会主席，教育委员会办公室担任委员会秘书。委员会成员主要由幼儿发展工作机构的教师代表和幼儿专家组成。

泰国的幼儿教育发展工作分为以下两个层次：

1.政策层面：有关部门在教育委员会办公室的引领下，为幼儿发展制定政策、战略计划、行动计划，以便建立各部门和有关机构适用的幼儿发展执行框架。

2.执行者层面：有关机构按照各自职能，负责有关幼儿的工作。例如，卫生部负责儿童健康和发展知识的传播。社会发展和人类安全部负责为新生儿提供补贴，并在省一级层面推动幼儿发展。内政部监督全国各地的儿童照料中心。教育部委托基础教育委员会办公室管理和监督全国的学前教育学校。这些职能是根据教育委员会办公室提供的政策、战略、研究履行的。

从2007年至今，各负责机构为发展幼儿教育开展了许多活动。2004—2009年期间，教育委员会办公室与儿童图书基金会合作，对"图书启动项目"进行了研究和开发。研究结果将提供给有关机构，如卫生部、社会发展和人类安全部以及泰国健康促进基金会。教育委员会办公室开展了关于0～5岁儿童能力发展的研究项目，将幼儿分为两个年龄阶段（0～3岁和3～5岁）来研究。如今，在私立教育委员会办公室、曼谷市政府和地方行政组织等机构的监督下，教育机构采用与年龄有关的幼儿能力发展研究结果（3～5岁）。卫生部设计了粉红书，记录孕妇和幼儿期儿童补充碘的情况。社会发展和人类安全部制定了《国家儿童保育中心标准》。内政部持续为负责儿童保育的人员提供知识、技能和学习经验及相关培训方案。

第二节　学前教育的课程与教学

泰国教育部不断改进和完善发展幼儿教育的政策，并部署委员会审议和修订幼儿课程。《学前教育课程大纲（2017年）》是教育机构、幼儿发展机构和所有相关机构实施幼儿课程与教学的指南。该课程规定，所有相关幼儿教育机构将应用本课程大纲作为有效开发教育机构课程与教学的方向，使其符合发展儿童身体、情感、社会和认知的标准，培养幼儿成为遵守纪律的良好社会成员，培养幼儿对未来的自我、社区、社会和国家的责任感。

一、学前教育的课程

《学前教育课程大纲（2017年）》是基于照顾和加强儿童学习过程的课程与教学指南和标准。该课程标准不仅考虑到儿童的社会文化背景，还对每个幼儿的天性、发展和潜力做出回应。其愿景是高质量和持续地发展所有儿童的身体、情感、社交和认知能力。该课程标准要求学前教育实施机构按照适足经济理念，为孩子们提供按年龄划分的、快乐的和适当的学习经验，让儿童拥有生活技能和实践机会。该课程标准还希望教育机构能与家长、家庭、社区和参与儿童发展的其他各方进行合作，把儿童培养成为一个遵守纪律和具有国家身份意识的好人。

（一）学前教育课程的实施准则

根据《儿童权利公约》，所有儿童都有权通过适当的学习得到照顾、发展和鼓励，其父母、教师、照顾者应以平衡、全面的方式教育孩子，使其以自己的速度和潜力发展。以下是幼儿课程的五大原则：

（1）促进所有儿童的学习和发展。

（2）在社区、社会和泰国文化的背景下照顾和教育儿童，注意个体差异和不同的生活方式。

（3）坚持以科学的幼儿教育理念培养和发展儿童，通过有意义的游戏和丰富多彩的活动，让孩子在有利于学习的环境中进行活动和学习，并有足够的休息时间。

（4）按照适足经济理念的原则，为孩子们提供生活技能和实践的学习体验，使他们成为一个守纪律的、快乐的好人。

（5）在家庭、社区和参与儿童早期发展的其他各方之间创造合作关系。

（二）学前教育课程的内容

学前教育课程作为组织儿童学习体验的媒介，旨在促进孩子各方面的发展，并与指定课程的目标一致。其学习内容包括幼儿成长的重要的体验和应该学习的内容，具体内容如下。

1. 重要的体验

重要的体验涵盖以下领域：

（1）促进身体发展的重要体验。

表 4-6　促进身体发展的重要体验

身体方面	重要体验
大肌肉的使用	①原地活动 ②随地活动 ③带设备进行运动 ④使用大肌肉进行投掷、接球、踢腿等协调运动 ⑤独自在操场玩耍
小肌肉的使用	①触摸玩具并用棍棒和积木建造东西 ②画画和上色 ③捏制东西 ④用废料做东西 ⑤使用剪刀切割物品，能修补和穿线
爱护卫生	讲卫生，养成日常生活中的好习惯
注意安全，保护自己	①在日常生活中注意安全 ②聆听有关预防事故的故事和事件，并维护安全 ③安全地玩玩具 ④用角色扮演的方式学习安全知识
意识到自己的身体	①进行方向和空间的自我调节运动 ②进行越过障碍物的运动

资料来源：สำนักงานคณะกรรมการการศึกษาขั้นพื้นฐาน. หลักสูตรการศึกษาปฐมวัยพุทธศักราช๒๕๖๐ ［M］. กรุงเทพมหานคร：กระทรวงศึกษาธิการ， 2017：35.

促进身体发展的重要体验（见表 4-6），是为了鼓励孩子有机会锻炼身上的大肌肉和小肌肉，以及在日常活动中锻炼肌肉与神经系统的协调性，培养儿童的健康习惯和安全意识。

（2）促进情绪、心理发展的重要体验。

表 4-7　促进情绪、心理发展的重要体验

情绪、心理方面	重要体验
美学、音乐	①听音乐、唱歌和回应音乐 ②有节奏地演奏乐器 ③根据音乐进行活动 ④角色扮演 ⑤进行其他艺术活动 ⑥创造美好的事物
玩	①独自玩耍 ②与几个人或一大群人玩耍 ③根据不同的体验或游玩角度游玩 ④室外玩耍
道德、品质	①尊重宗教习俗 ②听有关道德、品质的故事 ③进行道德观点的讨论和交流
情绪表达	①表达自己和别人的感受 ②角色扮演 ③进行有音乐节奏的活动 ④唱歌 ⑤进行其他艺术活动
自我认同和自我效能	根据自己的能力开展活动
有同情心	当别人幸福时能表示祝贺，当别人伤心时能表示同情，当别人受伤时能表示安慰和给予帮助

资料来源：สำนักงานคณะกรรมการการศึกษาขั้นพื้นฐาน. หลักสูตรการศึกษาปฐมวัยพุทธศักราช๒๕๖๐ ［M］. กรุงเทพมหานคร：กระทรวงศึกษาธิการ，2017：36-37.

促进情绪、心理发展的重要体验（见表 4-7），是为了鼓励孩子表达符合他们年龄的情绪和感受。让孩子能识别自己独特的个性，感受到幸福、快乐，对他人有同理心。使孩子发展道德观、伦理观、美学观，对自己感觉良好，同时能进行各种活动。

（3）促进社会发展的重要体验。

表 4-8 促进社会发展的重要体验

社会发展方面	重要体验
日常生活	①在日常生活中照顾自己 ②根据适足经济理念进行实践
爱护自然和保护环境	①参与爱护和保护户外自然和环境的活动 ②高效节约地使用材料和器具 ③使用用过的材料或器具来创作艺术作品或加工再利用 ④种植和照顾树木 ⑤照顾动物 ⑥讨论日常生活中与自然和环境有关的新闻、事件
根据当地文化和泰国礼仪行事	①根据泰国礼仪来进行角色扮演 ②根据当地文化和泰国习俗行事 ③做泰国菜 ④校外学习 ⑤玩泰国传统游戏
参与作为社会成员的互动，遵守纪律	①参与制定班级准则 ②做好班级的一员 ③积极参与各种活动 ④共同爱护班级 ⑤在重要的日子参加活动
共同玩耍和完成任务	①参与对话和表达观点 ②和别人一起玩和完成任务 ③合作完成艺术创作
解决矛盾和问题	①参与解决问题方案的选择 ②参与解决矛盾和问题
接纳相似之处和个体差异	与一群朋友一起玩或做活动

资料来源：สำนักงานคณะกรรมการการศึกษาขั้นพื้นฐาน. หลักสูตรการศึกษาปฐมวัยพุทธศักราช๒๕๖๐［M］. กรุงเทพมหานคร：กระทรวงศึกษาธิการ, 2017: 37-38.

促进社会发展的重要体验（见表 4-8），是为了鼓励孩子与不同的人和环境互动。孩子通过玩耍、与他人合作等社交活动进行学习，学会在日常生活中解决冲突。

（4）促进智力发展的重要体验。

表 4-9　促进智力发展的重要体验

智力方面	重要体验
语言使用	①在环境中听各种声音 ②根据指导听和做 ③听音乐、故事、诗歌或各种事件 ④说出自己的想法、感受和需要 ⑤向别人描述自己的经历或与自己有关的事 ⑥描述事物、事件及其关系 ⑦在游戏和活动中创造性地发言 ⑧等待合适的时机说话 ⑨按顺序说话 ⑩看图画书和各种文体的故事 ⑪一个人独立阅读，或在他人指导下阅读 ⑫看一个正确阅读的例子 ⑬注意阅读文字和信息的方式 ⑭通过从左到右、从上到下的顺序用眼扫读文段 ⑮注意自己熟悉的字 ⑯通过成人的书写和阅读，观察组成单词的字母 ⑰从故事、歌曲和诗歌中猜测结构相同的单词、短语或句子意思 ⑱玩文字游戏 ⑲看一个准确写字的例子 ⑳独立写作，有时开展合作写作 ㉑写出有意义或熟悉的词 ㉒独立思考，并用写作来传达意义
综合与理性思考、学会做决策和解决问题	①用恰当的感官观察事物，并思考事物的特征、构成、变化和相互关系 ②用各种视角观察事物 ③用动作、图画、照片描述物体的位置、方向和距离 ④玩不同形状的物体，如球形 、矩形、圆柱形、圆锥形的物体 ⑤根据事物的特性和形状对事物进行排序、分组和分类 ⑥将小物件拼接成大物件，同时能对其进行拆卸 ⑦能够重复和促进某一种行为 ⑧能在日常生活中计数 ⑨比较和按顺序排列数字 ⑩组合和分离事物 ⑪讲述和展示事物的等级差别 ⑫使用工具称量物品，并用合适的计量单位表达

续表

智力方面	重要体验
综合与理性思考、学会做决策和解决问题	⑬比较物体，并按其性质进行分类 ⑭按时间顺序讲述和排列活动或事件 ⑮将数学语言应用于日常生活 ⑯解释事件或行动中的因果关系 ⑰对可能发生的事情进行合理预测 ⑱参与有逻辑地表达意见 ⑲参与决策和解决问题过程
想象力和创造力	①通过媒介、材料、玩具和作品来了解和表达想法和感受 ②通过语言、手势、动作和艺术来表现创造力 ③利用各种材料的形状创建工件
良好的学习态度和追寻知识的态度	①探索事物和身边的学习资源 ②就感兴趣的话题提问 ③寻求知识，寻找各种疑问的答案 ④参与数据收集和数据调查与呈现，以不同的方式获取知识和制作一个简单的图表

资料来源：สำนักงานคณะกรรมการการศึกษาขั้นพื้นฐาน, หลักสูตรการศึกษาปฐมวัยพุทธศักราช๒๕๖๐［M］. กรุงเทพมหานคร：กระทรวงศึกษาธิการ, 2017：38-39.

　　促进智力发展的重要体验（见表4-9），鼓励孩子认识和学习事物，通过与环境、人和媒体的互动进行学习。为孩子提供发展语言技能的机会，让孩子学会思考周围的事物，并产生数学概念。通过与环境的互动，让孩子感知和学习周围事物。因此，孩子有机会发展他们的语言能力、想象力、创造性思维和推理思维，为进一步学习打下基础。

　　2.应该学习的内容

　　幼儿园为孩子们提供学习体验，以实现预期学习目标。幼儿园老师可以根据孩子的年龄、需要和兴趣定制学习细节。学习内容应是灵活的，要考虑到儿童的真实生活经历和环境。具体内容如下：

　　（1）关于孩子自己。

　　孩子们应该了解自己的名字、外貌和身体特征；了解如何保持身体清洁和健康、如何健康饮食、如何保障自我安全（包括安全地对待他人）；

了解自己和家庭的历史，成为家庭和学校的好成员；尊重自己和他人的权利，知道如何表达自己的意见并听取他人的意见；可以进行自我指导，能玩耍和做事情，能独处也能社交；有自我意识，尊重自己；能正确表达情绪和感受，展示出良好的举止；有道德，能遵守伦理。

（2）关于孩子周围的人和地方文化。

孩子们应该了解他们的家庭、学校、社区环境，应学会在日常生活中与周边事物互动，同时还要学习重要的社会文化常识，并遵守当地文化习俗。

（3）关于自然环境。

孩子们应该了解事物的名称，同时了解事物的特征、组成、变化和关系，要意识到对环境和公共领域进行保护的重要性。

（4）关于孩子周围的事物。

孩子们应该学习使用语言来传达日常生活中的意义，能够了解字母的基本知识，能表达物体特征，能理解周围事物之间的关系及完成不同事情所需要的时间、金钱等成本。此外，他们应该能够经济、环保地生活。

二、学前教育的教学

根据《学前教育课程大纲（2017 年）》的规定，教育机构或幼儿发展中心要为 3～6 岁儿童在幼儿园的 1～3 年级设计一个学习和体验的时间框架。儿童的学习时间取决于各个教育机构的实际情况，可根据教育机构和幼儿的发展情况进行调整，但要保证每学年不少于 180 天的学习天数，每天学习和体验的时间不少于 5 小时。[①]

（一）儿童重要体验的安排

为 3～6 岁儿童提供通过游戏融入活动的体验。这使孩子们能够从直接经验中学习，形成自身的知识、技能、道德以及情感和社会认知。以下是提供体验的原则、组织体验的指南和日常活动安排。

1. 提供体验的原则

（1）提供多样化的游戏和学习体验，整体、平衡和持续地培养孩子。

---

① สำนักงานคณะกรรมการการศึกษาขั้นพื้นฐาน. หลักสูตรการศึกษาปฐมวัยพุทธศักราช๒๕๖๐ [M]. กรุงเทพมหานคร：กระทรวงศึกษาธิการ，2017：35.

（2）以儿童为中心，满足其需求和兴趣，注重个体之间的差异以及儿童生活的社会环境。

（3）重视儿童的学习和发展过程。

（4）将儿童发展视为一个持续过程进行评估，并将其纳入体验提供中，包括利用评估结果最大限度地促进儿童的发展和学习。

（5）让父母、家庭、社区和其他相关者参与儿童的发展。

2. 组织体验的指南

（1）根据发展心理学和大脑特点，组织符合孩子年龄特征、成长阶段和发展水平的体验活动，让所有孩子都能充分发挥他们的潜力。

（2）体验活动要与孩子的学习风格保持一致，使孩子们能从做中学，通过五种感官学习，能够自己移动、探索、玩耍、观察、实验和解决问题。

（3）通过整合活动和学习材料提供综合体验。

（4）为孩子提供提出想法、计划的机会，做决定、采取行动的经验，老师或体验组织者促进孩子学习并和孩子一起学习。

（5）为孩子提供在有利于他们的环境中与其他儿童和成人互动的体验，让他们在温馨、愉快的环境中学习和开展不同类型的合作活动。

（6）在孩子的生活中，根据孩子周围的环境、社会和文化，为孩子提供与媒体和各种学习资源互动的体验。

（7）提供符合适足经济理念的良好习惯和日常生活技能体验，同时在体验中融入道德、伦理和纪律，使其成为持续学习体验的一部分。

（8）以预先计划的方式组织体验，并在现实世界中具体实践。

（9）收集有关孩子个人发展和学习的信息，对其进行反思并将其用于造福他人，从而制作出用于儿童发展与课堂研究的纪录片。

（10）提供涉及父母、家庭和社区参与的体验，参与内容包括双方规划、媒体和学习资源支持、活动参与和发展评估。

3. 日常活动安排

3～6岁儿童的活动可以组织成多种形式的日常活动。这是为了让老师和孩子们知道应该做什么活动，什么时候进行，以及如何进行。日常活动可以采取多种形式，这取决于各个学校和当地社区的适用性。重要的是，幼儿教师必须考虑到活动的组织要涵盖儿童发展的各个方面。日常活动的组织原则和范围具体如下：

（1）日常活动的组织原则。

①每项活动的时间的设定要符合儿童年龄特征，可以根据孩子的需要和兴趣灵活调整。例如，3～4岁的儿童进行8～12分钟的活动；4～5岁的儿童进行12～15分钟的活动；5～6岁的儿童进行15～20分钟的活动。

②在小团体和大团体中的活动，连续时间不应超过20分钟。

③儿童可以自由选择玩耍的活动，这能帮助孩子们学会做出明智的决定，锻炼他们思考问题的能力和创造力。

④应在室内活动和室外活动之间取得平衡。鼓励儿童参加能锻炼大肌肉和小肌肉的活动、个人和团体活动、需要体力和不需要体力的活动等。幼儿园应提供所有类型的活动。需要注意的是，需要体力的活动应与不需要太多体力的活动交替进行，以免孩子太劳累。

（2）日常活动范围。

每日活动可以以多种形式进行，具体取决于各个机构和社区的适用性。重要的是，教师必须考虑活动的组织要涵盖儿童发展的各个方面，具体如下：

①大肌肉发育。培养身体的力量感、平衡感、灵活性和流畅性。通过组织活动，让孩子在户外独立玩耍，并随着音乐的节奏活动身体，达到锻炼和使用大肌肉的目的。

②小肌肉发育。发展小肌肉的力量，注重锻炼手部肌肉。通过锻炼，让孩子们触摸物体、玩游戏，培养手眼协调能力。

③情感、心理的发展和道德、伦理观的培养。培养孩子友善、自信、果断、守纪律、负责任、诚实、节俭、慷慨等品质，让孩子们的举止和行为得体。通过游戏组织各种活动，让孩子们有机会做出选择，在满足需求的同时融入道德教育。

④社会习惯的养成。要培养孩子养成良好的习惯，行为得体，能与他人愉快地生活。孩子能够独立进行日常活动，爱劳动，学会保护自己和他人的安全，远离危险的处境。鼓励孩子定期进行日常活动，如吃饭、休息、睡觉、大小便、洗澡、与他人一起玩耍和做任务。让孩子学会遵守规则，在玩耍或任务结束时，将物品放在适当的位置。

⑤思维发展。培养孩子在数学和科学课程中解决问题、发展抽象思维和进行推理的能力。通过组织活动让孩子观察、分类、比较事物，发现知识，与同伴进行讨论和交流想法。同时邀请讲师与孩子交谈，开展园外学习活动，玩教育游戏，练习解决日常生活中的问题。

⑥语言发展。培养儿童使用语言来交流自己的感受和想法的能力。孩子们能够就好奇的事情提出问题。在有利于学习的环境中组织各种语言活动，培养孩子自我表达的勇气。此外，要考虑到适合儿童的语言活动原则。

⑦想象力和创造力发展。鼓励孩子发挥创造力，让孩子传达情绪和感受。让孩子通过想象力进行活动，能独立发明事物、扮演角色和玩耍。

（二）对幼儿教师的要求

幼儿教师必须研究幼儿课程，提供活动来发展他们所照顾的儿童。他们还应该学习小学一年级基础教育核心课程，并与家长或监护人及其他相关人员建立相互理解的关系，以便帮助孩子为升学做好准备。建议采取以下示例方法：

（1）收集每个孩子的信息并发送给一年级教师，以便他们使用这些信息帮助孩子适应新的学习和环境。

（2）与孩子们交流小学一年级良好的学习经验，让孩子们对学习有积极的态度。

（3）为孩子们提供机会，让他们熟悉一年级的老师和教室环境。

（4）提供符合儿童年龄的材料和书籍。

（三）对教育机构的要求

2020 年，泰国教育部长 Nataphol Teepsuwan 先生召开视频会议，就幼儿教育和学习管理的政策和实践进行交流。[①]他表示，根据《泰国宪法（2017年）》《幼儿发展法（2019 年）》中的规定，以及教育部继续发展幼儿教育和学习管理的要求，幼儿教育应让每个孩子在身体、情感、心理、社交和智力上都有符合他们年龄的良好发展，幼儿教育应符合个人潜能开发原则，培养孩子良好的品德和创造力，使他们能吸收各种美学和文化，并且

---

① นโยบายและแนวปฏิบัติในการจัดการศึกษาและการเรียนรู้สำหรับเด็กปฐมวัย［EO/BL］.［2022-01-10］. https：//moe360. blog/2020/09/23/early-childhood/.

具备终身学习的基本技能。与此同时，教育部根据国家战略和国家改革计划制定儿童早期教育和学习的指导方针，并向教育机构提出了一些基本的指导方针，主要涉及 6 个方面：

（1）重视孩子的专注力。让孩子有机会练习和运用他们的创造力，学会做计划和提出意见等，支持教师和孩子一起学习，同时在教育时要考虑到孩子的生活背景。

（2）安排活动。要灵活地安排儿童的活动，要安排符合和适应儿童的兴趣、情况、背景或生活方式的综合性学习活动。

（3）提供或开发各种学习资源，让孩子有机会通过各种游戏来学习。孩子们既可以独立地通过游戏学习，也可以与他人共同游戏进行学习。

（4）提供积极、温暖、安全、友好、独立和具有挑战性的学习环境和氛围。鼓励儿童与他人进行积极互动。

（5）鼓励和支持教师的自我发展。让教师了解世界的进步和变化；研究和开发用于幼儿教育管理的媒体和方法。

（6）合作增进知识和相互理解。教育机构与家长、家庭和社区在关爱、组织和发展儿童早期发展学习方面开展合作与交流。

由此可见，泰国教育部坚持儿童整体发展原则，让儿童在 4 个方面得到全面的发展，包括身体的发展、情绪和心理的发展、社会和智力的发展、自我发展。

第三节　学前教育的保障体系

泰国学前教育体系的有效运行离不开国家和各级地方的财政支持、学前教育的教师队伍建设，也离不开学前教育的质量保障体系。本节将从学前教育的经费投入、学前教育的教师队伍建设、学前教育质量保障三个方面介绍泰国学前教育的保障体系。

一、学前教育的经费投入

《泰国宪法（2017 年）》强调了幼儿发展的重要性，它规定国家应确保每个儿童免费接受包括学前教育的义务教育阶段优质教育。国家应通过支持和促进地方行政部门和私营部门参与行动，确保幼儿在接受基础教育之前得到照顾和发展，根据年龄发展其身体、心理、纪律、情感、社交能力和智力。鼓励国家、地方政府和私营部门参与提供教育，确保每个儿童都能免费获得高质量的学前教育。此外，在泰国《国家二十年发展战略规划（2018—2037 年）》提出，根据终身潜力开发的指导方针，将重视所有年龄段的教育质量发展。在儿童早期发展方面，有关部门应从孕前阶段开始为父母做好准备，提供孕期母婴福利，推动健康分娩，促进母乳喂养，为孩子的大脑发育提供足够的营养。

对幼儿教育进行补贴是泰国政府支持所有儿童平等接受教育机会的机制之一。学前教育获得的教育经费或教育补贴主要来自教育部和内政部。教育部 2018 年的资料和地方行政管理司 2017 年的资料显示，泰国政府以学期和学年为单位向学前教育机构拨付人均教育补贴。此外，教育部和地方政府的补助类别清单相似，补助标准相同，除了人均固定预算外，主要包括 4 个类别：（1）额外补贴费用；（2）学习设备费用；（3）教材费用；（4）提高学生素质的活动费用。详细信息如表 4-10 所示。从表 4-10 可知，每学期的人均预算（不包括其他补贴），除了家庭教育类别的儿童可获得 3 596 泰铢之外，其他学前教育学校的人均预算都是 850 泰铢。除了家庭教育和常规学校，其他类型的学前教育机构都有额外补贴。特殊教育学校（固定）获得的额外补贴最多，每学期为 14 660 泰铢；其次是综合教育学校（固定），每学期为 14 450 泰铢。这可能是因为这两种类型的学校日常开支相对较大。

表 4-10　2018 年按学校类型和学期划分的幼儿教育补助费用

单位：泰铢

教育机构	2017 年第 2 学期（2018 年预算）					2018 年第 1 学期（2018 年预算）							2 个学期合计
	人均	额外补贴	学习设备	提高学生质量的活动	合计	人均	额外补贴	教材	学习设备	校服	提高学生质量的活动	合计	
常规学校	850		100	215	1 165	850		200	100	300	215	1 665	2 830
家庭教育	3 596		100	215	3 911	3 596		200	100	300	215	4 411	8 322
综合教育学校（固定）	850	14 450	100	215	15 615	850	14 450	200	100	300	215	16 115	31 730
综合教育学校（去-回）	850	3 610	100	215	4 775	850	3 610	200	100	300	215	5 275	10 050
特殊教育学校（固定）	850	14 660	100	215	15 825	850	14 660	200	100	300	215	16 325	32 150
特殊教育学校（去-回）	850	3 610	100	215	4 775	850	3 610	200	100	300	215	5 275	10 050

资料来源：สำนักงานเลขาธิการสภาการศึกษา. รายงานการศึกษาสภาวการณ์การจัดการศึกษาสำหรับเด็กปฐมวัยในประเทศไทย［M］. กรุงเทพฯ：กระทรวงศึกษาธิการ，2020：58.

内政部也提供幼儿教育的预算支持。内政部每年将预算分配给地方政府组织，以提高地方各个儿童发展中心的办学质量。内政部拨付的预算包括作为儿童保育员的教师和员工的工资和福利、儿童的学费，以及补充食品（牛奶、午餐）费用等，以促进地方政府组织有效地为幼儿教育提供资金和物质支持和保障。

二、学前教育的教师队伍建设

2019 年 4 月，在泰国政府公报上发布的《幼儿发展法（2019 年）》更明确地促进了幼儿教育质量的发展。该法案是一个支持、促进和发展整个幼儿系统的机制，通过整合与幼儿相关的部门的工作，促进有效协调地运作。该法案的要点之一就是促进幼儿相关工作人员的培养和发展。该法案非常重视培养和发展照顾和管理幼儿学习的人员。该法案规定，在教师的培养和发展中，高等教育机构需要提供能够提高教师道德、伦理、知识水平的培训，提升教师教学和学习的技能和能力，以便他们能够根据幼儿发展的原则照顾和培养幼儿。此外，该法案还指出，负责培训幼儿保育员的机构需要提供指导，根据幼儿发展原则，提高保育员在幼儿保育工作中的技能和能力。在《幼儿发展法（2019 年）》的指导下，相关政府部门和教育机构纷纷落实对学前教育教师队伍的建设。

泰国教育部于 2020 年 9 月 23 日发布了为幼儿教师提供教育和学习的指导方针，目的在于帮助幼儿教师从教育者的角色转换到引导者的角色，与儿童一起学习。鉴于此，教育部提出幼儿教师的正确实践应从以下"真实存在的 5 件事"做起：（1）教师是存在的，优质教师是为学生而存在的。幼儿教师要有教师精神，成为一个好的榜样。教师相信每个孩子都有潜力、决心和勇气去实践，改变世界和创造新的更好的东西。此外，教师还要与学生积极互动。（2）孩子是存在的。孩子可以自己思考、做计划、解决问题，孩子需要被接受和认可。家长和老师要帮助孩子树立自我形象，尊重孩子的感受和想法，还要鼓励孩子学习以及为自己设定目标，让孩子有机会做出决定，促进孩子们互相学习。（3）课程是确实存在的，为孩子提供学习和成功的机会。幼儿教师组织的课程必须与《学前教育课程大纲（2017年）》保持一致，帮助孩子们储备基本的学习和生活技能。（4）家庭是真实的。父母给孩子创造温馨、安全的家庭环境，参与孩子的成长。幼儿发展首先要从家庭开始，家庭和教育机构必须密切合作，保持积极的沟通，双方交流信息和经验并相互鼓励，共同帮助儿童发展生活技能。（5）同事是确实存在的，要互相分担责任。在校内外建立的合作中，教师必须与参与儿童发展的人一起工作，以儿童为中心，为他们创造优质的教育和学习机会。由此可见，教育部希望幼儿教师从常规进行教学的教师角色过渡到观察和促进儿童学习的导师角色。教育部把幼儿教师作为学前教育变革的关键推动者，还鼓励所有相关部门进行积极合作，让儿童能够充分发挥学习潜力和发展自己。

教育委员会办公室作为一个研究和制定教育政策的政府部门，也负有推动学前教育教师队伍建设的责任，要促使其紧跟时代步伐，满足社会对幼儿教师的需求。例如，教育委员会办公室在接受幼儿教育的儿童和有特殊需要的儿童中实施了一个利用执行技能进行教学和学习的试点项目。该部门为幼儿教师提供了关于如何帮助学生培养执行技能的培训，还向有关当局提供有关执行技能教学的指导方针，以提高幼儿和有特殊需要的儿童的执行技能。

泰国教师委员会秘书处办公室认为，新一代幼儿教师不仅仅是照顾者，而且是具备多领域能力的新时代教师。因此，需要将幼儿教师培养成为能够胜任学习管理的幼儿教师，且让他们能够结合教育创新来培养幼儿的思维能力。与此同时，幼儿教师必须根据教养和教育的原则对幼儿园课程有所了解，能够为儿童组织综合性的和多样化的学习体验，让儿童敢于表达自己，敢于思考，敢于自己做决定，可以自己解决问题。内政部也向学前教育机构提供人事发展支持。内政部鼓励被雇佣为儿童看护者的教师和员工通过幼儿教育课程发展自己，通过职业道路上的进步和增强安全感来发展自己。此外，与学前教育相关的实施机构也应重视幼儿教师的专业能力提升，并为此开展一系列幼儿教师培训项目，其中包括英语技能培训、开发幼儿思维的教学培训、有效管理幼儿学习的培训、幼儿教师的 STEM 教育经验培训等。幼儿教育是各方面发展的基础，因而在组织幼儿教育时，应重视照顾者或幼儿教师队伍的建设，教师的不断自我提升会使幼儿教育发展工作更高效、更优质。

三、学前教育质量保障

《国家教育法（1999 年）》规定了泰国教育内部和外部的质量保障，以提高学前教育的质量和标准。内部教育质量评估由学前教育机构每年根据教育机构标准进行，流程包括检查教育机构的教育质量，并向教育服务区办公室提交自我评估报告，根据教育服务区办公室或基础教育委员会办公室的建议进行有效改进。外部教育质量评估由教育标准和质量评估办公室每隔五年进行一次。评估的目的是弄清楚学校运作的实际情况，获取反映学校优势和劣势的信息，并据此提出改善和发展教育质量的方法。此外，外部教育质量评估还向有关部门和社会公众报告评估的结果。

教育标准和质量评估办公室将外部教育质量评估的内容分为两部分：标准质量评估和优秀评估。

标准质量评估根据教育机构的使命和背景进行评估。（见表 4-11）

表 4-11　学前教育标准质量评估框架

标准质量评估内容	质量评估指南
基于教育机构的定位，儿童的素质或其他方面	①适当性、可行性 ②可信度 ③有效性
基于教育机构的定位，管理过程或其他方面	①系统性 ②可信度 ③有效性
基于教育机构的定位，提供以儿童为中心的教学体验或其他方面	①系统性 ②可信度 ③有效性

资料来源：สำนักงานคณะกรรมการการศึกษาขั้นพื้นฐาน. การเตรียมความพร้อมของสถานศึกษาเพื่อรับการประเมินคุณภาพภายนอก［M］. กระทรวงศึกษาธิการ，2020：10.

教育标准和质量评估办公室对质量评估指南的适当性、系统性、可信度和有效性做出了相应解释，具体如下：

1.适当性或可行性意味着设定的目标或标准是可以实现或达成的。目标或标准适合教育机构环境，并且是实用的、经济的和具有成本效益的。

2. 系统性是指学习管理的运行过程是系统的。例如，5W1H 流程——谁（Who）做什么，什么（What）是我们要做的，去哪里（Where）做，什么时候（When）要完成，为什么（Why）要这样做，以及如何（How）做。

3. 可信度衡量的是评估教育质量的过程。可信度分析依据各种数据收集工具、基于证据或经验的信息，或者来自多个来源的数据来确定结果。

4. 有效性衡量的是根据学习者、学校、儿童发展中心或学术界所设定的目标实施行动计划的结果，若结果有效，则继续保持、发展创新，争取成为示范。

优秀评估框架见表 4-12。

表 4-12　学前教育优秀评估框架

教育机构可以要求进行优秀评估的质量维度	优秀评估的指南
基本方面：语言和沟通技巧的发展	①质量等级 C1 意味着早期儿童发展中心可以实现预期的结果并成为典范，在地方和区域层面上脱颖而出 ②质量水平 C2 意味着幼儿发展中心能够实现预期的结果并成为典范，获得国家认可 ③质量等级 C3 意味着幼儿发展中心可以达到预期的结果并成为典范，享誉国际
创新初等教育、幼儿知识，发展以儿童为中心的体验管理过程中的应用研究。持续照顾幼儿，提高幼儿教育质量。发展儿童的主动学习能力、创造性思维、探索思维、发展思维、执行能力	
学习社区：搭建包括管理人员、教师、父母、监护人、社区、学者等在内的学习社区，相关机构构建一个平台、针对一个领域进行知识和经验交流，交流内容包括儿童早期发展、社区和社会的良好文化传承等，以便创建和制定幼儿共同发展的指南	
有利的环境：提高儿童学习和玩耍的质量，管理或创造有利于发展的环境，促进对幼儿有效和有意义的学习和游戏行为	
开发个别儿童的潜力，包括普通儿童和特殊儿童。用开发质量系统和方法来挖掘个体儿童的潜力，对儿童潜力提升发展的过程进行评估；帮助有特殊需要的儿童，例如实施有针对性的感官统合活动和计划；通过与父母、专家合作促进个别儿童发展	
其他方面：根据教育机构的实际定位发展	

资料来源：สำนักงานคณะกรรมการการศึกษาขั้นพื้นฐาน. การเตรียมความพร้อมของสถานศึกษาเพื่อรับการประเมินคุณภาพภายนอก ［M］. กระทรวงศึกษาธิการ，2020：13-15.

第五章
泰国基础教育

泰国的基础教育包括学前教育、小学教育、初中教育、高中教育这四个阶段。学前教育已单独作为一部分在第四章进行了详细的描述和总结，本章将主要围绕中小学阶段，从基础教育的培养目标与实施机构、课程与教学、保障体系等多个角度去了解泰国基础教育的发展情况。

第一节 基础教育的培养目标与实施机构

泰国基础教育提倡快乐教育，把学生培养成为聪明、善良和快乐的人是基础教育办学的使命，也是一直以来追求的目标。下面将具体介绍泰国基础教育的培养目标和实施机构。

一、基础教育的培养目标

根据《基础教育核心课程（2008 年）》，泰国基础教育致力于学生道德、智力、继续教育和谋生技能等方面的全面和均衡发展，制定了以下目标：（1）学生要有道德观、伦理观、正确的价值观，自尊自爱，能自律；同时遵守个人信仰，在实际生活中践行适足经济理念。（2）拥有沟通、思考、解决问题的能力，掌握技术知识和生活技能。（3）拥有良好的身心健康、卫生习惯，热爱体育锻炼。（4）热爱祖国，有作为泰国公民和国际社会成员的责任意识和诚信，以及在君主立宪制下坚持民主的生活方式。（5）意识到要保护泰国文化和泰国智慧的各个方面，保护自然环境，有公众意识，致力于为和平与和谐共处提供公共服务。

此外，基础教育重在培养学生的五项核心能力：（1）交流能力。学生有接收和传输信息的能力；有表达观点、思想、感情、信息、经验和意见的语言能力和技能，这将有利于自身和社会发展；能够协商解决或减少问题和冲突；能够通过适当的推理和合理的判断来选择是否接收信息；能选择有效的沟通方式，同时考虑到其可能对自身和社会产生的负面影响。（2）思考能力。学生拥有分析性、综合性、建设性、批判性和系统性思维的能力，能为自己和社会的明智决策提供大量的知识或信息。（3）解决问题的能力。学生能基于合理的推理、道德原则和准确的信息，恰当地解决问题和难题；能适应各种社会情境中的关系和变化；具备寻求和应用知识解决问题的能力；具备决策的能力，同时考虑到该决策对自身、社会和环境可能产生的负面影响。（4）应用生活技能的能力。学生具有在日常生活中应对各种情况的能力；能自我学习、持续学习；能通过加强愉快的人际关系，促进社会和谐；能通过恰当的手段解决问题和冲突；具备自我调节能力，以跟上社会和环境的变化；具有避免对自己和他人产生不利影响的不良行为的能力。（5）应用技术的能力。学生能够选择和应用不同的技术；在学习、沟通、工作和通过建设性的、恰当的、合乎道德的方式解决问题方面，能运用技术流程促进自身和社会发展。

由此可见，泰国基础教育旨在提高所有学生的能力，实现其身体、知识和道德等各方面的均衡发展，使其热爱祖国，获得生活的基本知识和技能，以及培养学生对继续教育、谋生和终身学习的良好态度。

二、基础教育的实施机构

基础教育委员会办公室是实施基础教育的主要政府机构。它最初的职责是根据国家经济与社会发展委员会以及国家教育计划的相关规定，草拟基础教育的核心课程与教学标准，跟踪、检查并评估基础教育学校或其他教育机构的办学水平。[1] 它目前的职责是管理和推进基础教育各阶段儿童和少年的教育，向所有学习者提供公平的基础教育机会，提供基础教育的质量标准；同时，发展教育创新以及对于特殊需要的学生进行管理；此外，还负责对基础教育政策、发展规划、标准和核心课程提出意见，调动教育资源，整合教育信息网络以及监督、视察、评价基础教育等。[2] 根据《国家教育法（1999 年）》，开办基础教育的学校包括公立学校、私立学校以及佛教或其他宗教机构名下的学校。据统计，2020 年泰国基础教育阶段（小学至高中教育）共有学校 29 642 所[3]；2019 年共有学校 29 871 所，学生

[1] กระทรวงศึกษาธิการ. พระราชบัญญัติการศึกษาแห่งชาติ พ.ศ.2542 ［R］. กรุงเทพฯ,1999：34.

[2] คณะกรรมการการศึกษาขั้นพื้นฐาน. ภารกิจและหน้าที่รับผิดชอบ ［EB/OL］. http：//smart.obec.go.th/web/?module=data_view&id=12.

[3] สถิติการศึกษา,สำนักงานสถิติแห่งชาติ. จำนวนสถานศึกษาในระบบโรงเรียน จำแนกตามสังกัด ในกรุงเทพมหานครและส่วนภูมิภาค ปีการศึกษา 2559—2563 ［EB/OL］. ［2021-12-12］. http：//statbbi.nso.go.th/staticreport/page/sector/th/03.aspx.

6 653 160 人，教师 470 876 人。①

　　在基础教育阶段，学校层面的管理均由教育机构自行负责，包括对学术事务、预算、人事和一般行政事务的管理。基础教育阶段的管理部门主要有四个：（1）学术管理部门；（2）预算管理部门；（3）人事管理部门；（4）一般行政管理部门。② 各部门有相应的职能和任务。学术管理部门的职责范围主要包括：（1）课程；（2）教学；（3）评估；（4）科研；（5）教育技术、教学用具；（6）开发学习资源；（7）教育督导；（8）教育指导；（9）教育质量；（10）增强社区学术知识；（11）与其他学校的学术合作。预算管理部门的职责范围主要包括：（1）预算制定；（2）预算安排；（3）监督、评估和报告资金的使用及成果；（4）资源调动和教育投资；（5）财务管理；（6）账户管理；（7）采购和资产管理。人事管理部门的职责范围主要包括：（1）计划教职工数量和职位；（2）招聘和任命；（3）加强执行效率；（4）维护纪律；（5）退休管理。一般行政管理部门的职责范围主要包括：（1）信息系统和数据网络的发展；（2）协调和发展教育网络；（3）管理体制和组织发展；（4）信息技术工作；（5）支持和辅助其他部门；（6）学校建筑物及环境管理；（7）学生人数普查；（8）招收学生；（9）筹集教育资源；（10）促进学生活动；（11）支持社区等校外教育；（12）联系各级教育行政部门。③

　　泰国基础教育阶段学校管理包括教学管理、预算管理、人事管理和一般行政事务管理四个方面。其中教学管理是主要的，其他三个方面的工作都是辅助性的，是为了支持、促进和强化学校的教学运作而进行的。

第二节　基础教育的课程与教学

　　为了与基础教育的培养目标相适应，泰国很重视课程建设与教学。根

---

① 张清玲．泰国小规模学校的现状、困境与改进策略［J］．比较教育学报，2022（2）：60-74.

② NELSON M H. Thailand：Problems with decentralization？［M］//NELSON M H.Thailand's new politics：KPI yearbook 2001. Nonthaburi and Bangkok：King Prajadhipok's Institute and White Lotus Press，2002：238.

③ ขอบข่ายและภารกิจของสถานศึกษา［EB/OL］．［2022-01-16］. https：//www.obec.go.th/about/โครงสร้างองค์กร.

据《基础教育核心课程（2008年）》，泰国基础教育的核心课程包括8个学习领域和3个学生的发展活动，既重视学生对学科知识的掌握，也十分关注学生对生活的体验以及实践能力的提升。此外，对课程内容的学习也制定了相应的教学时间，包括对教师和学生角色的要求。这对实施基础教育的机构在课程设置和教学安排方面提出了明确要求，并指明了方向。本节主要围绕教育部发布的《基础教育核心课程（2008年）》，具体介绍泰国基础教育阶段的课程与教学。

一、基础教育的课程

《基础教育核心课程（2008年）》基于实现学习者的均衡发展，遵循大脑发展规律和多元智能发展的原则，规定了8个学习领域和3个学生的发展活动。8个学习领域包括：（1）泰语；（2）数学；（3）科学；（4）社会研究、宗教和文化；（5）健康和体育教育；（6）艺术；（7）职业和技术；（8）外语。此外，学生的发展活动包括：（1）学生的辅导活动；（2）学生的活动；（3）实现社会和公众利益的活动。[①]

（一）学生的学习领域

根据《基础教育核心课程（2008年）》，基础教育课程有8个学习领域，每个学习领域包含所学知识、技能或学习过程和理想特征，是所有基础教育学习者所必须学习的。具体内容如下。

（1）泰语：具备语言应用和交流方面的知识、技能和文化；对泰语产生喜爱、欣赏和自豪的情感。

（2）数学：运用知识、技能和科学过程来解决问题，合理地将数学运用在实际生活中，有良好的学习数学的态度；发展系统性和建设性思维。

（3）科学：运用知识和科学过程进行研究和寻找知识，系统地解决问题，发展逻辑思维、分析性思维、建设性思维和科学思维。

（4）社会研究、宗教和文化：热爱和平，与国际社会和平共处；珍视良好公民身份；有宗教信仰；欣赏和保护资源和环境；培养爱国主义情怀

---

① Basic Education Commission. Basic education core curriculum B.E. 2551（A.D. 2008）［S］. Bangkok：Ministry of Education，2008：10.

和国家自豪感。

（5）健康和体育教育：掌握增强健康的知识和技能，预防和恰当治疗影响自己健康的疾病。

（6）艺术：具备入门的艺术知识和技能，拥有创作艺术作品的灵感和想象力，能欣赏艺术。

（7）职业和技术：掌握职业知识和技能，有良好的工作态度。

（8）外语：掌握外语知识和技能，了解外国文化，能用外语交流，能寻求更深奥的知识和更多生计。

对于每个学习领域，《基础教育核心课程（2008 年）》都制定了相应的学习标准和培养学生素质的目标。这些标准不仅规定了学生应该知道的和能够执行的内容，还规定了学生在完成基础教育后应具备的道德和伦理素质。学习标准是推进整个教育系统的基本机制，因为它对教学内容、教学和评估方法做出规定。它还是保证质量的工具，用于基础教育机构内部质量保证和外部评估，对内部质量的监测至关重要。每个学习领域的学习标准如表 5-1 所示。

表 5-1　基础教育核心课程的学习标准

学习领域	课程	标准
泰语	阅读	通过阅读，培养决策能力和解决问题的能力，养成阅读习惯
	写作	有效地运用各种数据和信息
	听、看、说	具备批判性思维，能在不同场合运用批判性思维进行表达
	使用原则	了解语法和用法，热爱泰语
	文学与文学作品	能够对泰国文学进行鉴赏批评，并在实际生活中运用文学知识

续表

学习领域	课程	标准
数学	数字和运算	①了解呈现数字的各种方法及其在现实生活中的应用 ②了解数字运算的结果、运算的关系以及运算的应用 ③了解估算在计算和解决问题中的应用 ④理解和应用数值系统
	测量	①了解测量的基本知识，具备测量和估计物体大小的能力 ②能够解决测量问题
	几何	①能够分析和解释二维与三维的几何图形 ②具备空间可视化、空间推理和解决几何模型问题的能力
	代数	①理解和分析模式、关系与功能 ②能够解释和应用代数表达式、方程、不等式与其他数学模型，并将其应用于解决问题
	数据分析和概率	①理解并能够用统计方法进行数据分析 ②应用统计方法和概率知识进行有效估计 ③在决策和解决问题中运用统计知识与概率知识
	数学技能和过程	具有解决问题、推理、沟通和表达数学概念的能力，能将数学知识与其他学科知识相联系，同时具备创造性思维能力
科学	生物与生命过程	①了解生物的基本单位，了解相互联系的各种生物系统的结构和功能之间的关系，有能力将知识转化为实践，关心生态环境 ②了解遗传传播的过程和重要性，了解生物的进化和生物多样性，了解生物技术如何影响人类和环境，有寻求知识和科学推理的调查能力，能将知识转化并付诸实践
	生活与环境	①了解当地环境，了解环境与生物之间、生态系统中生物之间的关系，能进行调查和科学推理，能将知识转化并付诸实践 ②认识到自然资源的重要性，了解如何利用不同地方的自然资源，以及在可持续发展的基础上应用知识管理自然资源和当地环境

续表

学习领域	课程	标准
科学	物质和物质的性质	①了解物质的性质，了解粒子间的结构和力之间的关系，具有寻求知识和科学推理的调查能力，能传授与实践知识 ②了解物质状态变化的原理和性质，了解不同物质状态的形成和相关的化学反应，具有寻求知识和科学推理的调查能力，能传授与实践知识
	力与运动	①了解电磁力、引力和核力的本质，有寻求知识的调查能力，将知识付诸实践 ②了解自然物体的特征和各种类型的运动，具有寻求知识和科学推理的调查能力，能传授与实践知识
	能源、能量	了解能量与生命之间的关系，了解能量转换以及物质与能量之间的关系，了解能源利用对生命和环境的影响，具有寻求知识的调查能力，能传授与实践知识
	地球的变化过程	了解地球表面和内部的形成过程，了解气候变化和地形变化的过程，具有寻求知识和科学推理的调查能力，能传授与实践知识
	天文学与空间	①了解太阳系和宇宙的演化，了解太阳系内部的相互关系及其对地球上的生物的影响，具有寻求知识和科学推理的调查能力，能传授与实践知识 ②了解空间技术对空间探索的重要性，了解自然资源对农业和通信的重要性；具有寻求知识和科学推理的调查能力，能传授与实践知识
	科学技术的性质	在调查中运用科学过程技能和科学推理来寻求知识和解决问题；了解大多数自然现象都具有明确的模式，这些模式在大部分情况下可用数据和仪器进行解释和验证；理解科学、技术、社会和环境是相互关联的
社会研究、宗教和文化	宗教、道德和伦理	①了解各种宗教的历史和道德原则，有正确的信仰，遵守与不同信仰的人群和平共处的道德原则 ②理解虔诚信徒的意识和个人行为，促进宗教的发展
	公民、文化和社会生活	①了解公民的职责和责任，遵守和保存泰国传统和文化，在泰国社会和国际社会中与他人和平共处 ②了解当前社会的政治和行政制度，坚持和维护君主立宪制下的民主政府形式

续表

学习领域	课程	标准
社会研究、宗教和文化	经济学	①了解如何高效、经济地利用有限的可用资源，理解适足经济理念的原则，从而过上和谐的生活 ②了解各种经济体系、经济制度和经济关系，以及世界社会经济合作的必要性
	历史	①理解历史时期的含义和意义，具备对各种事件进行系统分析的能力 ②了解人类历史的发展过程，具备分析其影响的能力 ③了解泰国的历史发展过程，了解泰国文化，培养爱国热情
	地理	①了解地球的物理特性，以及自然系统中的各种因素是如何相互影响的；能利用地图和地理仪器收集数据和分析问题；能有效利用地理数据和信息 ②理解人与自然环境之间的相互关系，能有意识地参与保护资源和环境的活动
健康和体育教育	人类的成长与发展	了解人类成长和发展的本质
	生活和家庭	了解和欣赏自己，接受家庭教育、性教育，掌握生活技能
	运动，体育锻炼，游戏	①了解和掌握运动技能，进行体育活动 ②喜欢体育锻炼并经常运动；自律，遵守规章制度；具有体育精神和竞争精神
	加强保健能力和疾病预防	能保持健康，具备疾病预防能力
	生命安全	避免危险因素，避免吸毒等违法行为

续表

学习领域	课程	标准
艺术	视觉艺术	①创作视觉艺术作品，能批判性地分析视觉艺术作品；能欣赏和应用日常生活中的视觉艺术 ②了解视觉艺术、历史和文化之间的关系，欣赏各式各样的视觉艺术作品
	音乐	①能通过音乐创造性地表达自我，能对音乐进行赏析 ②了解音乐、历史和文化之间的关系，欣赏各式各样的音乐作品
	戏剧艺术	①能通过戏剧艺术进行自我表达，能对戏剧艺术进行赏析 ②理解戏剧艺术、历史和文化之间的关系，欣赏各式各样的戏剧艺术表演
职业和技术	生活和家庭	理解工作的概念；在工作流程、管理、问题解决、团队合作和调查等各个方面具备创造力和技能，以寻求知识，具备高尚的道德和勤奋等品质；意识到需要节约能源、资源和生活环境以及家庭的消耗，保护生活环境
	设计与技术	了解技术和工艺流程，通过创造性的工艺过程设计和制造物品、器具，有选择地利用有利于个人生活、社会和环境的技术，参与可持续技术管理
	信息与通信技术	能高效且合乎道德地应用信息技术解决各种问题
	职业	了解并获得必要的职业技能和职业经验，对未来职业有正确认识，具备良好的职业道德和职业态度
外语	用于通讯或交流的语言	①具有理解从各种媒体上听到和读到的内容的能力，以及表达有理由的观点的能力 ②具备语言交流技巧，能有效地交流信息、表达感受和意见 ③能够谈论和书写各种概念与观点

续表

学习领域	课程	标准
外语	语言和文化	①欣赏语言与文化之间的关系，能恰当使用语言 ②能理解使用不同语言的人在文化方面的异同，具备准确恰当地使用语言的能力
	语言和其他学习领域的关系	利用外语将知识与其他学习领域联系起来
	语言及其与社区和世界的关系	①能够在各种情况下使用外语 ②利用外语作为进一步发展和学习的基本工具

资料来源：Basic Education Commission. Basic education core curriculum B.E. 2551（A.D. 2008）［S］. Bangkok：Ministry of Education，2008：12–22.

（二）学生的发展活动

根据《基础教育核心课程（2008年）》，学生的发展活动旨在让学生最大限度地发挥自己的潜能，从而实现身体、智力、情感和社会各方面的发展，同时培养道德和伦理价值观，加强公益慈善精神，提升自我管理和享受幸福生活的能力。学生的发展活动可分为以下2种类型。

1. 辅导活动

辅导活动旨在鼓励学生了解自己，让学生知道如何保护环境，能够做出决定、解决问题、设定目标，制订有关学习和未来职业的计划。此外，这些活动将使教师了解和理解他们的学生，从而帮助家长参与学生的发展过程。

2. 学生活动

学生活动旨在培养团队合作精神、乐于助人和分享精神、慷慨和团结等品质。这些活动根据学生的能力、资质和兴趣组织，学生在学习、分析、规划、计划实施、评估和改进等阶段参与这些活动。这些活动强调在学生所在之地适当地展开团队合作。学生活动包括：（1）童子军组织活动、少年红十字会活动、社会服务和领土保卫活动；（2）各俱乐部的活动；（3）为了实现社会和公共利益而开展的活动。这些活动旨在鼓励学生参与符合其利益的志愿服务，以造福于社会、社区和当地，从而体现出对社会事业的责任感。

二、基础教育的教学

（一）基础教育的教学时间

《基础教育核心课程（2008 年）》规定了 8 个学习领域和学生发展活动的学习时间结构框架。教育机构可以根据其准备情况和优先事项，通过调整，进行时间分配，以适应学生的情况，如下所示。

（1）小学教育（小学 1 ～ 6 年级）：学习时间按年度分配，一天不超过 5 小时。

（2）初中教育（中学 1 ～ 3 年级或 7 ～ 9 年级）：学习时间按学期分配，一天不超过 6 小时。课程的权重以学分计算，标准为每学期 40 小时，相当于 1 个学分。

（3）高中教育（高中 4 ～ 6 年级或 10 ～ 12 年级）：学习时间按学期分配，每天不少于 6 小时。课程的权重以学分计算，标准为每学期 40 小时，相当于 1 个学分。[①]

表 5-2　基础教育 8 个学习领域学习时间结构框架

单位：小时

学习领域/活动	学习时间									
	小学						初中			高中
	1年级	2年级	3年级	4年级	5年级	6年级	7年级	8年级	9年级	10 ～ 12年级
泰语	200	200	200	160	160	160	120（3学分）	120（3学分）	120（3学分）	240（6学分）
数学	200	200	200	160	160	160	120（3学分）	120（3学分）	120（3学分）	240（6学分）
科学	80	80	80	80	80	80	120（3学分）	120（3学分）	120（3学分）	240（6学分）

---

① 　Basic Education Commission. Basic education core curriculum B.E. 2551（A.D. 2008）［S］. Bangkok：Ministry of Education，2008：24.

续表

学习领域/活动	学习时间									
	小学						初中			高中
	1年级	2年级	3年级	4年级	5年级	6年级	7年级	8年级	9年级	10～12年级
社会研究、宗教和文化	120	120	120	120	120	120	160（4学分）	160（4学分）	160（4学分）	320（8学分）
健康和体育教育	80	80	80	80	80	80	80（2学分）	80（2学分）	80（2学分）	120（3学分）
艺术	80	80	80	80	80	80	80（2学分）	80（2学分）	80（2学分）	120（3学分）
职业和技术	40	40	40	80	80	80	80（2学分）	80（2学分）	80（2学分）	120（3学分）
外语	40	40	40	80	80	80	120（3学分）	120（3学分）	120（3学分）	240（6学分）
总计（基本）	840	840	840	840	840	840	880（22学分）	880（22学分）	880（22学分）	1640（41学分）
学生发展活动	120	120	120	120	120	120	120	120	120	360
学校提供的额外课程或活动,取决于其准备情况和优先事项	每年不超过40个小时						每年不超过200个小时			3年不少于1 600个小时
总计	每年不超过1 000个小时						每年不超过1 200个小时			3年不少于3 600个小时

资料来源：Basic Education Commission. Basic education core curriculum B.E. 2551（A.D. 2008）［S］. Bangkok：Ministry of Education，2008：25.

对于小学阶段，每个学习领域的基本学习时间可以适当调整。总的学习时间结构应按基本学习时间结构的规定进行，而学生的学习水平必须达到学习标准和指标中的要求。在中学阶段，基本学习时间结构按规定进行，并符合所有标准和毕业要求。

关于小学和中学教育的额外学习时间，教育机构可以适当考虑自身的准备情况以及毕业的标准和要求，组织额外的课程或学生发展活动。对于 1～3 年级的小学教育，语言和数学的学习领域可以增加额外的学习时间。基础教育阶段学生的发展活动时间分配如下：每年分配给小学教育 1 年级到中学 3 年级（1～9 年级）学生发展活动时间都是 120 小时，高中 10～12 年级 3 年分配 360 小时，这时间是用于咨询活动、学生活动和为实现社会和公共利益而进行的活动。[①] 对于最后一类活动，教育机构应分配的时间如表 5-3 所示。

表 5-3　基础教育阶段学生为实现社会和公共利益的发展活动时间

基础教育阶段	活动时间
小学教育（1～6 年级）	6 年：共 60 小时
初中教育（7～9 年级）	3 年：共 45 小时
高中教育（10～12 年级）	3 年：共 60 小时

资料来源：Basic Education Commission. Basic education core curriculum B.E. 2551（A.D. 2008）［S］. Bangkok：Ministry of Education，2008：26.

（二）教学管理

教学管理是课程实施的重要过程。基础教育的核心课程规定了学习标准和学生的主要能力及其被期望拥有的特征，这是儿童和青年发展的主要目标。教师必须仔细选择合适的学习过程，并提供教学管理，以培养学生达到 8 个学习领域所要求的质量，同时培养和强化学生所需的特征，发展各种基本技能。

---

① Basic Education Commission. Basic education core curriculum B.E. 2551（A.D. 2008）［S］. Bangkok：Ministry of Education，2008：26.

1. 教学管理的原则

为了使学生的学习达到基本核心课程中规定的标准，获得所需的知识和能力，教师应了解学生的自主性、利益和个体差异。

2. 学习过程

教师通过以学生为中心的方法进行学习管理，学生将依赖于各种学习过程，而这些学习过程是实现课程目标的工具。学生的基本学习过程包括：综合学习过程、知识创造过程、思维过程、社会化过程、启发式学习过程、从实际经验中学习的过程、实践过程、管理过程、研究过程、自我学习过程，以及发展特色的过程。

学生应接受培训并获得进一步发展，以便在这些过程中获得能力，这将促进他们的学习，使他们能够实现课程目标。为了能够做出明智的选择，教师必须理解和研究各种学习过程。

3. 设计学习管理

教师需要学习相关教育机构的课程，以了解课程学习标准、指标和学生的专业能力，以及适合学生的期望特征和学习领域。然后，教师通过选择教学方法和技术、学习媒体和资源以及评估措施来设计学习管理，以便让学生发挥最大潜力，从而实现既定目标。

4. 教师和学生的角色

为使学生学习达到课程目标规定的质量，教师和学生应发挥以下作用。

（1）教师的角色。教师应做到以下7点：①单独研究和分析学生，然后利用获得的数据规划学习管理，以激发和考查学生的能力；②为学生设定知识、技能等方面要达到的目标；③设计和组织学习过程，以服务于个体差异和智力发展，从而使学生实现学习目标；④提供必要的学习氛围和关怀，使学生能够进行学习；⑤准备和使用适合组织活动的媒体，并使用当地智慧和适当的技术进行教学活动；⑥通过各种适合学科本质和学生发展水平的方法评估学生的学习；⑦分析评估结果，以便采取补救和发展措施，并改进自己的教学方法和活动。

（2）学生的角色。学生应该做到以下5点：①设定学习目标，制订计划，对自己的学习负责；②寻求知识，认真努力获取学习资源，分析知识体系，能提出问题并通过各种方法寻求答案或问题解决方案；③采取行动，总结所学知识，并将所学知识应用于各种情况；④参与由同龄人和老师组织的活动并积极互动；⑤不断评估和改进自己的学习过程。

（三）学习媒体

学习媒体是支持和促进学习过程管理的工具，使学生能够有效地获得课程标准中规定的知识、技能、过程和特征。学习媒体包括自然媒体、印刷媒体、技术媒体和各种本地学习网络。为了明智地选择学习媒体，教师应注意所选择的学习媒体是否符合学生的不同发展水平和学习节奏。学生和教师可以制作适合的学习媒体，也可以使用现成的学习媒体。教育机构应提供足够的学习媒体，以确保学生能很好地学习。为此，泰国教育部门建议学校、教育服务区和负责提供基础教育的相关机构能根据以下 6 点建议调整教学实践。

（1）提供学习资源、学习媒体中心、学习信息系统和有效的学习网络，以便让学生能在各种学习平台上学习、研究和交流学习经验；

（2）为学生和教师制作学习和研究的学习媒体，并将当地可用的材料用作学习媒体；

（3）选择合适的、多样化的高质量学习媒体，使其与学生的学习方法、学习领域的内在性质相符合；

（4）系统评估所选学习媒体的质量；

（5）学习、探索和研究适合学生学习过程的学习媒体；

（6）定期持续监督和评估学习媒体及其应用的质量和效率。

在制作学习媒体或选择教育机构提供的学习媒体时，教师应确保学习媒体与课程、学习目标、学习活动的设计相协调，并做相应的评估。同时，要注意学习媒体的内容不得损害国家安全或违背公序良俗，应具有准确性和及时性。

第三节　基础教育的保障体系

为了确保基础教育体系的顺利运行，泰国在财政支持、师资队伍建设、基础教育标准和学生学习标准的制定以及评估方面做出了很多努力。此外,《国家教育法》还规定了内部和外部教育质量保证措施,以提高基础教育的质量和标准。

一、基础教育的经费投入

《泰国宪法(2017年)》规定,"国家应确保每个儿童免费接受从学前教育到完成义务教育的12年优质教育"。同时,该法进一步规定了财政支持:"为了保障幼儿得到照顾和发展,或者为人民提供教育,国家应当给能力不足的人提供教育经费资助。"[①]《国家教育法(1999年)》规定:"动员国家、地方行政组织、个人、家庭、社区、私人组织、专业组织、宗教机构、其他社会机构,以及外国的资源、预算投资、资金和财产来提供教育。"[②]根据政府政策,教育预算将根据学习者的需求和教育机构所在地的环境进行分配。

基础教育每年从政府获得的教育预算是所有教育层次中最多的。其2015年获得的教育预算所占比例是73.3%[③],2016年是70.6%,2017年是70.1%,2018年占到62.1%,2019年是68.1%,2020年达到69.2%[④]。按教育层次和类型划分的教育预算分配,基础教育所占比例最大,这是因为基础教育覆盖了全国最多的学生。此外,据统计,基础教育阶段的人均预算在2000—2016年期间增长了近30%(从946美元增至1 221美元),占2016年人均GDP的20%。[⑤]为了确保所有人群享有平等的教育机会,减轻学生的经济负担,政府仍在实施从学前教育到完成基础教育的财政支持项目。该项目提供15年免费教育,即从学前教育到高中教育,或同等水平的普通

---

① Office of the Education Council. Education in Thailand 2018 [M]. Bangkok:Ministry of Education,2019:90.

② 同① 90-91.

③ Office of the Education Council.Education in Thailand [M]. Bangkok:Ministry of Education,2017:86.

④ Office of the Education Council. Education in Thailand 2019—2021 [M]. Bangkok:Ministry of Education,2021:201.

⑤ GAUTHIER B,PUNYASAVATSUT C. Inequalities in presence of a school funding formula:the 15-year free education propram in Thailand [J]. International journal of educational development,2019:1-17.

教育和职业教育。政府采用人均公共支出形式来分配教育预算，教育预算支出费用包括学费、课本费、校服费、学习设备费和提高学生素质的活动费，具体内容如表 5-4 和表 5-5 所示。此外，公立学校为所有小学生提供免费膳食，为所有义务教育学生提供免费牛奶。

表 5-4　2020 年泰国正规学校人均基础教育经费支持

单位：泰铢

费用类型	教育层次			
	学前教育	小学教育	初中教育	高中教育
学费	1 700	1 900	3 500	3 800（1～3 年级的职业证书由机构提供 11 736 泰铢）
课本	各级别教材费用不同，如表 5-5 所示			
校服	300	360	450	500（1～3 年级的职业证书由机构提供 900 泰铢）
学习设备	200	360	420	460（1～3 年级的职业证书由机构提供 460 泰铢）
学生发展活动	430	480	880	950（1～3 年级的职业证书由机构提供 950 泰铢）
贫困学生资助	−	1 000	3 000	−
小规模学校的每个学生补贴	500	500	1 000	1 000
机会扩展学校的每个学生补贴	−	−	1 000	−

资料来源：Office of the Education Council. Education in Thailand 2019—2021［M］. Bangkok：Ministry of Education，2021：208.

表 5-5　2018 年和 2020 年各年级人均基础教育教材经费资助

单位：泰铢

年级	2018 年	2020 年
学前教育	200	200
小学 1 年级	625	561
小学 2 年级	619	605
小学 3 年级	622	622
小学 4 年级	673	653
小学 5 年级	806	785
小学 6 年级	818	818
初中 1 年级	764	700
初中 2 年级	877	863
初中 3 年级	949	949
高中 1 年级	1 318	1 257
高中 2 年级	1 263	1 263
高中 3 年级	1 109	1 110
职业中等教育（1～3 年级）	2 000	2 000

资料来源 1：Office of the Education Council. Education in Thailand 2018［M］. Bangkok：
　　　　　Ministry of Education，2019：101.

资料来源 2：Office of the Education Council. Education in Thailand 2019—2021［M］. Bangkok：
　　　　　Ministry of Education，2021：209.

　　从表 5-4 和表 5-5 中可以得知，泰国在基础教育阶段向每个学生发放补助金。此外，泰国还向贫困学生、寄宿学校和特殊学校的学生提供额外补贴，增加弱势群体的入学机会。这表明泰国通过不同形式进行教育预算分配，推进全民教育和公平教育政策的实施。这既是为了提高基础教育质量，也是为了实现所有人能够平等接受教育的目标。

除了从政府获得常规性和补贴性的教育经费，基础教育项目还从教育部获得很多项目预算。以2020年为例，2020年教育部投入基础教育项目的预算总计为49 283.981 9百万泰铢，具体预算分配如表5-6所示，主要用于教育质量提升、教师发展、教育技术提升、教育公平和缩小教育差距、南部边境省份的教育、促进东部特别开发区教育、发展道德和伦理，以及预防毒品项目。其中，拨付在教育公平和缩小教育差距项目的预算最高，达到40 916.635 4百万泰铢；其次是教育质量提升项目，预算为5 294.642 5百万泰铢；再次是南部边境省份的教育项目，预算达到1 314.515 2百万泰铢。与此同时，投入在教育技术提升项目上的预算达到了近1 000百万泰铢，教师发展项目达到近300百万泰铢。由此可见，泰国十分重视基础教育的发展，尤其重视促进教育公平和缩小教育差距，还非常注重基础教育质量的提高。

表5-6　2020年教育部分配在基础教育项目的预算

项目类别	项目名称	预算金额（百万泰铢）
教育质量提升	可持续教育发展驱动项目	3 827.681 1
	建立泰国 Kosen 研究所的项目	152.223 7
	教与学过程的课程开发项目的测量和评估	377.803 8
	将 Chulabhorn Rajawittayalai 学校发展成为区域科学学校的活动	936.933 9
	合计	5 294.642 5
教师发展	为21世纪发展和赋予教师权利的项目	33.627 5
	支持东部经济开发区语言、科学、技术和10个行业方面的职业基础教育机构建设项目	25.953 9
	提高新教师胜任21世纪学习能力的项目（胜任力）	219.293 0
	合计	278.874 4
教育技术提升	通过数字技术提高教育质量的项目	35.320 0
	教育媒体和信息技术发展项目	132.499 0
	卫星远程教育基金会补贴	818.000 0
	合计	985.819 0

续表

项目类别	项目名称	预算金额（百万泰铢）
教育公平和缩小教育差距	支持从幼儿园到基础教育的教育费用的项目	37 203.764 3
	生产力：贫困儿童接受基础教育	736.239 3
	扩大残疾人的教育机会的项目	2 674.356 6
	在地方教育层级创造机会和减少不平等的项目	302.275 2
	合计	40 916.635 4
南部边境省份的教育	促进和传播正确真理以支持解决问题的项目	562.851 3
	南部边境省份特别开发区教育发展基础工程	751.663 9
	合计	1 314.515 2
促进东部特别开发区教育	支持东部经济开发区的基础教育机构项目	25.953 9
发展道德和伦理	纪律、道德和伦理促进项目	171.911 4
	德育工程教育机构的道德与治理	154.036 0
	合计	325.947 4
预防毒品	预防和解决教育机构毒品问题项目	141.594 1
总计		49 283.981 9

资料来源：กระทรวงศึกษาธิการ. รายงานวิเคราะห์งบประมาณรายจ่ายประจำปีงบประมาณ พ.ศ. 2563 ของกระทรวงศึกษาธิการ［R］.［S.l：s.n.］，2020：9–28.

　　总之，泰国基础教育经费的投入是所有教育层次和类型中占比最大的。基础教育的办学教育经费不仅有来自政府分配给教育部和其他政府机构以及地方行政部门的教育预算支出，还有来自家庭、私营部门和组织、社区以及国际组织的资助等。

二、基础教育的师资队伍建设
（一）开展教师队伍建设项目

　　为了提高基础教育教师队伍的素质和教学能力，泰国政府投入大量资金来开展基础教育教师队伍建设项目。据 2020 年统计，教育部投在基础教育教师发展项目的预算达到 278.874 4 百万泰铢，主要有三大项目：第一个项目是"为 21 世纪发展和赋予教师权利"，项目经费有 33.627 5 百万泰铢。该项目以训练营的培训方式挖掘教师的教学潜能，使其为新时代的教学做好充分准备，培养 21 世纪所需的技能。第二个项目是"支持东部经济开发区语言、科学、技术和 10 个行业方面的职业基础教育机构建设"，项目经费为 25.953 9 百万泰铢。该项目以支持东部经济开发区建设为目的，为基础教育教师培训语言、科学、技术以及 10 个行业的知识，使其具备语言技能，掌握科学、技术以及 10 个行业的知识，加深其对东部经济开发区的理解。第三个项目是"提高新教师胜任 21 世纪学习能力"，项目经费为 219.293 0 百万泰铢。该项目旨在提升刚入职教师的胜任力，主要从三个方面对新任教师队伍进行建设：一是提高新任教师在科学、数学、技术和 STEM 教育方面的教学能力，为培养 21 世纪人才做好准备；二是提高新任教师教学和学习质量；三是提高新任教师促进学生系统地掌握体验识字、写作和计算方面的基本技能。[①]可见，泰国基础教育教师队伍的建设主要立足于未来本国经济发展的人才需要，以及应对 21 世纪对人才培养的挑战和需求。

为了进一步提高基础教育教师素质和教学技能，泰国教育部于 2017 年开展了几项教师和教育人员素质发展行动，具体包括：

（1）小学、初中和高中科学、数学和技术教师的发展项目。通过远程教育和广播通信技术，向全国 527 个培训中心提供教师远程培训，确保教师能够在课堂上正确有效地开展 STEM 教育活动。科学和技术教学促进研究所是主要的培养教师的中心，也是协调和开发培训课程的中心。培训课程是通过电话会议等多种形式的信息技术进行的。根据每所学校的情况，所有培训参与者都会收到与课堂上举行的 STEM 教育活动有关的手册和文件。评估是在网上进行的。[②]

（2）班主任的发展项目。班主任的能力提升是通过实施教师发展券制度来完成的。教师发展券制度是一个完整的教师发展制度。发展券用于培养基础教育委员会办公室的教师，每年为每位教师提供 1 万泰铢，用于他

---

① กระทรวงศึกษาธิการ. รายงานวิเคราะห์งบประมาณรายจ่ายประจำปีงบประมาณ พ.ศ. 2563 ของกระทรวงศึกษาธิการ［R］. กระทรวงศึกษาธิการ，2020：11-12.

② Office of the Education Council. Education in Thailand 2018［M］. Bangkok：Ministry of Education，2019：141.

们感兴趣的培训课程。所有知识都用于班主任的自我发展以及学习和教学管理。这一制度与新标准中规定的申请或提升学术地位的标准相联系，即教师每年必须参加至少 12～20 小时的自我发展培训。泰国教师委员会成立了教师发展研究所，为教师发展课程提供认证，该研究所在全国培养了40 万名教师。[①]

（3）专业学习社区中的教师发展项目。该项目旨在汇集所有领域的教师，以便从学习和教学过程中开发知识，从而在未来形成每个学习领域的学习社区。2017 年，共有 245 个教师和教育人员发展网络提出支持专业学习社区进入教育机构，包括 98 个教育专业人员网络、65 个教育机构网络和82 个教师专业成员网络。[②]

（二）教师专业发展活动

泰国"教师专业发展年度大会"（Annual Congress for Teacher Professional Development，简称 EDUCA）旨在全面提高泰国教师队伍的专业水平，从而整体推动教育事业的改革与发展。自 2007 年以来，EDUCA 立足于泰国教育发展需求和世界教育改革潮流，在两个方面开展了积极探索：一是通过共同参与、共同发展的方式整合社会资源，促进各类组织机构在教育领域的广泛合作；二是构建以国际会议、工作坊、校长论坛、展览会为基本内容的活动框架，为全国教育工作者搭建对话交流的平台。

EDUCA 的社会影响力不断扩大，现已成为泰国教师和其他教育工作者参与人数最多、整体规模最大的教育交流活动。EDUCA 历届大会的主题（见表 5-7）都反映了国际教育改革的前沿动态和本国教师专业发展的现实需求。

---

① Office of the Education Council. Education in Thailand 2018 [M]. Bangkok：Ministry of Education，2019：142.

② 同①.

表 5-7　EDUCA 历届主题

年度	主题
2007	创新教育，创新未来
2009	优质教师，优质教育
2010	教育成功的新方向
2011	改革，改革，改革
2012	教师作为学习者
2013	优秀的行动者与成功的改革者
2014	学习评估：错误的问题不可能有正确的答案
2015	论学校教育
2016	学校作为学习共同体
2017	教育的时代与时代的教育：从政策变革到课堂变革
2018	论教师的价值
2019	学习共同体的力量
2020	我们的教师成长，激励我们的未来
2021	社会情感学习

如表 5-7 所示，EDUCA 的成功举办是教育领域和非教育领域诸多机构通力合作的结果，这些组织机构包括政府机构、私人机构、学术机构、民间团体等。事实表明，这种合作实现了社会各类资源在教育领域的集中和整合，不同层面的利益相关者都被纳入教育共同体的基本框架之中。近年来，EDUCA 组委会还特别注重与世界其他国家和地区的组织机构开展合作，借以引进先进的教育理念和成功案例，以此促进本国教育改革和教师专业发展。[①]

三、基础教育标准

泰国基础教育委员会办公室根据《国家教育标准（2018 年）》的要求出台了《基础教育标准（2018 年）》，为基础教育实施机构在保证教育质

[①] 周蝶薇，张荣伟 . 合作与交流：泰国教师专业发展年度大会的核心理念——基于 EDUCA 2019 的探讨 [J].福建教育学院学报，2020（4）：28-34.

量方面明确了方向和标准。《基础教育标准（2018 年）》包括三个方面的标准：（1）学生质量标准；（2）教育行政和管理过程标准；（3）以学生为中心的教学管理标准。[①] 每一个方面的标准都有明确的指标，具体见表5-8。

表5-8　基础教育标准（2018 年）

标准	指标
学生质量标准	（1）学生的学习成果 ①能够阅读、写作、沟通和计算 ②具有批判性思维、辩论性思维和交流观点、解决问题的能力 ③有创新能力 ④具有使用信息和通信技术的能力 ⑤能根据学校课程取得学业成绩 ⑥拥有知识、基本技能和对职业的良好态度 （2）学生的理想特征 ①具有良好的特征和价值观 ②为家乡和泰国感到自豪 ③接受差异，能和多样性共存 ④身心健康
教育行政和管理过程标准	（1）教育机构有明确的目标、愿景和使命 （2）教育机构有质量管理体系 （3）根据教育机构和所有目标群体的课程，开展强调学习者整体素质的教学发展工作 （4）培养具有专业知识的师资队伍 （5）提供有利于高质量学习管理的物质环境和社会环境 （6）建立信息技术系统，以支持行政管理和学习管理
以学生为中心的教学管理标准	（1）通过思考和实践来管理学习，并且可以应用到生活中 （2）使用有利于学习的媒体、信息技术和学习资源 （3）有积极的课堂管理体系 （4）系统地检查和评估学习者，促进学习者学习 （5）要有交流和反馈，以便改进和发展学习管理

资料来源：มาตรฐานการศึกษา ระดับการศึกษาขั้นพื้นฐาน［EB/OL］.［2022-03-10］. http：//www.klaeng.ac.th/plan/2562/mtt61.pdf.

---

① มาตรฐานการศึกษา ระดับการศึกษาขั้นพื้นฐาน［EB/OL］.［2022-03-10］. http：//www.klaeng.ac.th/plan/2562/mtt61.pdf.

　　根据 2019 年的《基础教育内部质量保证部条例》，为了提升教育质量，并为外部质量保证做好准备，基础教育实施机构要根据《基础教育标准（2018 年）》来进行内部质量评估，每年向上级管理者、利益相关者和公众报告结果。每个基础教育机构必须通过教育标准来管理其内部质量保证体系。此外，基础教育机构还需要制订学校发展计划，评估和审核学校内部的教育质量，根据基础教育标准每年向上级行政部门提交自我评估报告。

第六章
泰国高等教育

根据泰国《高等教育法（2019年）》，高等教育旨在创造和传播知识，培养具有学术水平和职业技能的人才。此外，该法规定了高等教育机构的五项职责：（1）教育管理；（2）泰国的研究与创新；（3）社会服务；（4）艺术和文化的维护；（5）法律规定的其他功能和权力。本章将围绕培养目标与实施机构、课程与教学、保障体系三个方面来分析泰国高等教育的发展状况。

第一节　高等教育的培养目标与实施机构

泰国高等教育的培养目标主要立足于社会和经济发展的需求，符合国家发展战略规划和国家战略发展需求，应对国际和未来挑战，促进国家稳定繁荣和可持续发展。为了实现高等教育的培养目标，泰国教育部对实施高等教育的机构提出了一定的标准和要求。

一、高等教育的培养目标

泰国《高等教育法（2019年）》就高等教育的办学目标做出规定：（1）培养精通某个专业领域的人才，能够响应国家的需求并在全球范围内具有竞争力；（2）培养身心健康，在知识和技能方面都完善，善良、有纪律、为国家感到自豪、了解生活中的社会和文化的人，能够调整自己以适应未来不断变化的世界社会，对家庭、社会和国家有责任，能够与他人共同解决社会问题，并且能够与他人和谐共处；（3）响应国家战略、总体规划、国民经济和社会发展规划、国家教育计划和高等教育计划，并且与低年级教育联系起来，以便为本国的人力资源进入高等教育做好准备，促进教育和培训，以提高学习者的职业技能和拥有终身学习的能力。

根据教育部公布的《高等教育标准（2018年）》，高等教育发展的第一个标准就是学习者成果，即高等教育培养能帮助自己，能与他人创造性地合作，以及能为社会做贡献的人。其具体内容包括：（1）能培养有知识有能力的人，使其以终身学习的技能为自己、家庭和社会营造稳定且有质量的生活；能够整合各个领域的知识，生活健康且有质量，成为一个有道德、有毅力、有决心的人。（2）能培养创新的共同创造者，具有21世纪的技能，能够整合各种科学知识来解决社会问题；具有企业家素质，了解社会和世界的变化；能够为自己、家庭、社会和国家创造机会并增加价值。（3）能培养有道德、有勇气的坚强公民，能理解和认识到保持泰国价值观的重要性，尊重泰国文化与风俗，促进家庭、社会和全球的和平与福祉。

与此同时，泰国高等教育、科学、研究和创新部认为高等教育是培养学生解决问题的能力和批判性思维技能的可持续性和基础性练习，是为未来的变化做好准备的。泰国高等教育、科学、研究和创新部强调，要使学生拥有平等进入不同群体的机会，使所有群体的学生都有机会发挥他们的全部潜力。在此背景下，《泰国高等教育、科学、研究和创新部二十年战略（2018—2037年）》提出了要开发学生的潜能和提高学生的素质，增强其知识和专业技能，为未来的变化做好准备。为了有效实施该战略，泰国高等教育、科学、研究和创新部制订了相应执行计划，主要包括学生和教师两方面。面向学生要做到以下9点：（1）培养行业和研究人员所需的技能，资助具有创造性和研究才能的学生；（2）建立对外合作网络交流和作为世界人口的世界观；（3）采取措施减少不平等现象并增加所有学习群体接受高等教育的机会；（4）教育机构整合机构内的课程和学生生活，使学生从中受益并创造社会价值；（5）支持学生在各个方面的学习活动，包括学术、思想、道德和社会等方面；（6）评估学生各个领域技能的发展，以获得切实的效果；（7）为所有群体提供平等和可及的机会；（8）培养学生的环保意识和适足的经济理念；（9）发展学生的软技能，关注雇主的满意度。此外，在教师方面，教师知识传授的能力和现代性是教育机构应该考虑的重要因素。特别是为教师提供额外的培训和发展机会，提供学生关于每一代人的态度和需求的反馈，以便适当改进教学方法以适应时代发展。

二、高等教育层次与实施机构类型
（一）高等教育机构标准

为了有效地实现高等教育的培养目标，《国家教育法（1999年）》规定高等教育委员会提出的高等教育机构标准要符合国民经济和社会发展规划与国家教育计划的需求^①，要考虑到高等教育机构的独立性和学术卓越性，还要有符合有关教育机构设立的相关法律。高等教育委员会建立和实施高等教育机构标准，根据具有不同理念、目标和使命的机构群体来引导高等教育机构的发展，使高等教育机构能够高效地管理，实现办学目标。高等教育机构标准包括以下两个方面。

标准一：教育管理潜力和准备标准。它由四个子标准组成。

（1）物质方面。高等教育机构的建筑良好。有各种类型的房间，有足够的空间用于教学和进行各种活动，同时配备足够数量的用于教育的计算机。（2）学术方面。高等教育机构有潜力并准备好执行学术任务。这符合高等教育机构的愿景、使命，也符合国家的整体需求。优质的知识机构必须在学生招生计划和研究生培养方面拥有高质量的学术管理。保证教与学活动、学习评价、教学质量以及学术管理的发展和改进。（3）财务方面。高等教育机构为合并财务报表做好了财务准备。稳定的财务计划，是该机构能够根据其使命和目标提供教育的保证。该机构应生成财务报告，显示收入分配和有效支出，并且有一个用于监督、审计和评估所有类型的资金使用的系统。（4）管理方面。高等教育机构拥有有效的管理系统来以相同的方式传递一致的愿景、价值观。由机构理事会负责人管理预算，此外，根据已制定的规则、法规和规章进行法律监督、评估。

标准二：高等教育机构使命执行标准。它由四个子标准组成。

（1）培养方面。高等教育机构按照招生计划和培养优质毕业生的目标，招收学历和人数符合招生计划的学生。高等院校根据自身特色培养毕业生，并向公众传播在促进和组织课程内外学习发展活动以及满足学生需求方面的课程、教学、学习管理和教职员工等清晰的信息。（2）研究方面。高等教育机构高质量、高效率地开展研究任务，并根据不同的着重点管理政策、计划和预算的实施，以此促进和支持教职员工、研究人员和相关人员进行研究。此外，促进与外部机构建立研究网络，以便获得更多的有价值的研究成果。同时，要使优质的发明和举措对国家发展战略有用，能够广泛满

---

① สำนักงานคณะกรรมการการอุดมศึกษา. เกณฑ์มาตรฐานหลักสูตรระดับอุดมศึกษา พ.ศ. 2558 และเกณฑ์มาตรฐานที่เกี่ยวข้อง ［M］. กรุงเทพมหานคร: กระทรวงศึกษาธิการ, 2017: 4.

足社会需求，造福大众。（3）为社会提供学术服务方面。高等教育机构提供的学术服务涵盖国内外广泛的目标群体和特定目标群体。这可以通过在机构和个人层面以多种方式共享资源来提供服务，如提供咨询、研究性学习、为社会寻找答案的研究、各类短期课程培训服务、继续教育以及面向公众的学术服务等。它可以是免费的服务，也可以作为产生收入的商业服务。为社会提供学术服务还可以获得反馈信息来开发和改进研究，以便创造新知识。（4）关于艺术和文化的保护。高等教育机构有责任保护国家的艺术和文化，在部门一级和机构一级形成促进与支持艺术和文化作为直接或间接教学和学习的机制，使高等教育机构的学习者和工作人员获得对国家艺术和文化的知识、欣赏和审美能力，以及意识到其重要价值。同时，可以用作促进美好生活和事业的方式，并学习如何管理不受欢迎的文化和生活方式。此外，高等教育机构对国家艺术和文化保护战略的实施要进行高质量、高效的监督。

（二）高等教育机构类型

根据高等教育机构标准定义的机构类型或团体可分为以下四组。

A组：社区学院。社区学院指专注于培养学士学位以下毕业生的教育机构。社区学院提供培训以满足当地需求，为社区真正的生产部门提供人力支持，如工业、农业部门学习中心，鼓励人们获得终身学习的机会，从而增强社区力量和实现社区的可持续发展。

B组：专注于培养学士学位的教育机构。该机构培养具有推动区域发展和变革的关键能力的毕业生。该类型的机构也可以提供研究生级别的教学和学习。

C组：专业机构。专业机构指专注于培养特定领域（如生命科学、社会科学或人文科学）毕业生的教育机构。该类型的教育机构可能会强调论文或研究，或专注于培养具有高水平、高素质和特定技能的毕业生，在实际制造业的发展中发挥作用，包括工业和服务业。该类型的机构可分为两类，一类是以培养研究生为主的教育机构，另一类是专注于学士学位的教育机构。

D组：专注高级研究和培养研究生水平毕业生的机构，尤其是博士毕业生的教育机构，强调论文和研究，包括博士后研究。该类型机构专注于培养成为国家思想领袖的毕业生。此外，该类型机构专注于在学术上创造新的知识、理论和发现。

泰国每种类型的高等教育机构都有特定的管理机构负责学术管理、维护和监督。这些类型的机构包括公立和私立高等教育机构，以及自治大学。此外，泰国大学校长理事会和泰国私立高等教育机构协会在大学管理中发挥着重要作用，分别作为公立和私立机构的咨询机构。

据 2020 年统计，高等教育、科学、研究和创新部管辖的高等教育机构有 156 所。其中，自治大学 27 所、公立大学 9 所、皇家大学 38 所、皇家科技大学 9 所、私立高等教育 72 所、社区学院 1 所。[①]此外，其他高等教育机构和专门高等教育机构受高等教育、科学、研究和创新部以外的部委和机构的监督。社区学院在全国 20 个省设有分校。这是为了符合政府的政策，促进社区学院成为提供文凭、学术和职业教育以及培训的高等教育机构，课程符合每个社区的需求。此外，鼓励社区学院促进社区个人和群体的终身学习、职业发展和生活质量的提高。

第二节　高等教育的课程与教学

根据泰国高等教育委员会出台的《高等教育课程标准和相关标准（2015年）》的规定，泰国高等教育课程分为文凭或副学士教育课程、本科课程和研究生课程，每种类型的课程都有相应的课程标准和教学要求。[②]

一、文凭或副学士教育的课程与教学

根据教育部发布的《高等教育课程标准和相关标准（2015 年）》的规定，文凭或副学士教育课程符合国家高等教育发展计划、高等教育哲学、高等教育机构的理念以及该领域的学术和专业标准，重点培养掌握必要学

---

① Office of the Education Council. Education in Thailand 2019—2021 [M]. Bangkok：Ministry of Education，2021：44.

② สำนักงานคณะกรรมการการอุดมศึกษา. เกณฑ์มาตรฐานหลักสูตรระดับอุดมศึกษา พ.ศ. 2558 และเกณฑ์มาตรฐานที่เกี่ยวข้อง [M]. กรุงเทพมหานคร：กระทรวงศึกษาธิการ，2017：41.

科理论知识和实践技能并能够应用知识的人才，使之符合社会发展需求，并成为一个有道德和有品质的人。申请这一级别的学习必须完成高中教育或同等教育。

（一）教学管理制度

（1）采用双学期制，一学年分为两个常规学期，一个常规学期不少于15周。提供夏季学期的高等教育机构，教学时间和学分数量与常规学期成正比。

（2）提供三学期制或四学期制教育的高等教育机构，应适用以下准则：①三学期制，一学年分为3个常规学期，一个常规学期不少于12周；②四学期制，一学年分为4个常规学期，一个常规学期不少于10周。

（3）提供其他学期制的高等教育机构，要显示有关该教育系统的详细信息，在课程中还要清楚地展示出与双学期制学分比较的细节。

（二）学分计算和教学时间

（1）理论课程：每学期的讲课时间或讨论问题时间不少于15小时，达到双学期制中的1个学分。

（2）实践课程：每个常规学期至少有30小时的练习或实习，等于双学期制中的1个学分。

（3）实习或实地培训：每个常规学期有不少于45小时的练习，等于双学期制中的1学分。

（4）任何项目或指定的学习活动：每个常规学期花费至少有45小时的项目或其他指定学习活动，相当于双学期制的1个学分。

（5）学分总数和学习时间，总学分不少于90学分，全日制不超过6学年，非全日制不超过9学年。

（三）课程结构

泰国文凭或副学士教育的课程结构包括通识教育课程、专业课程和自由选修课程，各课程所需学分如下。

（1）通识教育课程是指旨在培养学习者具有广泛知识的科目。该科目主要帮助学生拥有广阔的世界观，能够了解自我、自然和社会；能够理性思考，使用语言进行清楚和恰当的交流；有良好的道德品质；认识到泰国和国际艺术和文化的价值，能够将知识应用到生活和社会中。高等教育机构可以将社会科学、人文、科学和数学等学科的内容结合起来，以分类或综合的方式组织通识教育课程。以适当的比例达到通识教育科目的目标，总学分不少于 30 学分。

（2）专业课程是指核心科目和专业科目。旨在为学习者提供知识的基础职业课程，总学分不少于 45 学分。其中，专业课必须至少有 30 学分，辅修课必须至少有 15 学分。

（3）自由选修课是一门旨在让学习者按照自己的能力或兴趣去学习的课程，让学生了解自己的能力或兴趣，为学习者选择课程提供了机会。允许学生中在高等教育机构规定的不少于 3 学分的任何学位课程选择。

高等教育机构可以免除或转移通识教育课程的学分。学生必须完成课程标准规定的学分。此外，确保每门课程都有明确的课程质量保证体系，其中至少包含 4 个要点：①课程管理；②教学资源；③支持和指导学生；④社会劳动力市场的需求和毕业生的满意度。

（四）注册学习

（1）全日制学习：必须在每个常规学期注册 9 ～ 22 个学分，在 5 个常规学期之前毕业。

（2）非全日制学习：每个常规学期必须注册不超过 9 个学分，在 10 个常规学期之前毕业。

（3）夏季学期学习：必须注册最多 9 个学分。

如果任何高等教育机构有特殊原因和需要，也可以使用与上述标准不同的学分制进行注册学习，但是要保证不能影响教育的标准和质量。

（五）课程开办要求

（1）高等教育机构的主要任务是提供学位课程，培养在各个学术和专业领域具有理论和实践能力的毕业生，为社会服务，包括专注于研究生阶段的教学以发展高级学者和专业人士，使之能够开拓和寻求新知识。

（2）培养本科以下学历的人员应该是其他教育机构（如社区大学、职业学院等）的使命。如果大学级别的高等教育机构提供文凭课程，那么要有一个必需的教学理由，要考虑到教学人员的必要性，还要考虑到该课程是否已经在其他机构教授过了。①

二、本科教育的课程与教学

根据泰国《高等教育课程标准和相关标准（2015 年）》，本科教育课程与教学旨在培养符合国家高等教育发展规划要求，符合高等教育哲学和理念，同时符合国际学术和专业标准的毕业生。这些毕业生是具有良好公民意识的优质人才，他们能为社会做出贡献，在良好的道德框架下引领国家走向与国际接轨的可持续发展。

（一）教学管理制度

（1）采用双学期制，一学年分为两个常规学期，一个常规学期不少于15 周。

（2）提供暑期学习的高等教育机构，教学时间和学分数量应按照与常规学期的比例确定。

（3）提供三学期制教育的高等教育机构，一学年分为 3 个常规学期，一个常规学期不少于 12 周。其中三学期制的 1 个学分相当于双学期制的12/15 个学分，或者双学期制的 4 个学分相当于三学期制的 5 个学分。

（4）提供四学期制教育的高等教育机构，一学年分为 4 个常规学期，一个常规学期不少于 10 周。其中四学期制的 1 个学分相当于双学期制的10/15 学分，或双学期制 2 个学分相当于四学期制的 3 个学分。

（5）提供其他学期制的高等教育机构，要显示该教育系统的详细信息，在课程中还要清楚地展示出与双学期制学分比较的细节。

（二）学分计算和教学时间

（1）理论课程：每学期至少安排 15 小时的讲座或讨论，等于双学期制中的 1 个学分。

（2）实践课程：每个常规学期至少有 30 小时的练习或实习，等于双学期制中的 1 个学分。

（3）实习或实地培训：每个常规学期有不少于 45 小时的练习，等于

① สำนักงานคณะกรรมการการอุดมศึกษา. เกณฑ์มาตรฐานหลักสูตรระดับอุดมศึกษา พ.ศ. 2558 และเกณฑ์มาตรฐานที่เกี่ยวข้อง ［M］. กรุงเทพมหานคร：กระทรวงศึกษาธิการ，2017：9-13.

双学期制中的 1 个学分。

（4）任何项目或指定的学习活动：每个常规学期安排不少于 45 小时的项目或其他指定学习活动，相当于双学期制的 1 个学分。

（5）四年制学士学位课程：总学分不少于 120 学分，全日制不超过 8 学年，非全日制不超过 12 学年。

（6）五年制学士学位课程：总学分不低于 150 学分，全日制不超过 10 学年，非全日制不超过 15 学年。

（7）学士学位课程（不少于 6 年）：总学分不少于 180 学分，全日制不超过 12 学年，非全日制不超过 18 学年。

（8）学士学位课程（继续）：总学分不少于 72 学分，全日制不超过 4 学年，非全日制不超过 6 学年。

（三）课程结构

本科课程结构包括通识教育课程、专业课程和选修课程，各课程所需学分如下。

（1）通识教育课程是指提高人类素质的课程。对自己、他人与社会，以及艺术、文化、自然有广泛的认识；关注万物的变化，持续提升自我，过有道德的生活，成为泰国社会和国际社会的重要公民。高等学校可以将社会科学、人文和数学等学科按适当比例结合起来，以分类或综合的方式组织通识教育课程，以实现学科目标。通识教育课程总学分不少于 30 学分。

（2）专业课程是指核心科目和专业科目。专业和专业基础课程旨在为学习者提供知识、理解和表现，总学分如下。

①四年制学术学士学位课程必须在特定课程中占有不少于 72 学分的总学分。②四年制专业或实践学士学位课程具体课程总学分不少于 72 学分，且必须按照专业标准学习实践课程。如无职业标准要求，实践课不少于 36 学分，理论课不少于 24 学分。③课程（继续）特定课程总学分不得低于 42 学分，其中理论课程不得低于 18 学分。④五年制学士学位课程必须在特定课程中占有不少于 90 学分。⑤学士学位课程（不少于 6 年）必须在特定课程中占有不少于 108 学分。

高等教育机构可以将专业课程划分为单专业、双专业或专业和辅修。主修不少于 30 学分，辅修不少于 15 学分。双主修的，主修学分增加不少于 30 学分，总学分不得少于 150 学分。对于渐进式学士学位课程学习者必须完成特定类别的至少 12 学分的研究生学习。

（3）选修课是指旨在为学习者提供知识的科目，旨在让学生了解自己的能力或兴趣。让学生有机会选择总学分不少于 6 学分的学士学位课程中的任何课程。

（四）注册学习

根据毕业要求，全日制的学生在每个常规学期必须注册 9～22 个学分，非全日制的学生每个常规学期最多注册 9 个学分。具体要求如下。

（1）四年制学士学位课程：全日制学生不得早于 6 个常规学期毕业，非全日制学生不得早于 14 个常规学期毕业。

（2）五年制学士学位课程：全日制学生不得早于 8 个常规学期毕业，非全日制学生不得早于 17 个常规学期毕业。

（3）学士学位课程（至少 6 年）：全日制学生不得早于 10 个常规学期毕业，非全日制学生不得早于 20 个常规学期毕业。

（4）学士学位课程（继续）：全日制学生不得早于 4 个常规学期毕业，非全日制学生不得早于 8 个常规学期毕业。

（5）夏季学期学习，最多注册 9 个学分。

如果任何高等教育机构有理由和必要，也可以使用与上述标准不同的多个学分进行注册。但前提是不会影响教育的标准和质量，还得完成课程中规定的学分总数。[①]

（五）课程（继续）开办要求

（1）本科课程（继续）计划旨在培养已经具备操作技能的毕业生，使之拥有更多的学术知识，并接受额外的高级实践培训。因此，它被放置在一组专业或实用的学士学位课程中，强调该研究领域的实用技术技能，仅供成为从业者的毕业生参与。

（2）本课程的教与学，必须有制造业或服务业的企业进行参与式教学。可以以合作教育或工作场所实习的形式安排，使之符合该课程计划的目标，

---

① สำนักงานคณะกรรมการการอุดมศึกษา. เกณฑ์มาตรฐานหลักสูตรระดับอุดมศึกษา พ.ศ. 2558 และเกณฑ์มาตรฐานที่เกี่ยวข้อง ［M］. กรุงเทพมหานคร：กระทรวงศึกษาธิการ，2017：14-24.

即学生能够完成其学习领域的要求顺利毕业。

（3）在师资队伍方面，一些教师必须具有实践经验，如果是在企业任教的教师，则必须对国家高等教育学历体系的实施有一定的了解。

三、研究生教育的课程与教学

研究生教育包括研究生文凭或硕士学位、高级研究生文凭和博士学位3个层次的教育。研究生文凭和高级研究生文凭课程旨在培养符合国家高等教育发展规划要求、高等教育哲学和高等教育机构理念、学术和专业标准的、精通特定领域的学者和专业人士，使其拥有知识和专长，还有很好的实践能力。硕士和博士课程旨在培养符合国家高等教育发展规划、高等教育哲学、高等教育机构理念、国际学术和专业标准的学术和专业人才，使其具有高水平的知识，在各个学科的研究过程中能够自由地开拓新知识以及有能力推动学术进步，能够不断地将他们的专业知识与其他科学联系起来并加以整合，还要具备学术和职业道德。硕士课程在为工作和社会发展创造和应用新知识的过程中获得知识和理解。而博士课程重在培养具有研究或创造新知识能力的人才，他们有利于未来社会和国家的发展。

（一）教学管理制度

（1）双学期制：一学年分为2个常规学期。在提供夏季学期的高等教育机构中，一个学期通常不少于15周。学习的时间与学分数量要与常规学期教育的比例相当。

（2）三学期制：一学年分为3个常规学期，一个常规学期不少于12周。其中三学期制的1个学分相当于双学期制的12/15个学分，或双学期制的4个学分相当于三学期制的5个学分。

（3）四学期制：一学年分为4个常规学期，一个常规学期不少于10周。其中四学期制的1个学分相当于双学期制的10/15个学分，或双学期制的2个学分相当于四学期制的3个学分。

（4）提供其他学期制的高等教育机构，要显示有关该教育系统的详细信息，在课程中还要清楚地展示出与双学期制学分比较的细节。

（二）学分计算和教学时间

（1）理论课程：每学期至少有15小时的讲座或讨论，等于双学期制中的 1 个学分。

（2）实践课程：每个常规学期至少有 30 小时的练习或实习，等于双学期制中的 1 个学分。

（3）实习或实地培训：每个常规学期有不少于 45 小时的练习，等于双学期制中的 1 个学分。

（4）任何项目或指定的学习活动：每个常规学期有不少于 45 小时的项目或其他指定学习活动，相当于双学期制的 1 个学分。

（5）独立研究：每个常规学期至少有 45 小时的学习和研究，等于双学期制中的 1 个学分。

（6）论文：每学期至少需要 45 小时学习和研究，等于双学期制中的 1 个学分。

（三）课程结构

（1）研究生文凭和高级研究生文凭课程：总学分必须至少为 24 学分。

（2）硕士学位：整个课程的总学分不少于 36 学分，分为 2 个课程项目。

计划 A 是研究型学习计划，论文学分要求如下。

A1 类：只有论文，等值不少于 36 学分。高等教育机构可能需要额外的课程或其他学术活动，不计学分但必须具有高等教育机构规定的成果。

A2 类：论文至少 12 学分，完成至少 12 学分的课程。

计划 B 是一项教育计划，侧重于课程作业的学习。没有发表论文要求，但是独立研究必须占至少 3 个学分，不超过 6 个学分。

（3）博士学位分为两种研究类型，强调为学者和高级专业人士的发展而进行的研究。

类型 1 是基于研究的学习计划，其论文可以创造新知识。高等教育机构可能需要额外的课程或额外的学术活动，无须计算学分，但必须具有高等教育机构规定的以下成就：已完成硕士学位的申请人，论文必须至少完成 48 学分；已完成学士学位的申请人，论文必须至少完成 72 学分。这两类申请人的论文具有相同的标准和质量。

类型 2 是基于研究的学习计划，具有高质量的论文成果，并学习以下附加课程：已获得硕士学位的申请人，必须完成不少于 36 学分的论文，并学习至少 12 学分的课程；已完成学士学位的申请人，必须完成不少于 48

学分的论文，并学习至少 24 学分的课程。这两类申请人的论文具有相同的标准和质量。

此外，每一门课程至少有 6 个质量保证元素：①标准监督；②毕业生 / 研究生学位；③学生；④教职员工；⑤课程和教学，学习者评估；⑥学习支持。[①]

（四）课程开办要求

（1）论文指导老师必须拥有已在国际公认的期刊或学术出版物上发表的作品集，这可以清楚地表明该导师有足够的学术能力来支持学生开展学术研究。

（2）提供课程的机构必须有好的课程，需要有可靠的教育标准和质量，还要有充足的配套资源。

（3）教学机构必须准备好支持该课程的设施，并能充分支持学生的研究工作。

（4）教学机构应该有一个合作网络来支持。

（5）提供课程的机构应准备好与其他高等教育机构合作。

第三节　高等教育的保障体系

完善的教育保障体系，是确保教育质量的生命线。泰国为确保高等教育高质量发展，投入了大量的人力、物力、财力，建立了一系列有效保障学校、教师专业发展的制度，同时建立了高等教育标准、教育内外部质量保障体系，以确保泰国公民都能接受优质的高等教育。

一、高等教育的经费投入

据泰国国家统计局统计，自 2012 年以来，泰国政府分配给高等教育机构的财政经费一直处于增长的趋势。如表 6-1 所示，2012 年政府拨付总额

---

① สำนักงานคณะกรรมการการอุดมศึกษา. เกณฑ์มาตรฐานหลักสูตรระดับอุดมศึกษา พ.ศ. 2558 และเกณฑ์มาตรฐานที่เกี่ยวข้อง [M].
กรุงเทพมหานคร: กระทรวงศึกษาธิการ，2017：25-40.

为 738.213 亿泰铢，2021 年增长到 1 022.699 亿泰铢，增长了 38.5%。此外，从 2016 年开始，政府每年给高等教育机构的预算总额都保持在 1 000 亿泰铢以上，这表明泰国政府大力支持高等教育的发展。

表 6-1　2012—2021 年政府拨付给高等教育机构的预算

年份	预算（百万泰铢）
2012	73 821.3
2013	83 326.3
2014	87 721.9
2015	97 725.7
2016	106 829.1
2017	112 975.0
2018	108 340.9
2019	101 832.7
2020	100 653.0
2021	102 269.9
合计	975 495.8

资料来源：สถิติการศึกษา. งบประมาณรายจ่ายด้านการศึกษา จำแนกตามลักษณะงาน ปีงบประมาณ 2555—2564［EB/OL］.［2021-10-09］. http：//statbbi.nso.go.th/staticreport/page/sector/th/03.aspx.

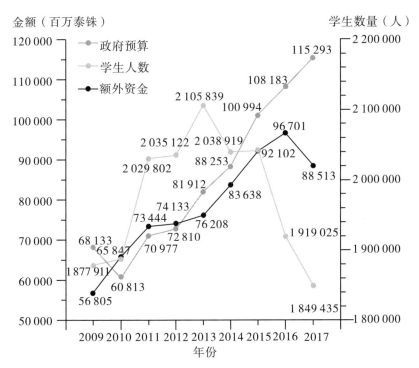

图 6-1　高教办下属的高等教育机构预算与高等教育机构各级学生总数的比较

资料来源：สำนักนโยบายและแผนการอุดมศึกษา.แผนอุดมศึกษาระยะยาว 20 ปี พ.ศ. 2561—2580［M］.
กรุงเทพมหานคร：สำนักงานคณะกรรมการการอุดมศึกษา，2018：30.

　　以公立高等教育机构为例，如图 6-1 所示，2009—2017 年政府拨付给公立高等教育机构的政府预算明显增加。2009 年公立高等教育机构政府预算为 681.33 亿泰铢，2017 年政府预算为 1 152.93 亿泰铢，比 2009 年预算增加 69.2%。除了政府预算，高等教育机构每年还获得约等于政府预算总额的额外资金，预算外资金从 2009—2016 年也是明显增加。相比之下，从 2015 年开始，进入高等教育机构的学生人数逐年下降，而分配给高等教育机构的预算仍在增加。如果将高等教育机构总预算的扩大与 2013 年以来不断增加的高等教育机构人员扩大进行比较，就会有一个相同的方向。这可能表明，部分增加的预算将支付给高等教育机构的人员。

　　与国外高等教育机构预算相比，泰国高等教育预算投入相对较高。根据联合国教科文组织的数据，2013 年联合国教科文组织对 183 个国家的高等教育预算进行比较，发现泰国以 26.96 亿美元的总预算位列世界第 37 位。与东南亚国家相比，马来西亚排名第 25 位，总预算为 54.05 亿美元。新加坡排名第 33 位，预算总额为 29.71 亿美元。由此可见，泰国是世界上高等教育预算相对较高的国家之一。然而，无论是高等教育机构排名，还是毕业生的能力，泰国都仍处于不够理想的状态；政府支持高等教育的预算是有限的，高等教育机构还需通过寻求额外的资金来获得发展；此外，仍需调整预算管理，强调预算利用效率，在相同的赞助预算下提高教育生产力。

除了每年拨付的办学经费，泰国政府还给予其他方面预算的支持，例如，划拨部分预算用于高等教育机构的科研项目。为了加强高校的科研创新能力，提升老牌大学的国际竞争力，2010 年，高等教育委员会办公室提出支持"国家研究型大学"项目的倡议。根据世界大学排名，高等教育委员会办公室将 9 所高校命名为研究型大学，这 9 所研究型大学分别是朱拉隆功大学、玛希隆大学、农业大学、政法大学、国王科技大学（吞武里）、清迈大学、孔敬大学、素罗娜丽科技大学和宋卡王子大学。如表 6-2 所示，高等教育委员会办公室在 2011 年至 2015 年期间持续支持这 9 所高校的研究基金，5 年共计 32.19 亿泰铢。除了支持国家研究型大学的研究外，还资助大约 70 所高等教育机构研究的研究项目，包括 20 所公立大学和一批新大学，5 年资助经费共计 12.91 亿泰铢。这些资助经费提供给这 70 所大学用于特定领域的研究项目，包括研究当地社区的自然环境、生物多样性，自然资源的保护和利用，以及本国文化和地方智慧的可持续发展。

表 6-2　国家研究型大学项目预算

单位：百万泰铢

财政年度	预算框架	实际分配	9 所国家研究型大学计划	促进 70 所高等教育机构研究的项目	管理预算
2011	2 000	2 000	1 416	554	30
2012	2 000	833	663	167	3
2013	1 000	500	315	175	10

续表

财政年度	预算框架	实际分配	9所国家研究型大学计划	促进70所高等教育机构研究的项目	管理预算
2014	—	650	425	215	10
2015	—	600	400	180	20
合计	5 000	4 583	3 219	1 291	73

资料来源：สำนักนโยบายและแผนการอุดมศึกษา.แผนอุดมศึกษาระยะยาว 20 ปี พ.ศ. 2561—2580［M］. กรุงเทพมหานคร：สำนักงานคณะกรรมการการอุดมศึกษา，2018：35.

　　泰国"国家研究型大学"项目于2017年结束，该项目创造了新一代研究人员，包括硕士生1 355人、博士生755人。[1]农业研究小组项目中还有一项经济价值研究，技术开发组和健康科学组有18个研究项目，发现净现值为14亿～488.91亿泰铢，效果成本比为3.56～139.70。[2]此外，每个研究项目都具有经济价值，投资效果不低于3倍，最高可达140倍。[3]

二、高等教育的师资队伍建设

　　泰国教育部高度重视高等教育的师资队伍建设。21世纪以来，先后在《高等教育第二个十五年长期发展规划（2008—2022年）》《第十个高等教育发展规划（2007—2011年）》《第十一个高等教育发展规划（2012—2016年）》《国家教育计划（2017—2036年）》《高等教育发展二十年长期计划（2018—2037年）》《高等教育法（2019年）》《高等教育、科学、研究和创新部的政策和战略（2020—2027年）》等政策文件中都有提出要加强高等教育师资队伍的建设，提高教师队伍质量。主要包括优化师资队伍结构，提高教师专业能力和素质；调整教师培训计划，激励教师提升自我；促进在职教师的专业化发展，提供教师进修机会和资金；成立

---

① 　สำนักนโยบายและแผนการอุดมศึกษา.แผนอุดมศึกษาระยะยาว 20 ปี พ.ศ. 2561—2580［M］.กรุงเทพมหานคร：สำนักงานคณะกรรมการการอุดมศึกษา，2018：35.

② 　同①.

③ 　同①.

专门部门，支持师资队伍建设。

除了在相关政策和战略计划中提出师资队伍建设，泰国教育部高等教育委员会还专门制定了提高教师教学质量的具体指南，以提高高等教育机构教师的教学质量。高等教育委员会通过对英国专业教师标准框架、澳大利亚教师专业标准的研究，结合国王科技大学（吞武里）实施英国专业教师标准的经验和宋卡王子大学实施澳大利亚专业教师标准的经验，在欧盟专家的协助下，为泰国高等教育机构的教师制定了提升教学质量的框架和指南。其目标是促进和支持高等教育机构的教师发展自己，使其在教学和学习管理方面具有创新能力和提高效率。提高高等教育教师教学质量的指标包括以下 3 个部分。

第 1 部分是知识，由 2 个维度组成：①研究领域的科学知识（专业课程的知识）；②教学科学知识。

第 2 部分是能力，由 4 个维度组成：①为学习者设计和规划有效的学习活动；②有效开展学习活动；③营造学习氛围，支持学习者学习；④衡量和评估学习者的学习成果以及能够提供建设性的反馈。

第 3 部分是价值观，由 2 个维度组成：①教师专业发展的价值，并不断自我发展；②坚守和维护教师的职业道德。

上述关于教师教学质量的 3 个部分，每个组成部分有 4 个质量等级，反映了教师在教与学管理方面的发展情况。

等级 1：是一位掌握专业知识，并能应用自身专业的教师。教师具备基础学习科学的知识，能够设计活动、营造氛围，使用资源和学习材料，考虑学习者和影响学习的因素；能够衡量和评估学习者的学习成果，使用评估结果来改进和发展学习管理。持续自我提升，敞开心扉听取相关人士的意见，并遵守教师的职业道德。

等级 2：是一位拥有 1 级教学质量的、知识渊博的教师。教师定期监测科学知识的进展，对学习的科学有理解，能够管理适合学习者群体的学习，系统地监督和跟踪学习者的学习成果。此外，教师能够给同事提供科学方面的意见和建议，并鼓励在机构内践行教师职业道德。

等级 3：是一位拥有 2 级教学质量的、在自己的学科以及跨学科领域学习和管理都擅长和熟练的教师。同时，能够在课堂上应用研究结果来发展学习管理，并作为学习管理组织层面和教师职业道德政策方面的导师。

等级4：是一位拥有3级教学质量的教师，是自己专业领域、学习科学以及跨学科学习和管理方面的领军人物，且在机构内外部都获得认可。同时，参与制定国家和国际层面学习管理的政策和战略，成为教师职业道德的政策领导者。表6-3显示了每个组成部分的能力水平和效率的关系。

表 6-3　高等教育教师教学质量的指标和等级

高等教育教师教学质量指标		等级1	等级2	等级3	等级4
知识	科学知识	①解释所教授的科目的概念和关键原则，并能运用知识②系统地组织和链接所教授的主题	①达到等级1的知识和能力水平②跟进并适当地分析和使用最新知识③提供建议，并与其他教师分享知识	①达到等级2的知识和能力水平②评估想法。能将所教授学科的核心原则作为创建新知识体系的指南③将所教授的科学知识与其他相关科学结合起来	①达到等级3的知识和能力水平②创造新知识③预测或评估科学进步的方向
	教学科学知识	①学习心理学和影响学习的因素②确定不同的学习管理方法③选择与学习管理方法和学习成果一致的初步测量和评估方法	①具备等级1的知识水平②分析学生的特点，并设计能开发学生潜力的课程③选择适合的学习管理方法④提供建议、指导并将教学经验分享给其他教授	①拥有等级2的熟练度②评估学习管理方法以及测量和评估学习结果③将教学管理与其他相关学科/科学相结合	①具备等级3的知识储备②在科学教学中创造知识/创新和学习管理③向组织外的教师提供教与学的建议和指导

续表

高等教育教师教学质量指标		等级 1	等级 2	等级 3	等级 4
能力	为学习者设计和规划有效的学习活动	①设计活动并使用与学习成果一致的学习技术 ②在课程中与讲师有效协调,并一起复习所教的内容 ③根据学生评估的结果来制订学习计划	①具有等级 1 的能力 ②培养学习风格 ③与该领域的教授一起参与学习设计的开发	①具有等级 2 的能力 ②能与在同一学科的或不同学科的教授一起参与学习设计的开发 ③掌握在同一学科不同研究领域的活动设计和学习技术 ④使用其他机构已开发的学习模型	①具有等级 3 的能力 ②成为不同学科学习设计的领导者 ③成为不同学科的活动设计和学习技术讲师
	有效地开展学习活动	①管理以学生为中心的学习 ②提供适合学习的内容,并进行合理的学习安排 ③与合作教师有效协调学习建模 ④考虑使用其他教师的评估结果来改进学习管理 ⑤使用各种资源和学习材料来支持学习	①具有等级 1 的能力 ②系统地监督学习者的学习成果 ③创新且有效地管理学习	①具有等级 2 的能力 ②将研究成果带入课堂,以发展学习管理	①具有等级 3 的能力 ②在国家或国际层面成为学习管理的领导者或创新者 ③推动政策或促进和支持质量学习管理的组织战略
	改善学习氛围,支持学习者的学习	①在学习者的参与下调动学习氛围 ②帮助学生发展生活技能	①具有等级 1 的能力 ②提供促进共同学习的学习氛围 ③诊断学习问题,并适当及时地提供帮助	①具有等级 2 的能力 ②在课程层面开始改变学习氛围	①具有等级 3 的能力 ②成为在组织层面制定学习氛围政策的领导者 ③成为制定学习环境发展政策的顾问

续表

高等教育教师教学质量指标		等级 1	等级 2	等级 3	等级 4
能力	衡量和评估学习者的学习成果，以及能够提供建设性的反馈	①设计与学习成果一致的测量和评估②评估学习者的进步和成就③建立明确的评估标准，并提供建设性的反馈	①具有等级 1 的能力②使用新方法进行测量和评估。提高学习成果发展的效率和效果	①具有等级 2 的能力②评估衡量和评估方法以改进学习者的学习③成为课程级别测量和评估设计的领导者	①具有等级 3 的能力②是组织层面衡量和评估学习决策的领导者③就学习成果的政策制定、衡量和评估提供建议
价值	教师专业发展和持续自我提升的价值观	①在学习管理和组织课程内外的活动中不断发展自己，以提高学习者的学习成果②聆听学习者的反思，并将其用于自我发展	①具有等级 1 的能力②参与组织中教师的专业发展③听取专业人士的意见以进行自我提升	①具有等级 2 的能力②成为导师以及学习管理和学习者发展活动组织中教师专业发展的领导者	①具有等级 3 的能力②参与并致力于组织外教师的专业发展③成为国家层面教学专业发展的政策领导者
	维护教师的职业道德	遵守本组织教师的职业道德	①具有等级 1 的能力②参与促进组织中教师对职业道德的理解和遵守	①具有等级 2 的能力②成为导师和职业道德政策领导者	①具有等级 3 的能力②参与、奉献自己并成为组织内外教师职业道德发展的榜样

资料来源： สำนักงานคณะกรรมการการอุดมศึกษา.แนวทางการส่งเสริมคุณภาพการจัดการเรียนการสอนของอาจารย์ในสถาบันอุดมศึกษา ［M］.กรุงเทพมหานคร： กระทรวงศึกษาธิการ，2018：14-23.

三、高等教育标准

泰国高等教育委员会办公室根据《国家教育标准（2018 年）》的要求制定和颁布了《高等教育标准（2018 年）》，这为高等教育实施机构在评估和保证教育质量方面指明了方向、依据和标准。《高等教育标准（2018 年）》包括 5 个方面的标准：①学生成果；②研究与创新；③学术服务；④泰国艺术文化；⑤行政管理。[①] 每一个方面的标准都有详细的指标，具体见表 6-4。

表 6-4　高等教育标准

标准	指标
学生成果标准	①学生热爱学习，具备各个领域的基本知识和能力（能帮助自己） ②学生能够参与创新，能与他人一起解决社会问题（能与他人创造性地合作） ③学生敢于反抗错误的事，有勇气且坚强（能为社会做贡献）
研究与创新标准	①科研创新成果响应国家战略，符合国家需求 ②研究和创新成果能够提高人们的生活质量、创造机会以及提高国家竞争力
学术服务标准	推动家庭、社会、国家的稳健和可持续性发展，并使学习者本身受益
泰国艺术文化标准	①以身为泰国人为荣 ②了解和理解泰国艺术和文化 ③能够传承艺术和文化 ④能够适当地运用泰国和外国的艺术和文化 ⑤可以为艺术和文化创造机会并增加价值
行政管理标准	管理的最高成果是建立一个质量保证体系，以便完成高等教育标准规定的所有使命

资料来源：มาตรฐานการอุดมศึกษาและขั้นตอนสู่การปฏิบัติ［EB/OL］.［2021-01-26］. http：//www.rbac. ac.th/qa/wp-content/uploads/2019/05/6.-มาตรฐานการอุดมศึกษา-และขั้นตอนสู่การปฏิบัติ-ศ. กิตติชัย.pdf.

---

① มาตรฐานการอุดมศึกษา พ.ศ. 2561［EB/OL］. https：//newacademic.rsu.ac.th/file/curriculum/PowerPoint_ มาตรฐานการศึกษา%2061.pdf.

为了达到《高等教育标准（2018 年）》的规定，泰国教育部对高等教育机构提出办学要求，具体如下。

（1）高等教育机构应根据国家战略和社会的需要，根据专业水平、资源和空间优势制定培养学生的政策和方向。

（2）高等教育机构确定以多种形式提供课程的政策，满足学习者的需求。

（3）高等教育机构设计一个综合性的课程，适合学生发展的需要。所有课程必须根据愿景涵盖所有 3 个目标领域的学习成果和课程的重点。

（4）高等教育机构通过给予学生自由的实践过程，促进适合数字时代学习的教育和学习管理。

（5）高等教育机构监督各级教育的教学质量，促进师资发展，创造性地解决问题或促进学习者创新地学习。

（6）高等教育机构提供学生在数字时代促进学习的支持设施。

（7）高等教育机构监督所有课程，尤其是监控和评估学习者的学习成果。

（8）高等教育机构根据学习者的成果做报告。

四、高等教育质量保障体系

《高等教育法（2019 年）》规定，每个高等教育机构都需要建立教育质量保障体系，以提高和保证高等教育的质量和标准。泰国高等教育质量保障体系主要由内部质量保障体系和外部质量保障体系两个部分组成。两者实施主体不同，职责也不同。

内部质量保障主要由各高等教育机构负责。各高等教育机构根据国家教育标准以及高等教育委员会颁布的相关文件，制定内部质量保障体系的标准、指标和准则，以控制、审核和评估毕业生的组成部分的质量。这些组成部分包括所有专业的课程、教师和教师发展体系、教育媒体和教学技术、图书馆和学习资源、其他教育设备、学习环境和学术服务、学生的评估和结果以及其他相关组成部分。成立内部质量保障委员会。该委员会一方面对高等教育机构的毕业生培养、学生发展活动、科研、社区的学术服务、艺术和文化保护、行政和管理、财务和预算等方面的发展进行持续跟踪、审核、评估和激励，确保高等教育机构提供的教育符合高等教育标准和国家教育标准；另一方面基于内部的审查向相关部门提交自我评价和改进的报告。该委员会还有一个重要的职责是推动高效的数据库和信息系统。这是因为内部质量保证的数据库和信息系统影响着计划、运营、审计、评估、改进和开发的质量。如果教师、院系和机构层面缺乏可及时检索的现实数据库和信息系统，那么对操作的分析和评估是不准确和低效的，而对运行结果的分析和评价又是内部质量保证体系的一个重要部分。因此，高效的数据库和信息系统是影响内部教育质量保障的重要因素。

外部质量保障由国家教育标准和质量评估办公室负责。该办公室主要根据高等教育发展标准制定外部质量评估的指南、标准和指标。该办公室结合高等教育机构的行政管理体制，着眼于实现与国家经济社会发展相适应的目标和使命，每5年对泰国所有的高等教育机构进行一次质量评估。基本的外部质量评估指南由5个方面、11个组成部分和32个需要考虑的问题组成（如表6-5所示），反映高等教育机构响应国家战略计划的政策和实践之间的联系。国家教育标准和质量评估办公室不仅要评价高等教育机构的优劣势，还要为其改进提供建设性的意见。此外，评估的结果既要向相关教育部门提交和反馈，也要向社会大众公布。

表6-5　高等教育外部质量评估指南

方面	组成部分	关键事项
响应国家经济社会发展的任务型管理成果	高等教育机构响应国家战略规划的背景	高等教育机构在实施方面产生的定性综合结果反映了高等教育机构的主要使命，响应了地方和国家发展需求，以便应对未来国家发展的变化和方向（定性数据）
		高等教育机构遵从其主要使命和所规定的体制或机制，对机构发展规划的实施情况进行定性综合结果，并将机构发展规划付诸实践，这与国家教育发展目标是相联系的（定性数据）
	高等教育机构管理运行成果	基于适足经济理念对高校管理成果进行定性分析（定性数据）
		根据善治准则，对高等教育机构的行政管理成果进行定性分析（定性数据）

续表

方面	组成部分	关键事项
毕业生质量	本科毕业生质量	毕业后一年内有工作或有继续教育或自主创业的经验
		根据国家高等教育资格框架对毕业生的满意度评估结果（定性数据）
		通过对毕业生的采访或技能调查，评估毕业生是否具备21世纪生活所必需的技能，如工作技能、硬技能、软技能、IT或数字素养
		英语考试成绩
	硕士毕业生质量	知识和技能的应用结果。通过在实践和工作中使用先进的知识，其工作质量被广泛接受，或使组织在政策、学术或管理方面取得进步
		硕士毕业生的部分专业知识和能力要与高等教育机构专业的研发指南，或支持国家发展的研发指南，或可应用于外部机构或工业部门的研究保持一致
		英语考试成绩
	博士毕业生质量	在国内或国际上发表的研究质量
		产生新知识研究的比例。其研究创新符合机构专业知识的研究和开发指南，或支持国家发展的研究和开发指南，或可应用于外部机构或工业部门的研究要求
		英语考试成绩
研究质量	研究和创造性工作的质量	研究和创造性作品符合高等教育机构背景，并响应国家发展需要
		研究和创作作品引用学术期刊已发表论文的比例
		研究和创作作品的获奖比例或获得来自国家或国际层面外部机构的研究资金比例
	应用研究质量和创新发展	符合高等教育机构背景的应用研究和创新发展比例，引发创新，拥有符合国家发展需要的发明
		应用研究和创新发展成果在专利、著作权、小专利等相关机构的登记比例
		应用研究和创新发展的可应用比例，或从外部机构获得进一步研究和开发的资金

续表

方面	组成部分	关键事项
学术服务成果	向公众提供学术服务的结果	服务接受者的学术服务评估结果，可用于任何部分的开发或应用
		能够为服务对象、社区和社会创造价值的学术服务成果，使学术服务成果能够用于具体利益，形成广泛的积极影响
		服务对象对高等教育机构学术服务的满意度，其中包括借助创新满足社会发展需求和支持社区创建优质社会，以便能够抓住未来的机遇和应对未来的挑战
	特定学术服务的结果	被请求机构的学术服务评估结果为非常有用
		学术服务贡献可以通过考虑学术服务的预期结果来创造价值，如下所示 ①通过服务获取经济利润来创造价值 ②创造不注重价值或收入的价值，比如与组织建立联系、创造企业文化或新知识等
		高等教育机构学术委员会对特定学术服务的评估结果
内部质量保证的影响	内部质量保证体系的成果	有利于高等教育机构管理的内部质量保证结果，可用于改进和发展并成为高等教育机构管理的一部分
		高等教育机构实施内部质量保证的结果
		内部质量保证管理作为推动高等教育机构质量文化发展的一部分
	高等教育机构所有课程的成果	应用课程质量评估结果改进、开发和管理的结果
		课程已被相关机构认可或得到专业委员会的认证
		课程已获得国际质量认证机构的认证

资料来源：สำนักงานรับรองมาตรฐานและประเมินคุณภาพการศึกษา（องค์การมหาชน）. คู่มือการประเมินคุณภาพภายนอกระดับอุดมศึกษา พ.ศ.（2564—2565）［M］. กรุงเทพฯ：กระทรวงศึกษาธิการ，2021：10—21.

第七章
泰国职业教育

泰国的职业教育分为中等职业教育和高等职业教育。2017年9月，泰国教育部职业教育委员会办公室发布了《职业教育发展二十年计划（2017—2036年）》，该规划根据《国家二十年发展战略规划（2018—2037年）》《国家教育计划（2017—2036年）》《第十二个国民经济与社会发展规划（2017—2021年）》，确定了国家职业教育人力发展的目标和方向。职业人才的培养和发展在数量和质量上都必须符合国家经济增长和社会发展的需求。本章主要从培养目标与实施机构、课程与教学，以及保障体系等方面探索泰国职业教育的发展情况。

第一节　职业教育的培养目标与实施机构

近年来，泰国国家经济和工业发展速度显著提高。未来的经济增长与技术发展密切相关，因而经济和产业的劳动者必须具备各自所属产业所要求的专业知识和能力。如此一来，职业劳动力的培养和发展在数量和质量上都必须符合国家的经济增长需求，那么职业教育机构就需要与企业合作开发课程，实行教育管理和评估，以便获得符合专业标准或国际标准的优质职业人才。例如，培养拥有 21 世纪学习技能，具备批判性分析思维和掌握解决问题的技巧、语言沟通技巧、信息技术技能以及与他人合作技巧的优质人才。可见，职业教育需要帮助学生培养提高自身竞争力的各种知识和技能，以满足国家和社会经济发展对职业人才的需求。

一、职业教育的培养目标

《职业教育标准（2018 年）》提出职业教育旨在培养有知识、技能和实践能力的职业教育毕业生，使其符合各级职业教育资格标准，还具备美德和其他理想特征。2019 年，职业教育委员会办公室公布了《中等和高等职业教育管理标准与指南（2019 年）》。该文件进一步梳理了中等和高等职业教育的培养目标，指出中等职业教育的培养目标要与国民经济和社会发展规划相适应，根据劳动力市场、社区、社会的需要，开发学生潜能，提高学生的职业知识和技能水平，使学生具备运用知识的实践能力，拥有良好的职业道德和工作习惯，满足国家和社会经济发展的需求。高等职业教育的培养目标要与国民经济和社会发展规划、国家教育计划、国家资格框架、国家教育标准和职业资格框架相适应。文件要求有关部门根据劳动力市场对人才的需求，将一个人的职业教育提高到更高水平，强调学以致用，提高职业技术水平和职业道德水平，并确保其能够独立工作。①此外，《中等和高等职业教育管理标准与指南（2019 年）》还明确提出中等职业教育和高等职业教育培养毕业生的质量内涵，包括道德、伦理和理想特征，知识，技巧技能，应用能力和责任感这四个方面，每一个质量内涵方面都有详细的要求（见表 7-1）。

表 7-1　中等职业教育和高等职业教育毕业生质量内涵

质量内涵	中等职业教育	高等职业教育
道德、伦理和理想特征	有道德伦理观和职业道德，行为得体，态度端正，具有民族认同感，能尊重法律和他人的权利。承担自己角色的职责，有公共意识和环保意识	有道德伦理观和职业道德，行为得体，态度端正，具有民族认同感，能尊重法律和他人的权利。承担自己角色的职责，有公共意识和环保意识
知识	了解特定职业的一般原则并进行初步分析，具备英语语言能力和职业技术知识，掌握可用于基本沟通的信息	掌握专业工作范围内的深层次理论和技术知识。掌握英语语言能力和与工作相关的信息技术
技巧技能	掌握在实践中选择和应用基本方法、工具和材料的技能，具备通信和信息技术技能、终身学习技能，分析思维和解决问题的能力，以及健康和安全技能	具有优化操作流程的技能，掌握各种任务中的相关安全技能，能终身学习，具有分析思维、解决问题的能力和规划能力，能自我管理、协调和评估
应用能力和责任感	能够根据简单的操作适应变化，提供基本的建议。有计划地解决一些不可控的问题。能在新环境中解决问题。对自己和他人负责	能够按计划工作，适应变化，可以解决不熟悉或复杂的问题

资料来源：สำนักงานคณะกรรมการการอาชีวศึกษา. หลักเกณฑ์และแนวปฏิบัติการจัดการอาชีวศึกษาระดับประกาศนียบัตรวิชาชีพและระดับประกาศนียบัตรวิชาชีพชั้นสูง［M］. กรุงเทพมหานคร：วิทยาลัยเทคนิคมีนบุรี，2019：22-23.

　　泰国不断强调，在泰国职业教育管理中，职业人才的培养和发展必须符合国民经济和社会发展规划的需求。泰国的职业教育部门根据国家职业

---

① สำนักงานคณะกรรมการการอาชีวศึกษา. หลักเกณฑ์และแนวปฏิบัติการจัดการอาชีวศึกษาระดับประกาศนียบัตรวิชาชีพ และระดับประกาศนียบัตรวิชาชีพชั้นสูง［M］. กรุงเทพมหานคร：วิทยาลัยเทคนิคมีนบุรี，2019：23.

资格框架、国家教育标准以及各级职业教育资格的专业标准，为各种学历和专业的毕业生提供道德品质、知识、技能等方面的教育和培训，使其符合该学科类型专业教育的培养目标。这是因为学习者或毕业生只有拥有了具备竞争性的职业知识和能力，才能参与国家发展和建设，研发创新科技，创造更高的社会价值。为此，职业教育机构要拥有灵活的管理系统，使每个人都有可能获得广泛的职业教育；职业教育管理还必须重视企业参与课程开发和课程管理，坚持教学重在学以致用的原则。与此同时，职业教育机构必须提供课程和教学管理的质量保证，提升社会对职业教育毕业生素质的信心。

此外，泰国《职业教育法（2008 年）》规定，职业教育和培训的管理是一种专注于专业技能水平人力开发和发展的教育管理。职业人才的技术水平要达到经济和社会发展需求的质量和标准，与劳动力市场需求、经济、社会、文化、技术和环境条件相一致。职业教育机构通过应用国际理论知识和泰国智慧，使受过职业教育的人具备知识和能力，并具有在实践中独立工作的职业能力。为实现其职业教育的培养目标，《职业教育法（2008 年）》为职业教育机构提出了职业教育管理模式和管理指引。其中，规定了职业教育和职业培训管理可以以任何一种形式或多种形式组合的方式组织[1]，如下所示。

（1）正规教育。这是一种以教育机构或职业机构教育为主的职业教育。课程的目标、学习方法和持续时间是确定的，将通过特定的测试和评估作为毕业条件。

（2）非正规教育。这是一个专业教育计划，可以灵活地确定学习目标、形式、方法、持续时间以及作为毕业条件的评估方式，但内容和课程必须适当安排并满足每个群体的问题和需求。

（3）双元制教育。这是教育机构或职业机构与企业协议产生的职业教育安排。学生一部分时间在教育或职业机构中学习，另一部分时间在国有企业或政府机构接受实践课程培训。

---

[1]　สำนักงานคณะกรรมการการอาชีวศึกษา. หลักเกณฑ์และแนวปฏิบัติการจัดการอาชีวศึกษาระดับประกาศนียบัตรวิชาชีพ และระดับประกาศนียบัตรวิชาชีพชั้นสูง [M]. กรุงเทพมหานคร：วิทยาลัยเทคนิคมีนบุรี，2019：30-31.

《职业教育法（2008 年）》就实现职业教育管理和职业培训目标，提出以下职业教育管理指引。

（1）政策统一和实践多元化，权力由中央向职业学校和事业单位下放。

（2）对不同学龄和工作年龄的人，要根据他们的特长和兴趣进行全面、持续的专业教育，直至他们获得学士学位。

（3）参与制定生产、人力开发以及职业标准等政策。

（4）教育灵活多样，建立学业成绩转移制度和个人工作经验对比制度，提供继续教育和职业培训。

（5）建立鼓励事业单位参与职业教育和职业培训管理的激励制度。

（6）在职业教育和职业培训管理中调动公立和私立机构资源，充分和公平地考虑利益的协调问题。

（7）建立职业教育师资队伍不断发展的体系，使其跟上职业技术的变化。①

二、职业教育的实施机构

（一）职业教育的实施机构

泰国职业教育委员会办公室是实施职业教育主要的政府机构，负责根据人才培养政策和国民经济和社会发展规划的相关规定，为劳动力市场和国民经济增长的需求量身定制职业教育和培训政策。它通过基础教育、职业教育的正规学校系统以及非正规教育系统，提供技术和职业教育和培训。其职责是：（1）提供、促进和发展职业教育和专业培训的质量和标准；（2）提升职业教育人力资源的质量和标准，以达到国际标准；（3）扩大职业教育机会；（4）成为职业教育和专业培训中心；（5）在提供职业教育和职业培训方面建立合作网络；（6）开展研究和创新，促进职业发展和生活质量提升；（7）发展职业教育教师和人员，促进其自我提升。职业教育委员会办公室的主要管理职能是开发和发展具有特定技能的人力资源，包括熟练工人、技术人员和技术专家，主要涉及九大领域：工业、商业和工商管理、

---

① สำนักงานคณะกรรมการการอาชีวศึกษา. หลักเกณฑ์และแนวปฏิบัติการจัดการอาชีวศึกษาระดับประกาศนียบัตรวิชาชีพ และระดับประกาศนียบัตรวิชาชีพชั้นสูง [M]. กรุงเทพมหานคร: วิทยาลัยเทคนิคมีนบุรี, 2019：31.

美术和应用艺术、家政学、农业、渔业、旅游和酒店业、纺织业、信息和通信技术。

根据《国家教育法（1999 年）》，职业技术教育与培训由公立或私立机构、企业或通过教育机构与企业之间的合作提供。据 2020 年统计，职业教育委员会共管辖 439 所职业学校或机构，分为 13 种机构类型，详见表 7-2。

表 7-2　泰国职业教育机构类型和数量

职业教育机构类型	数量（所）
技术学院	113
工业和社区学院	141
工商管理和旅游学院	3
商业学院	5
工艺美术学院	2
理工学院	52
职业学院	39
技术和管理学院	10
农业和技术学院	43
皇家金匠学院	1
工业和船舶制造技术学院	3
渔业学院	4
职业教育机构	19+4①
总计	439

资料来源：Department of Education，Skills and Employment，Australia.Thailand：Vocational Education and Training［R/OL］.［2022.12.21］. https：//www.education.gov.au/international-education-engagement/resources/thailand-education-policy-update-vocational-education-and-training-sector.

注①：　"19" 指建立了 19 所院校，包括来自 19 个省份集群的 161 所职业技术学院；"4" 指每个地区设立了 4 个农业机构，包括全国 41 个地区机构。

2008 年，《职业教育法（2008 年）》在泰国全国范围内颁布实施。当时人们认为，该法案将为泰国未来的劳动力发展做出有效贡献，学习者将有更多的机会来继续进行技术学士学位的职业教育，因为该法案鼓励建立职业学院以提供技术学士学位的课程。这些职业学院合并自全国各地职业学院。根据《职业教育法（2008 年）》，泰国提供了 3 种类型的职业教育和培训，即正规职业教育与培训、非正规职业教育与培训，以及双元制职业培训计划。正规职业教育与培训在 3 个层次的教育机构中进行，即提供较低职业教育证书的高中、提供文凭或副学士职业教育学位的专科教育机构、提供技术学士学位的高等教育机构。双元制职业培训计划让学生在私营部门及适当选择的组织中进行实践培训。教育机构与公立或私立企业直接合作，共同制定行动计划和目标，以实现学生的学习目标。该计划允许学生在进行实地考察的同时领取生活费补贴。

此外，该法案还具体规定了在职业教育委员会办公室的监督下，通过合并各个地区的职业教育机构建立职业学院的实施办法。根据《关于合并职业教育机构以建立职业学院的部长条例（2012 年）》和《关于合并职业教育机构以建立农业职业学院的部长条例（2013 年）》，在职业教育委员会办公室的监督下，泰国合并了 202 所教育机构，共建立了 23 所职业学院。[①]职业教育委员会办公室规定，技术或职业教育学士学位课程需符合教育部关于技术或职业教育学士学位课程职业教育资格框架的公告，并由高等教育委员会办公室、公务员制度委员会办公室和教师公务员和教育人事委员会办公室批准。

（二）实施机构的组织结构

泰国职业教育机构的组织结构中，领导部门一般由教育机构管理委员会、学院院长和教育机构委员会组成。在核心部门、学院院长的领导和管理下，学院分为 4 个主要执行部门，包括人事部、规划与合作部、学生活动发展部和学术部或教学部，每个部门都有具体的职责。人事部负责一般行政工作、人事、财务、会计、物资、建筑楼宇、注册、对外联系；规划

---

① Office of the Education Council. Education in Thailand 2018 [M]. Bangkok：Ministry of Education，2019：24.

与合作部负责规划和预算、构建资料信息中心、合作事务、研究、发展、创新和发明等事务；学生活动发展部主要负责学生活动、导师工作、行政工作、职业和就业指导、学生福利以及特殊项目和社区服务；学术部或教学部负责课程开发和教学、成绩测评、学术服务和图书馆、双学期体制的职业教育活动以及教学交流等，详见图7-1。

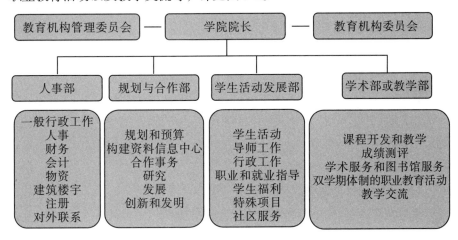

图 7-1　泰国职业教育机构的行政组织架构

资料来源：แผนภูมิสถานศึกษา［EB/OL］.［2022-01-19］. https：//www.vec.go.th/en-us/aboutvec/educationinstitutionadministrat.aspx.

　　根据泰国职业资格体系，各种职业教育和培训机构提供的不同类型的资格得到承认，国家还建立了学分转换制度，促进学生在各职业教育机构之间的流动，为推动泰国的终身学习和学习型社会建设做出了很大贡献。然而，泰国职业教育机构仍面临着诸多挑战，如熟练劳动力短缺、职业教育教师短缺、职业教育学生的英语水平较低、在职业学校学习的学生人数较少、缺乏社会认可度等问题。因此，职业教育机构仍需大力提升职业技术人才的培养质量，根据劳动力市场对人才的需求，从多维度和深层次上为职业人才培养做好准备，以实现职业教育培养目标，促进国家的经济和技术发展，赢得社会的认可和信赖。

第二节 职业教育的课程与教学

泰国的职业教育分为中等职业教育和高等职业教育。现行的职业教育课程与教学遵循《职业教育证书课程（2019 年）》和《职业教育文凭课程（2020 年）》。职业教育鼓励社区、地方和国家各级教育机构、工作场所和相关机构参与课程和教学开发方面的合作。

一、职业教育的课程

职业教育的课程是根据劳动力市场对熟练劳动力的需求和当前的技术发展水平而设计的，注重学生能力发展，指定学生未来职业所需的知识、技能、态度和个人属性的标准。接受职业教育的学生可以选择与其潜力、兴趣和机会相关的课程学习。

（一）职业教育课程结构

职业教育课程结构遵循《职业教育证书课程（2019 年）》和《职业教育文凭课程（2020 年）》，具体如表 7-3 所示。

表 7-3 职业教育课程结构

课程结构	中等职业教育（2019 年）	高等职业教育（2020 年）
核心能力课程	不少于 22 学分	不少于 18 学分
职业能力课程： ①基础职业能力课 ②专门职业能力课 ③择业能力课 ④职业能力培训 ⑤职业能力发展项目	不少于 69 学分 （不少于 19 学分） （不少于 24 学分） （不少于 18 学分） （4 学分） （4 学分）	不少于 56 学分 （不少于 15 学分） （不少于 21 学分） （不少于 12 学分） （4 学分） （4 学分）
自由选修课程	不少于 10 学分	不少于 6 学分
课外活动 （2 小时 / 周 / 学期）	—	—
总学分	100～110 学分	80～90 学分

资料来源：สำนักงานคณะกรรมการการอาชีวศึกษา. หลักเกณฑ์และแนวปฏิบัติการจัดการอาชีวศึกษาระดับประกาศนียบัตรวิชาชีพและระดับประกาศนียบัตรวิชาชีพชั้นสูง［M］. กรุงเทพมหานคร：วิทยาลัยเทคนิคมีนบุรี，2019：26.

　　根据泰国教育部发布的《职业教育证书课程（2019 年）》，中等职业教育课程由核心能力课程、职业能力课程、自由选修课程和课外活动组成（见表 7-3）。其中，核心能力课程不少于 22 学分 [①]，包括泰语科目组（不少于 3 学分）、外语科目组（不少于 6 学分）、科学科目组（不少于 4 学分）、数学科目组（不少于 4 学分）、社会学科目组（不少于 3 学分）、健康教育和体育课程（不少于 2 学分），每一门核心课程都有具体的学习科目供学生选择。职业能力课程不少于 69 学分，包括基础职业能力课、专门职业能力课、择业能力课、职业能力培训、职业能力发展项目。此外，自由选修课程不少于 10 学分。虽然学生可以根据自己的特长和兴趣从《职业教育证书课程（2019 年）》的所有课程和学科中自由选择，但是学校提倡学生选修英语科目，以提高学生的英语学习技巧和交流能力，如核心能力课程中提供的"职业生涯中的英语会话""演示英语""办公室英语""服务英语""销售人员的英语"等英语课程。

　　根据《职业教育文凭课程（2020 年）》，高等职业教育课程由核心能力课程、职业能力课程、自由选修课程和课外活动组成（见表 7-3）。其中，核心能力课程不少于 18 学分，包括泰语、外语、科学、数学、社会学和人类学课程。每一门核心课程都有具体的学习科目供学生选择。职业能力课程不少于 56 学分，包括基础职业能力、专门职业能力、择业能力、职业能力培训、职业能力发展项目等课程。自由选修课程不少于 6 学分。此外，课外活动主要向学生提供关于提高生活基本知识和技能的活动，每周 2 小时。

　　在职业教育课程学习中，每个研究领域的基础职业能力课和特定职业能力课必须有一定数量的学分。中等职业教育课程总学分不少于 100 学分，高等职业教育课程不少于 80 学分。职业教育委员会办公室的课程开发，以职业教育委员会的批准为准，成为符合各级职业教育资格标准的核心课程，供教育机构和其他相关机构使用。

---

① โครงสร้างหลักสูตรประกาศนียบัตรวิชาชีพ พุทธศักราช 2562 หมวดวิชาสมรรถนะแกนกลาง［EB/OL］.［2021-12-06］. http：// bsq.vec.go.th/Portals/9/Course/20/2562/20000/20000v3.pdf.

（二）职业教育课程领域与专业类别

1. 中等职业教育课程领域与专业类别

中等职业教育课程遵循《职业教育证书课程（2019 年）》，为中等教育水平的毕业生提供三年制课程，主要涉及 10 个学科领域，包括工业、纺织、信息和通信技术、商业、艺术、家政、农业、渔业、旅游、娱乐和音乐。在每个学科领域，学生可以选择具体专业和选修科目。此外，课程还向学习者提供生活技能主题学习，以提高他们的社交能力和生活技能。每一个课程领域都设置了具体的专业，如表 7-4 所示。

表 7-4　中等职业教育课程领域和具体专业

中等职业课程领域	具体专业
工业类	汽车修理、工厂技工、焊机技术、电气工程、电子技术、建筑工程、家具和室内装饰、勘测、机械制图、维修技术、排版、镜片技术、造船、电信技术、仪表和控制技术、土木工程、橡胶工业、机电、计算机技术、制革技术、制冷空调技术、船舶维修技术、农业机械
商业类	会计、营销、秘书事务、商务计算机、医院业务、公共关系、零售业务、外语、后勤、办公室管理、安全管理、体育商业
艺术类	美术、设计、美术和工艺、陶瓷艺术、工艺美术与装饰、摄影和多媒体、艺术技术、计算机图形、皮革工业、宝石首饰、黄金冶炼、印刷、视觉艺术设计
家政类	时装和纺织、食品与营养、家庭经济学、美容业务、家政
农业类	农业学
渔业类	水产养殖、水产加工
旅游类	酒店、旅游
纺织类	纺织技术、纺织化学、服装技术
信息和通信技术类	信息技术、计算机程序员
娱乐和音乐类	娱乐产业、音乐、泰国乐器创作

资料来源：สำนักงานคณะกรรมการอาชีวศึกษา.สาขาวิชาระดับประกาศนียบัตรวิชาชีพ［EB/OL］.［2021-08-05］. https://bpcd.vec.go.th/default.aspx.

2. 高等职业教育课程领域与专业类别

高等职业教育遵循《职业教育文凭课程（2020 年）》，为中等职业教育和普通高中教育的毕业生提供两年制课程，包括 12 个主要学科领域，即工业、工商管理、艺术、家政、农业、渔业、旅游、纺织、信息和通信技术、娱乐和音乐、海运、农工技术。此外，课程也向学习者提供生活技能主题学习，让他们掌握知识和基本生活技能。每一个课程领域都设置了具体的专业，如表 7-5 所示。

表 7-5　高等职业教育课程领域与专业类别

高等职业课程领域	具体专业
工业类	机械工业、生产工艺、冶金技术、电气工程、电子产品、建筑工程、家具与室内装饰、建筑技术、勘测、机械制图、工业技术、印刷、能源技术、塑性成形技术、假肢技术、造船技术、无损检测学科、电信技术、测量和控制、土木工程、橡胶工业技术、工业化学、石化、航空工程、机电一体化和机器人、计算机技术、石油测控仪表技术、制冷空调技术、船舶维修技术、汽车服务技术、农业机械、轨道交通系统控制与维护技术、钟表技术、建筑管理技术
工商管理类	会计、营销、秘书事务、数字商务技术、国际贸易业务、医院业务、零售业务、商务外语、物流与供应链管理、管理、办公管理、体育商业管理、航空业务
艺术类	美术、设计、陶瓷艺术、工艺美术与装饰、摄影与多媒体、艺术技术、数字图形、皮革工业、宝石首饰、黄金冶炼、印刷、视觉艺术设计
家政类	时尚和服装技术、食品和营养、家政管理、美容、家政、老年护理管理、泰式餐点、食品企业管理
农业类	农业科学、植物科学、动物科学、农业工程、农业产业、动物保护、农业工业、景观技术、农业企业管理技术、国际农业科学
渔业类	水产养殖、水产加工
旅游类	酒店、旅游、农业旅游商业管理、会展组织
纺织类	纺织技术、纺织化学、服装技术

续表

高等职业课程领域	具体专业
信息和通信技术类	信息技术、计算机程序、电脑游戏和动画
娱乐和音乐类	娱乐产业、音乐、泰国乐器制作、声音技术
海运类	海事、海军机械工程、电子技术
农工技术类	农工信息管理技术、农用飞机、农工生产技术、现代农场管理与收获技术、仓库管理和农工产品配送

资料来源：สำนักงานคณะกรรมการอาชีวศึกษา,สาขาวิชาระดับประกาศนียบัตรวิชาชีพชั้นสูง［EB/OL］.［2021-08-05］. https：//bpcd.vec.go.th/default.aspx.

（三）职业教育课程开发

为了确保职业教育的学习和教学质量达到国际公认的标准，职业教育委员会办公室为泰国制定了一项职业教育发展计划，包括以下 2 个主要项目。

1. 科森课程开发

科森是一类专注于技术和工程的职业学院，培养学生成为对国家和国际产业至关重要的工程师，开设专业包括机械工程、计算机和电子工程、系统和信息控制工程以及化学工程。该学院旨在培养出具有创造力和卓越实用性的工程师。为了在泰国发展科森模式，有 2 个工程专业课程，即电子和机电一体化工程专业，根据科森标准学习了 5 年，希望为工业部门培养出技术熟练且知识渊博的人才。该职业课程开发项目的具体措施如下。

（1）根据科森标准，安排电子工程和机电一体化工程 2 个专业的 5 年课程。

（2）为 2 所试点大学的学生组织日语夏令营。这 2 所试点大学是科学技术职业学院（春武里府）和素拉那立技术学院（呵叻府）。

（3）比较科森课程和基于科学的课程，并构建 2 个主要课程体系，即电子工程课程和机电一体化工程课程。

（4）用泰语和英语规划整体课程和个别课程。

2. 德泰双优教育

德泰双优教育的成立是为了发展和扩大双元制职业教育，并制定措施鼓励私营部门参与发展。截至 2017 年 9 月，共有 6 所教育机构参加了双元制教育计划，有 560 名学生。^① 经营成果如下。

（1）与泰国驻德国柏林大使馆合作培养职业教育教师，共 3 期，每期 54 名。

（2）德泰商会根据德国标准组织理论和实践考试。2015—2017 年，有 200 人通过了考试与评估。^②

二、职业教育的教学

泰国职业教育的教学主要采用双学期制，规定 1 学年分为 2 个学期，1 个学期为 18 周。职业教育机构若有其他形式的教学管理，必须说明教学安排细节，包括每个学期的学习时间划分，还要考虑确定具体的课程学分。^③

（一）学分计算和教学时间

职业教育课程的总学分为 100 ～ 110 学分，为期 6 个学期，全日制不超过 12 个学期，非全日制最多不超过 16 个学期。如果学习时间超过规定，要根据具体情况提交职业教育委员会批准。而高等职业教育课程总学分为 80 ～ 90 学分，为期 4 个学期，但全日制最多不超过 8 个学期，非全日制最多不超过 12 个学期。如果学习时间超过规定要提交职业教育委员会批准。^④具体的课程学分计算和教学时间如表 7-6 所示。

---

① Office of the Education Council. Education in Thailand 2018 ［M］. Bangkok：Ministry of Education，2019：125.

② 同①.

③ สำนักงานคณะกรรมการการอาชีวศึกษา. หลักเกณฑ์และแนวปฏิบัติการจัดการอาชีวศึกษาระดับประกาศนียบัตรวิชาชีพ และระดับประกาศนียบัตรวิชาชีพชั้นสูง ［M］. กรุงเทพมหานคร：วิทยาลัยเทคนิคมีนบุรี，2019：24.

④ 同③ 26.

表 7-6　中等和高等职业教育课程的学分计算和教学时间

中等和高等职业教育课程	小时（每周）	学期教学时间	学分
包含举行讲座或进行讨论的理论课程	1	包括考试时间在内不少于 18 小时	1
在实验室进行实验或练习的实用课程	2	包括考试时间在内不少于 36 小时	1
在现场练习的实用课程	3	包括考试时间在内不少于 54 小时	1
双学期学习的职业培训	—	包括考试时间在内不少于 54 小时	1
职场专业能力培训	—	包括考试时间在内不少于 54 小时	1
专业能力发展项目	—	包括考试时间在内不少于 54 小时	1

资料来源：สำนักงานคณะกรรมการการอาชีวศึกษา. หลักเกณฑ์และแนวปฏิบัติการจัดการอาชีวศึกษาระดับประกาศนียบัตรวิชาชีพ และระดับประกาศนียบัตรวิชาชีพชั้นสูง［M］. กรุงเทพมหานคร：วิทยาลัยเทคนิคมีนบุรี, 2019：24.

中等职业教育的职业能力课程中理论与实践学习时间的比例约为 20∶80，具体取决于各学习领域学习管理的性质或过程；而高等职业教育的职业能力课程中理论与实践学习时间之比约为 40∶60，具体也取决于各学习领域学习管理的性质或过程。①

（二）职业教育的教学管理

1. 对职业教育机构的教学要求

职业教育委员会对职业教育机构实施教学活动提出了具体要求：

（1）职业教育实施机构必须做好教学建筑和场地准备，提供适合教师和教育人员的设备，满足培养学生各个方面的教学要求。（2）教育机构必须确定提高职业教育教学质量的方法，以满足开发学生潜力的核心需求，同时要达到每个学科类型和研究领域的资格水平。（3）教育机构应鼓励学习者开发与其学习领域一致的专业能力发展项目，并据此提供强调学习实践的教学。（4）教育机构必须提供课外教学活动，以提升核心竞争力、专业能力。此外，应培养爱国主义精神，加强泰国公民和世界公民意识。与

---

① สำนักงานคณะกรรมการการอาชีวศึกษา. หลักเกณฑ์และแนวปฏิบัติการจัดการอาชีวศึกษาระดับประกาศนียบัตรวิชาชีพ และระดับประกาศนียบัตรวิชาชีพชั้นสูง ［M］. กรุงเทพมหานคร：วิทยาลัยเทคนิคมีนบุรี, 2019：26.

此同时，要保护泰国人文环境和自然环境。坚持适足经济理念，为社区和社会服务。（5）教育机构必须安排学习者接受专业标准的评估。（6）教育机构的学生毕业必须达到课程中规定的总学分。从4分制中获得不低于2.00的累积平均绩点，并通过专业评估标准。（7）职业教育机构或与企业合作办学要按照职业教育委员会规定的规则和指引。（8）职业教育机构课程和教学质量保证体系中，至少有4个质量保证组成部分，即坚持专业水准的课程，教师资源和支持，学习管理、测量和评价方法，毕业生。

2.职业教育教学管理质量的提升策略

泰国教育委员会认为，提高职业教育管理和教学的质量以培养高质量和高效率的毕业生，需要各种机构的配合，包括政府机构、国有企业，要加强教师在课程开发、教学管理方面特别是职业培训和专业能力经验培训的合作。职业教育机构和相关事业单位应当按照以下步骤进行：（1）提供符合劳动力市场需求的教学。基于经济、社会、文化、技术和环境条件，也要依据教育机构的准备情况和水平，专注于实际工作。（2）与教育机构和其他机构合作，在学术管理、资源等方面合作。（3）加大各方人力和财力的投入，促进职业教育发展，充分利用好来自政府、社区组织、私营部门以及其他社会机构的资源。（4）对学习者进行专业能力教育，使其能够胜任各种职业，做社会的好公民，会思考、学习，发展自己的能力。（5）职业教育机构要成为学习中心，并为社区和地方提供专业服务。（6）教学促进知识发展，科技创新。（7）教学内容也要强调保护人文环境，强调体育运动的重要性。

此外，为了提高职业教育质量，2020年泰国职业教育委员会办公室发布了职业教育管理的7项策略：（1）提升双元制职业制度，加强所有职业教育机构的双元制职业教育体系，并加强行业参与度。（2）提高学生和教师的英语水平，与国际合作伙伴合作，将泰国的职业教育提升到国际标准。（3）促进数字学习，注重增加数字学习的使用，包括互联网和大数据的运用。（4）建立职业教育与培训，在泰国6个区域，包括东部经济走廊、南部经济走廊和经济特区建立职业教育协调中心。（5）成立卓越中心，在不同地点的专业职业教育与培训机构建立十几个卓越中心。卓越中心的专业领域包括旅游和酒店、航空、海事、铁路和机器人等，这些领域将符合"泰国

4.0"战略。专注于再培训技能、提升技能、掌握新技能，培养熟练劳动力；培训更多"泰国4.0"战略所需的熟练劳动力；增加更多短期课程培训；发展就业教育课程；支持初创企业和在线业务发展。（6）提高教师和教育人员的素质，包括提高英语水平、数字素养，增加具有直接工作经验的教师数量，雇用具有特殊技能的教师。（7）提高管理效率，注重预算的使用。预算将主要用于提高教师和学生的技能，以及提高教师和其他工作人员的工资和福利。

第三节　职业教育的保障体系

为了保证职业教育的顺利运行，也为了提高职业教育的质量和标准，泰国从教育经费投入、师资队伍建设、内外部教育质量保证等多个方面入手，构建起泰国职业教育的保障体系。

一、职业教育的经费投入

2019年，泰国教育部获得了约4 900亿泰铢的预算。在19个部委中，教育部获得的预算最多。泰国大约20%的国家项目预算或4%的GDP被用于教育，与亚太经济合作组织中的其他国家相比，泰国用于教育的预算相对较多。泰国职业教育发展的资金主要由教育部提供，并由职业教育委员会办公室确定预算和其他必要资源的标准和分配。

根据泰国教育部2020年财政年度预算分析，2020年泰国职业教育经费投入为26 044 471 000泰铢，2019年职业教育经费投入为26 907 041 800泰铢。[①]泰国职业教育委员会办公室的2018年经常性预算支出报告显示，2018年职业教育经费投入为26 826 207 805.20泰铢。[②]虽然2018—2020年这3年的职业教育经费投入稍有下降，但都保持在260亿泰铢以上，这表明泰

---

① สำนักงบประมาณของรัฐสภา. รายงานวิเคราะห์งบประมาณรายจ่ายประจำ ปีงบประมาณ พ.ศ. 2563［R］. กระทรวงศึกษาธิการ，2020：23.

② สำนักงานคณะกรรมการการอาชีวศึกษา. สรุปรายงานผลการใช้จ่ายงบประมาณรายจ่ายประจำงบประมาณ พ.ศ. 2561［R］กระทรวงศึกษาธิการ，2018：1.

国职业教育经费投入相对稳定。以 2018 年职业教育经费投入为例，按支出类型分类，固定开支为 24 255 864 254.98 泰铢，包括人员预算 10 153 480 405.20 泰铢，执行预算为 3 008 258 601.18 泰铢，补贴预算为 9 270 913 300.00 泰铢，其他支出预算为 1 823 211 948.60 泰铢；投资支出预算为 2 570 343 550.22 泰铢。[①] 此外，2016—2018 年第四季度末的总体预算支出结果中，实际支出的金额占预算的 95% 以上。预算支出包括固定开支和投资支出两方面，固定开支的实际支出比投资支出中实际支出的百分比要高出约 10 个百分点，具体如表 7-7 所示。

表 7-7　2016—2018 年第四季度末实际支出占总体预算支出百分比

项目	2016 年	2017 年	2018 年
合计	96.01%	95.92%	95.58%
固定开支	97.43%	97.22%	97.55%
投资开支	82.08%	82.68%	76.98%

资料来源：สำนักงานคณะกรรมการการอาชีวศึกษา.สรุปรายงานผลการใช้จ่ายงบประมาณรายจ่ายประจำปงบประมาณ พ.ศ. 2561 ［R］.กระทรวงศึกษาธิการ，2018：1.

　　职业教育委员会除了从教育部获得常规性预算外，还能得到开展教育项目的预算支持。据 2020 年教育预算统计，分配给职业教育委员会用以支持相关项目开展的预算总额为 565.709 5 百万泰铢（具体见表 7-8），主要用于促进高职学生自主创业项目、职业教育与高中教育（双教）联合教育管理项目以及新职业生产项目（根据"泰国 4.0"战略和泰国高等教育改革，为新增长能源产业培养有能力的职业人才）。其中，投在新职业生产项目的预算最高，高达 211.510 3 百万泰铢。可见，职业教育部门培养职业教育人才时刻与国家发展战略方向保持一致，满足国家经济发展的需求。

---

① สำนักงานคณะกรรมการการอาชีวศึกษา. สรุปรายงานผลการใช้จ่ายงบประมาณรายจ่ายประจำปงบประมาณ พ.ศ. 2561 ［R］
กระทรวงศึกษาธิการ，2018：1.

表 7-8 2020 年职业教育人才培养项目

项目	预算（百万泰铢）
促进高职学生自主创业项目	89.839 9
职业教育与高中教育（双教）联合教育管理项目	264.359 3
新职业生产项目（根据"泰国 4.0"战略和泰国高等教育改革，为新增长能源产业培养有能力的职业人才）： （1）投资预算：设备造价 4 962.95 万泰铢 （2）补贴预算：新职业项目教育管理费补贴 1.55 亿泰铢 （3）其他支出：新职业生产项目费用 688.08 万泰铢	211.510 3
总计	565.709 5

资料来源：กระทรวงศึกษาธิการ. รายงานวิเคราะห์งบประมาณรายจ่ายประจำปีงบประมาณ พ.ศ. 2563 ของกระทรวงศึกษาธิการ ［R］. กระทรวงศึกษาธิการ，2020：43.

  泰国在职业教育机构的基础设施建设上的投入也非常多，如 2020 年职业教育机构获得用于土地和建筑项目支出的预算达到 10 百万泰铢。2020 年的土地和建筑项目内容主要包括建设教学楼（7 座）、翻修教学楼（3 座）、建设车间大楼（8 座）、建设图书馆和学习点（2 座）、建设飞机储藏室（1 间）、建设多功能建筑（2 座）、建设食堂或礼堂（3 座）、建设行政楼（1 座）、建设多功能庭院屋顶（1 座）、建设平房（25 间）、建设学生宿舍楼（12 座）、翻新住宅楼（2 座）。

  此外，教育部投入在职业教育领域的项目预算也很高，以 2020 年为例，教育部分配在职业教育项目的预算总额为 11 603.349 百万泰铢，分别用于：教育质量提升、教师发展、提升教育技术、促进教育公平和减少教育差距、南部边境省份的教育、推动"泰国 4.0"战略及目标产业、东部特别开发区、促进和发展道德和伦理、预防毒品等项目。其中，拨付给促进教育公平和减少教育差距项目的预算最高，达到 8 929.271 3 百万泰铢，其次是推动"泰国 4.0"战略及目标产业项目，预算为 1 091.257 8 百万泰铢，再次是教育质量提升项目，预算为 816.512 6 百万泰铢。与此同时，投在教师发展方面的项目投入也达到了近 300 百万泰铢，详见表 7-9。由此可见，泰国非常重视职业教育的发展。

表 7-9　2020 年教育部分配在职业教育项目的预算

项目类别	项目名称	预算（百万泰铢）
教育质量提升	职业课程与高中课程结合的教育管理项目	264.359 3
	社区开发模型、提升维修中心质量的项目	334.766 0
	促进高职学生自主创业项目	89.839 9
	南部经济走廊的可持续发展职业教育项目	41.000 0
	加强教学与职业教育管理工程	6.591 8
	国际标准职业教育合作发展项目	79.955 6
	合计	816.512 6
教师发展	培养使用英语进行交流的技能项目	33.627 5
	教师和职业教育人才潜能开发工程	166.524 6
	中职教师教学效率提升工程	94.800 0
	合计	294.952 1
提升教育技术	数字社区中心支持建设项目	27.000 0
	卫星远程教育补贴	10.000 0
	教与学管理资讯科技发展计划	93.941 3
	合计	130.941 3
促进教育公平和减少教育差距	支持完成职业中等教育费用（学费）项目	8 755.761 2
	扩大职业教育机会和发展职业技能，为人们进入劳动力市场做准备的项目	72.250 0
	综合职业技能发展，创造就业机会项目	100.492 5
	提高低收入人群职业发展水平和生活质量，减少社会不平等项目	0.767 6
	合计	8 929.271 3
南部边境省份的教育	促进和传播正确真理以支持问题解决的项目	97.813 4
	基于基本使命的南部边境省份职业教育发展项目	19.237 6
	合计	117.051

续表

项目类别	项目名称	预算（百万泰铢）
推动"泰国4.0"战略及目标产业	技术转让研究项目	65.782 0
	标准开发项目，鼓励创新技术职业教育发展，为迈入"泰国4.0"做好准备	50.728 8
	科学基地技术学院项目	157.099 4
	促进职业教育机构特色卓越工程	436.233 0
	提高学生成绩的职业教育改革项目，使他们具备进入劳动力市场的能力和准备	116.095 9
	生产合作项目，职业教育劳动力响应十大行业的制造业和服务业	53.808 4
	新职业生产项目，根据"泰国4.0"战略和泰国高等教育改革为新兴行业培养人才	211.510 3
	合计	1 091.257 8
东部特别开发区	东部经济走廊开发项目	15.993 3
	支持东部特别开发区的生产开发项目	99.893 2
	合计	115.886 5
促进和发展道德和伦理	教育机构的道德与治理德育工程	10.125 8
	职业德育项目	12.750 0
	职业价值创造项目	9.970 0
	预防和解决高职学生风险行为问题工程	31.400 0
	预防在校女生怀孕的项目	10.000 0
	合计	74.245 8
预防毒品	预防和解决教育机构毒品问题项目	33.230 6
总计		11 603.349

资料来源：กระทรวงศึกษาธิการ.รายงานวิเคราะห์งบประมาณรายจ่ายประจำปีงบประมาณ พ.ศ. 2563 ของกระทรวงศึกษาธิการ［R］.กระทรวงศึกษาธิการ，2020：9-28.

二、职业教育的教师队伍建设

泰国高度重视职业教育的教师队伍建设。泰国《十五年职业教育培养和发展劳动力的政策和战略（2012—2026 年）》把提高职业教育教师的数量和质量列为政策之一。该政策的目标有两个：（1）培养足够数量的职业教育教师和教育人员，使其服务于职业教育；（2）提高职业教育教师和教育人员的素质，促进职业教育的可持续性发展。为了实现这两个目标，制定了 3 个相应的战略以及 6 个配套措施（见表 7-10）。

表 7-10　为提高职业教育教师数量和质量的战略和配套措施

战略	配套措施
增加职业教育教师数量	政府部门支持职业教育教师培养
	支持来自私营和社区部门的职业教育人员
提高职业教育教师素质，主要涉及能力和经验方面	促进职业教育教师的继续教育和培训
	培养职业教育教师和教育人员
在提高教师素质方面创造与其他机构合作的机会	创造与政府部门的合作机会
	创造与私营部门和社区的合作机会

泰国积极提升教师的双语教学能力和国际化素质。适度从国外引进经验丰富的技能大师，同时也鼓励本国的职业教育教师"走出去"。例如，2019 年，泰国南邦职业学院、班凯技术学院等 10 所职业技术院校与中国的四川工程职业技术学院签订《工业机器人技术师资培训合作协议》，并于 4 月合作开展了为期 20 天的中泰职业教育国际合作项目——工业机器人技术泰国师资培训，共有 19 位泰国职业技术院校的教师参加。该项目涵盖了工业机器人操作、维修维护及应用编程等专业知识学习。[①]

为了持续促进职业教育教师队伍的建设，泰国职业教育委员会办公室成立了职业教育教职工能力发展局，专门负责职业教育教师及相关教育人员的能力培养和提升。职业教育教职工能力发展局主要负责以下 6 个方面

---

① 高琦 . "一带一路"背景下中泰职业教育国际合作的实践探索：以四川工程职业技术学院工业机器人技术泰国师资培训为例 [J]. 国际公关，2019（9）：7-8.

的事项：（1）建立和评估职业教育教师和职业教育人员的标准，包括提出职业教育教师和人员能力发展计划的建议；（2）跟进并评估职业教育教师和人员的能力发展结果；（3）进行职业教育教师和人员的培训和发展，包括与公共和私营部门进行合作协调，培训和发展职业教育教师、职业教育人员以及职业实地培训的教师；（4）研究和开发职业教育媒体和技术，专业训练、开发和服务机械技术，发展信息技术教学系统，提高职业教育教师和人才的能力；（5）建立和发展教师和教育人员的能力培训模型，并建立教师和人员的专业培训网络；（6）与其他相关机构合作或为其工作提供支持。[①] 此外，职业教育教职工能力发展局设置了职业教育教职工的能力基础和标准发展小组、管理者与公务员发展小组、工业专业发展小组、商业和服务专业发展小组、农业和渔业专业发展小组、基础学科发展小组、人事发展创新小组、机械技术小组等部门，为职业教育教师相关专业能力发展和培训提供针对性服务和支持。[②] 职业教育教职工能力发展局通过组织以下活动进行教师队伍能力发展，包括构建教师专业学习共同体、建立专业俱乐部、组织线上培训、建设职业类英语技巧项目、通过在工作场所的职业经验发展职业教育教师能力等。[③] 以通过在工作场所的职业经验发展职业教育教师能力为例，它允许教师学习和实践工作中的实用技能和属性，然后应用于教师发展教学管理。职业教育教职工能力发展局和企业共同培养职业教育教师的专业经验，该课程中职业教育教师发展指南如下。

1. 职业教育教职工能力发展局、企业、职业教育实施机构和职业教育教师的角色和职责

（1）职业教育教职工能力发展局的角色和职责主要包括以下 4 点：① 制定在工作场所培养职业教师能力的政策和指南。②为相关机构和培训从业者提供支持。③制作课程、设定标准。通过在工作场所培养专业经验，

---

① สำนักงานคณะกรรมการการอาชีวศึกษา, อำนาจหน้าที่สำนักพัฒนาสมรรถนะครูและบุคลากรอาชีวศึกษา［EB/OL］.［2020-09-10］. http：//bpcd.vec.go.th/en-us/เกี่ยวกับเรา/อำนาจหน้าที่.aspx.

② หน่วยงานภายในสำนักพัฒนาสมรรถนะครูและบุคลากรอาชีวศึกษา, สำนักงานคณะกรรมการการอาชีวศึกษา［EB/OL］.［2020-09-10］. http：//bpcd.vec.go.th/en-us/หน่วยงานภายใน.aspx.

③ สำนักพัฒนาสมรรถนะครูและบุคลากรอาชีวศึกษา, สำนักงานคณะกรรมการการอาชีวศึกษา［EB/OL］.［2020-09-10］. http：//bpcd.vec.go.th/en-us/หน้าแรก.aspx.

管理课程以监督和评估职业教育教师能力的发展。④通过工作场所发展专业经验，为通过职业教师能力发展的人员准备证书报告。

（2）企业的角色和职责主要包括以下3点：①与教师能力发展办公室、职业教育人事办公室、职业教育机构等职教委办公室下属的机构共同制订教师体验发展计划；②根据双方已定的计划，支持、监管和促进教师专业经验的发展，实现课程目标；③相互评估报告和运营结果。

（3）职业教育实施机构的角色和职责主要包括以下7点：①任命委员会，其负责通过在工作场所培养职业教师的专业经验来提升他们的能力，履行管理、协调、监督、评价和报告结果等职责；②按照课程规定的标准，协同和加强教育机构和企业之间的职业教育管理；③准备与工作场所有关的经验发展计划；④提交机构的发展计划，准备招聘信息；⑤促进职业教育教师提高专业经验和能力；⑥与企业合作，衡量和评估教师的发展；⑦编写职业教师能力发展的总结报告。

（4）职业教育教师的角色和职责主要包括以下5点：①通过在工作场所发展专业经验，推进自身能力的发展；②在工作场所执行导师分配的任务并参与企业规定的活动；③记录日常工作，并准备结果报告，在工作结束后的15天内提交给教育机构；④按照手册的规定准备报告和文件；⑤执行分配的其他职责。

2. 职业教育教师发展经验课程的时间安排

在该培训课程中，职业教育教师的经验发展分为2个阶段：第1阶段在企业进行每天7小时且持续10个工作日以上的学习（学习时间取决于机构的工作性质和发展计划）；第2阶段将所学知识、技能、经验与教学管理挂钩，按照所学课程进行交流学习，交流学习时间为5个小时。

3. 测量和评估

测量和评估由两部分组成，共100分。第一部分包括：（1）测试工作中的知识，满分10分；（2）评估在企业工作的结果，满分30分；（3）按规定格式记录日常实践经验，满分20分；（4）总结在职场发展经验中获得的知识，满分20分。这一部分的评估，总分不得低于80%，方可被视为通过评估标准。第二部分包括：（1）学习交流活动，满分20分；（2）发展时间，至少满足80%的发展时间才能被视为已发展。

4. 课程评估标准

参与者必须通过两部分的测量评估才能通过本课程的评估。测量和评估负责人主要包括企业机构和职业教育机构。企业机构负责测量和评估教师发展，即第一部分的第一项和第二项评估。

职业教育机构主要负责：①任命一个负责测量和评估教师发展结果的委员会；②准备一份单独测量和评估教师的文件。

5. 成果汇报

教育机构在教师完成该课程后 1 个月内，按规定报告结果。

此外，泰国教育部从财政上也大力支持职业教育教师队伍的建设。以 2020 年教育部对开展职业教育教师能力培养和发展项目的投入预算为例，具体开展的项目、目的和投入金额如表 7-11 所示。

表 7-11　2020 年职业教育教师发展项目的名单、目的和教育部投入金额

项目名单	项目目的	投入金额（百万泰铢）
培养职业教育教师使用英语进行交流的技能项目	培养从事英语教育的教职员工，将他们的英语知识用于交流和实践	6.993 3
教师和职业教育人才潜能开发工程	①提高教师和教育人员的能力和经验，使他们拥有知识和教师技能，并能够应用发展的成果来开展优质的教学和管理活动；②促进和支持与企业建立教师和职业人才发展网络；③支持教师和职业教育人员的生活质量发展，以及培养教学管理人员和相关教育领域的学者；强调经验绩效标准。	166.524 6
中职教师教学效率提升工程	提高职业教育毕业生的质量和就业能力	94.800 0
总计		268.317 9

资料来源：กระทรวงศึกษาธิการ. รายงานวิเคราะห์งบประมาณรายจ่ายประจำปีงบประมาณ พ.ศ. 2563 ของกระทรวงศึกษาธิการ [R]. กระทรวงศึกษาธิการ，2020：11.

如表 7-11 所示，为了发展职业教育教师队伍，提高职业教育教师队伍的素质和教学能力，2020 年，泰国教育部开展职业教育教师队伍建设项目，预算总额为 268.317 9 百万泰铢。其中，拨付给教师和职业教育人才潜能开发工程的预算最高，达到 166.524 6 百万泰铢；其次是中职教师教学效率提升工程，达到 94.800 0 百万泰铢；再次是培养职业教育教师使用英语进行交流的技能项目，达到 6.993 3 百万泰铢。

三、职业教育标准

泰国职业教育委员会办公室根据《国家教育标准（2018 年）》的要求制定和颁布了《职业教育标准（2018 年）》，这为职业教育实施机构在评估和保证教育质量方面指明了方向、依据和标准。《职业教育标准（2018 年）》包括 3 个方面标准和 9 个评估要点[①]，具体如下。

标准一：毕业生理想特征标准。职业教育毕业生应具备知识、技能和实践能力，符合各级教育职业资格标准，具备美德和其他理想特征。包括以下评估要点：（1）知识；（2）技巧和运用；（3）道德和其他理想的特征。

标准二：职业教育管理标准。确保职业教育机构有足够数量的具备教育资格的教师；在教学中安排基于能力的课程，并坚持以学生为中心的教学；有效管理教育机构的资源；已成功执行上级机构或监管教育机构的重要政策。该标准包括以下评估要点：（1）职业教育课程；（2）职业教育教学；（3）管理；（4）政策落实情况。

标准三：建设学习型社会标准。职业教育机构应与个人、社区和组织合作，创建一个学习型社会。该标准包括以下评估要点：（1）合作共建学习型社会；（2）创新、发明、研究。

为了确保《职业教育标准（2018 年）》的有效实施，职业教育委员会办公室规定了各级各类教育部门和机构的职责，包括教育部的职责、监管机构的职责以及职业教育机构的职责。（具体见表 7-12）

---

① มาตรฐานการอาชีวศึกษา พ.ศ. 2561［EB/OL］.［2020-11-10］. https：//www.cmvc.ac.th/main/download/vec-standards-2561/.

表 7-12　各级各类教育部门和机构在实施职业教育标准方面的职责

教育部	监管机构	职业教育机构
（1）确定各级和各类教育政策 （2）制定国家教育计划 （3）制定国家教育标准 （4）发布部门规章，保证教育质量 （5）公布的每个级别和类型的教育标准 （6）解决教育质量保障实施中的问题	（1）确定上级机构的教育政策 （2）确定每个级别和教育类型的教育标准 （3）确定标准和指南，指导教育质量保证实践 （4）学习、分析学校自评结果，并向教育机构提供建议和协助，保证教育机构的教育质量不断提升 （5）连同教育机构的教育管理发展计划一起提交评估报告，监督国家教育标准和质量评估办公室用作外部质量评估的信息和指南 （6）跟踪教育质量改善发展的成果，根据国家教育标准和质量评估办公室的建议引领教育质量和教育机构标准发展	（1）建立教育机构内的质量保证体系 ①确定教育机构的教育标准，使其符合各级教育类型的教育标准 ②制定管理发展计划，根据教育标准提高教育机构质量 ③实施教育机构教育管理发展规划 ④评估和检查教育机构内的教育质量 ⑤跟踪结果，提高教育机构的教育质量 ⑥根据教育机构的教育标准编写自我评估报告；每学年向上级机构提交教育机构的报告和教育发展计划 ⑦根据自我评估的结果中改进和提高教育质量 （2）接受外部质量评估 （3）根据国家教育标准和质量评估办公室的建议，提高和发展教育机构的教育质量，引领教育机构标准的发展

资料来源：คณะกรรมการการอาชีวศึกษา.หลักเกณฑ์และแนวปฏิบัติการประกันคุณภาพการศึกษาสำนักงานคณะกรรมการการอาชีวศึกษา
［M］.กระทรวงศึกษาธิการ，2018：4.

四、职业教育质量保障体系

此外，泰国《国家教育法（1999 年）》还做了内部和外部教育质量保障的相关规定，以提高职业教育质量和标准。职业教育内部质量保障由教育机构负责实施，外部质量保障由国家教育标准和质量评估办公室负责。以下将具体阐述职业教育机构内部质量保障的标准和实践指南，包括提供质量保证体系、职业教育机构保证教育质量的指南、评估和检查教育机构内部教育质量的步骤、提高教育机构教育质量的后续跟踪措施以及自我评估报告的准备过程。

1. 职业教育机构需建立以下质量保证体系

（1）提供根据职业教育标准制定的教育标准。

（2）提供根据职业教育标准制定的管理发展计划。

（3）提供根据学校情况制定的教育管理发展计划。

（4）跟踪项目计划，在指定的时间段行动。

（5）评估和检查教育机构内的教育质量。

（6）通过学校教育质量评估和监测改善和发展教育。

（7）后续行动。如果规定的目的和目标没有实现，在必要和适当的情况下，可考虑改进年度行动计划。

（8）每个学年末根据学校教育标准编制自评报告。

（9）提交自评报告，制定教育机构教育管理计划，每学年向教育监督机构报告。

（10）接受来自国家教育标准和质量评估办公室的外部质量评估。

（11）根据相关机构或学校监管机构的自我评估报告的分析中提出建议，由公共组织确定改善和发展教育质量的指导方针；管理发展规划，在必要时实施年度行动计划。

2. 职业教育机构保证教育质量的指南

（1）职业教育机构的教育标准应符合教育部公布的职业教育标准，可以根据教育机构的情况提高教育标准。教育机构人员、学习者、家长、社区人员参与评估并确保教育质量评估的准确性。

（2）教育机构根据教育标准，制定以质量为重点的教育机构教育管理发展计划。

（3）制定教育机构的年度行动计划，并按照年度行动计划运作，对计划的实施进行监督和跟踪。

（4）在教育机构内进行教育质量的评估和检查，准备好自我评估报告，并将自我评估报告连同教育机构的教育管理发展计划一起交付给上级机构或教育机构的监管机构。

3. 评估和检查教育机构内部教育质量的步骤

第一步：做好教育机构内部教育质量评估与考核前的准备工作。提前解决提高教职员工和教育机构人员的认识等问题。在评估人员和检查人员之间建立相互理解的关系；为教育机构的内部教育质量评估和检查准备工具。

第二步：根据教育质量评估的内容和对应的日期，通过收集相关数据，进行分析和评估。

第三步：总结教育机构内部教育评价和质量评估结果，提出改进的建议，以便相关人员可以将其作为提高和发展教育机构教育质量的指南。

4. 提高教育机构教育质量的后续跟踪措施

第一步：学校开展后续行动来提高和发展教育质量。

第二步：跟进学校的项目或活动计划。

第三步：随访学校，进行总结，以提高教育质量。

5. 自我评估报告的准备过程

（1）信息数据的收集。教育机构根据标准和评估要点，从教育管理结果中收集到定性和定量的信息，以根据教育标准制定和执行提高质量的年度行动计划。

（2）教育质量发展的分析、综合与总结。根据教育机构制定的教育标准，总结教育机构教育管理的结果及其对质量的影响。

（3）准备一份自我评估报告。教育机构必须按照职业教育委员会办公室规定的格式编制自评报告。

由此可见，职业教育机构的内部教育质量保障流程主要包括三个步骤：计划，操作和数据收集，质量评估、检查、提出研究和改进建议。

第八章 泰国教师教育

在泰国，教师和教育人员的地位和质量发展受到重视，因为这些人员在学习和教学过程的发展以及学习者的素质培养方面发挥着重要作用。此外，教师和教育人员是提高教育质量和培养泰国公民未来素质的重要因素。

第一节 教师教育的培养目标与实施机构

教师教育培养的准教师应能够鼓励学生寻找知识，并激励他们将所学知识应用到现实生活中，以实现个人价值和社会价值。如此一来，教师必须调整学习和教学过程，以符合每个学习者的需求，还要关注和照顾每一个学习者的学习特点，使学习者能够充分发挥其潜力。此外，教师也要学会自我发展，才能使学习和教学更有效。

一、教师教育的培养目标

（一）教师培养的理想特征

根据教育部公布的《教育学（四年制）学士学位毕业生的资格标准（2019 年）》，培养出来的本科师范生的理想特征有 6 点，具体如下。

（1）有共同的价值观。认可学习者并将其置于工作的中心，对教师的身份具有认同感，具备专业的态度，对社区有服务意识。

（2）是一个有道德的好人，坚持教师职业。有教师精神，恪守教师职业道德，有职业责任感。关怀学习者，勇于奉献。能启发和改善学习者的学习，并最大限度地提高学习者的学习效率。拥有自给自足的能力，并在学术和职业上成为榜样。

（3）是一个有智慧的学习者。具备较强的分析思维和创新思维，精通金融、健康、美学、文化等领域，了解社会和世界的变化。自信、有毅力、好学，有终身学习的能力。把自己培养成为一个好学、知识渊博、时刻跟上社会变化的人。

（4）成为创新的共同创造者。拥有 21 世纪所需的技能，具有批判性思维和创造性思维。有数字能力、团队合作能力、跨文化能力，了解新知识、新技术以及世界的变化。能够寻求知识和研究知识，并根据个体差异进行创新，充分发挥学生的潜力。

（5）在学习管理方面具有很强的能力。能够组织内容、设计活动、计划和管理学习、传授知识，启发和鼓励学习者学习并乐于学习。了解如何使用技术、如何管理学习、如何利用各种媒体和学习资源进行教育，能够整合跨文化和跨学科的知识；能够在整合教学、知识、内容和技术的过程中进行学习管理，以发展学习者的学习能力；能够将学习管理用于解决问题和自我发展。

（6）是一个关心社会的公民。热爱祖国和家乡，有国际意识。保护泰国文化，爱护环境和自然资源。有志愿者精神，坚持民主、正义和公平，有道德，敢于否认和抵制不正当行为。尊重人权、自由和尊严；有成为泰国公民和国际公民的意识。

（二）教师教育的学习成果标准

根据教育部公布的《教育学（四年制）学士学位毕业生的资格标准（2019年）》，培养的师范生在学习成果方面需要达到以下标准。

1. 道德和伦理

（1）热爱教师职业，认可教师职业并为之自豪，具有教师精神和思想观念，恪守职业道德。

（2）有志愿者精神，对工作有责任感，并能够不断发展自己，做学生、家庭、社会和国家的榜样，为促进国家的可持续发展贡献自己的力量。

（3）具有民主价值观，即尊重他人，能与他人团结合作，在生活和工作中要用理性和智慧去决策和行动。

（4）要有勇气并坚守道德伦理要求。应依据以下原则做出推理和判断：以适合社会、工作和环境的方式管理和思考道德和伦理问题，处理日常问题时需考虑社会规范、他人的感受和整个社会的利益；有维护社会和国家利益的意识，反对腐败和不正确的行为，不传递错误信息或抄袭他人作品。

2. 专业知识

（1）了解教师职业的原则和概念，包括教师价值观、道德观、行为准则、职业精神和职业哲学、发展心理学等内容。通过学习心理学来管理学生的学习并帮助学生解决问题，促进与发展课程与教学管理。作为一名教师，要有监督和教学技巧、技术和数字技能、研究和评估技能、创造性的合作技巧和 21 世纪所需的技能。具备跨学科知识的能力。

（2）熟悉所教内容的概念和理论。能深入分析所教科目的知识和内容，了解最新学科动态和技术手段。了解各学习领域知识的学习成果和内容标准。

（3）能应对社会变化，能够在生活、工作和学习发展中践行适足经济理念。

（4）能使用泰语和英语进行交流。

（5）认识到科学对可持续发展的价值和重要性，并将其应用于自身发展、学习者发展和社区发展中。

3. 智力

（1）能思考、搜索、分析事实，并有意识地评估各种来源的信息和媒体。做一个有世界意识的清醒公民，能够应对数字世界的变化，能把新兴技术应用于工作中。

（2）能创造性地思考和开展教学工作。

（3）能创新和应用知识，且能够进行研究，与他人共同创新知识，以便促进学习者学习，还能将学习者培养为创新者。例如，能将知识应用到社区和社会中。

4. 人际交往能力和责任感

（1）理解和关心他人的情绪，有积极的心态，具有同理心。

（2）与他人合作，能进行团队合作，成为优秀的领导者和追随者。与学生、同事、家长和社区中的人建立良好关系，对公众负责，也对经济、社会与环境负责。

（3）对自己负责，对学生负责，对公众负责。能够创造性地帮助和解决自我、群体间的问题。

（4）具有学术能力和专业领导力，有道德和勇气，以创造性的方式引导和传达知识给学习者。

5. 数字分析能力、技术的交流和使用

（1）具备统计数据分析能力，能够进行定量和定性数据的综合，理解知识体系，快速准确地解决教育问题。

（2）能与学习者、父母、社区中的人进行有效交流，能适当使用通信技术。

（3）能有效地使用信息技术从各种学习资源中搜索信息或知识。可以使用学习所需的现成程序来管理学习、工作，掌握信息的管理和检索，学会正确地接收和传输信息，并注意避免侵犯版权和抄袭行为。

6. 科学管理学习

（1）可以根据自己的想法来创建课程、设计教学内容和教学活动，使用校内和校外学习资源进行学习管理，对不同背景的学习者提供开放式学习资源。

（2）能够应用心理学知识来分析学习者，将其应用于活动设计、内容安排和管理中，促进学习者学习，以便满足不同学习者的需求。这里的学习者包括正常学习者和有特殊需要的学习者。

（3）组织活动和设计学习管理，让学习者从经验中学习，在实践和工作中学习。促进学生在现实生活中发展思维、工作、管理、应对能力。能够运用知识解决问题，以学习者为重，对学习者有责任感。

（4）营造良好氛围，为学校内外的学习提供各种知识源，能与各方人士协调和合作，为学生学习提供便利。

（5）能够指导学生掌握21世纪所需的技能，例如学习技能、认知技能、思维技能、生活技能、协作工作技能、沟通技能、操作技能，并将这些技能应用到学习管理中。

综上所述，泰国教师教育旨在培养具备良好道德和伦理、专业知识、智力、人际交往能力和责任感、数字分析能力技术的交流和使用能力以及科学管理学习能力的准教师。

二、教师教育的实施机构

目前泰国没有专门培养教师的独立机构，在综合性大学的教育学院进行教师培养。与泰国教师职业相关的教育机构或组织可分为3种，即教师培养组织、教师使用组织和教师专业发展组织。这3种组织均在培养教师方面起着重要的作用。《泰国宪法（1997年）》实施后，提供学位课程的私立教育机构有权教授教师培养课程。从国家教育法实施下的教育改革来看，与实施教师教育直接相关的机构可以分为两种，即教师教育机构和教师教育相关机构，它们在合作培养教师方面有着自己的职责和角色。

（一）教师教育机构

泰国开办教师教育比例最高的前三类教育机构是皇家大学（63.68%）、公立大学（13.29%）和其他不属于教育部管辖的教育机构（9.96%）。[①] 截至 2017 年，培养教师的高等教育机构有 132 所，分别为 4 所公立大学、9 所皇家科技大学、37 所皇家大学、39 所自治公立大学、2 所开放大学（素可泰大学、兰甘亨大学）、5 所社区学院、25 所私立大学、9 所私立学院和 2 所私立机构[②]，如表 8-1 所示。

表 8-1　按培养机构类型分类的机构或校区数量

教师培养机构的类型	机构或校区数量（所）
公立大学（有限接受学生）	4
皇家科技大学	9
皇家大学	37
自治公立大学	39
开放大学（不限制接受学生）	2
社区学院	5
私立大学	25
私立学院	9
私立机构	2
合计	132

资料来源：พฤทธิ์ ศิริบรรณพิทักษ์，และคณะ. การพัฒนากลไกขับเคลื่อนระบบการผลิตและพัฒนาครูสมรรถนะสูงสำหรับประเทศไทย 4.0［M］. กรุงเทพฯ：สำนักงานเลขาธิการสภาการศึกษา，2018：59.

[①] Office of the Education Council. Education in Thailand［M］. Bangkok：Ministry of Education，2017：107.

[②] พฤทธิ์ ศิริบรรณพิทักษ์，และคณะ. การพัฒนากลไกขับเคลื่อนระบบการผลิตและพัฒนาครูสมรรถนะสูงสำหรับประเทศไทย 4.0［M］. กรุงเทพฯ：สำนักงานเลขาธิการสภาการศึกษา，2018：59.

从表 8-1 得知，数量最多的机构或校区是自治公立大学（39 所），其次是皇家大学（37 所），再次是私立大学（25 所），皇家科技大学和私立学院（各 9 所）。此外，社区学院有 5 所，有限接受学生的公立大学 4 所，而开放大学和私立机构共 4 所。

（二）教师教育相关机构

泰国参与教师培养系统的机构有 3 个，分别是泰国教师委员会办公室、高等教育委员会办公室和预算办公室。这 3 个相关政府教育机构共同推进教师培养体系，负责协调和共同培养教师，其中，各机构在教师培养方面的职权如下。

（1）泰国教师委员会办公室有权力和职责就教师教育政策、通识教育科目向教育部提出意见，制定教师专业标准，监督教师的行为和纪律，颁发和吊销教师职业执照，监督教师专业标准和道德规范的维护。

（2）高等教育委员会办公室负责提出符合国民经济和社会发展规划要求、符合国家教育计划的政策和高等教育标准；根据相关法律，支持教师培养资源，跟踪、检查、监督和评估高等教育管理成果。

（3）预算办公室负责准备提交给内阁总理的国家预算，在政府提交议会之前审议并批准颁布《年度预算支出法》；预算办公室为人民分配有限的国家预算，以年度支出预算的形式分配出去；为政府机构、国有企业和参与教师培养的机构提供资金。

第二节　教师教育的课程与教学

泰国教师教育的课程分为以下 3 种类型：基础教育教师教育学士学位课程（四年制课程）、基础教育教师教育学士学位课程（两年制课程）和教学专业硕士学位课程（三年制课程）。其中，基础教育教师教育学士学位课程（四年制课程）是泰国教师教育的主要课程类型。本节将依据 2019 年教育部公布的《教育学（四年制）学士学位毕业生的资格标准（2019 年）》分析教师教育（四年制）的课程与教学。

一、教师教育的课程

泰国教师教育的课程分为以下三种类型。

（1）基础教育教师教育学士学位课程（四年制课程）。过去，泰国实行的是五年制本科教师教育课程，包括四年专业理论学习和一年教学实践。从 2019 年开始，泰国实行四年制教师教育课程。该课程侧重于基础教育教师的培养，要求具有三年的理论和专业经验，以及在泰国教师委员会认证的教育机构一年的教学经验。该课程共四年，通过评估后，学生将有资格申请教师职业许可证。这是泰国教师教育的主要课程类型。

（2）基础教育教师教育学士学位课程（两年制课程）。所有来自其他专业领域的学士学位毕业生，如果希望成为一名教师，可以参加为期一年的教师专业课程，还有一年在泰国教师委员会认证的教育机构获得教学经验。该课程总共两年，通过评估后，学生将有资格申请教师职业许可证。

（3）教学专业硕士学位课程（三年制课程）。所有教育项目或其他专业领域的学士学位毕业生都可以参加为期两年的教学专业课程，并在泰国教师委员会认证的教育机构获得一年的教学经验。该课程共三年，通过评估后，学生将有资格申请教师职业许可证。

下面将具体介绍四年制的教师教育学士学位课程，因为这是泰国教师教育的主要课程。

2019 年，教育部公布和实行本科教师教育四年制课程标准，即《教育学（四年制）学士学位毕业生的资格标准（2019 年）》。本次课程改进旨在实现课程现代化，满足国家发展战略和在数字世界学习的需要，主要基于以下关键原则：（1）教师专业课程设计的概念是一门综合性、基于表现的课程，而不是基于内容的课程，专注于自我学习和研究。（2）课程结构设计灵活，满足教师和学习者的需求。（3）培养教师的机构可以根据学习成果自由创建适合学校身份和当地环境的课程。课程结构应灵活，能够反映学习者的身份。（4）鼓励在教学中使用技术材料，编制最新课程。（5）课程管理和教学过程应使学生具备教师的专业能力，还应提倡教师精神和理念，使其具有符合教师专业标准的资格。（6）建立强化课程质量保证体系。该标准包括课程结构、课程内容等。

（一）教师教育课程结构

根据 2019 年教育部公布的《教育学（四年制）学士学位毕业生的资格标准（2019 年）》，教师教育课程结构包括通识教育课程、专业课程（教师职业和主修课程）和自由选修课程，每个类别的课程都有一定的学分，具体如下。

（1）通识教育课程（不少于 30 学分）。

（2）专业课程。主要包括：①教师职业课程（包括理论课和实践课），总学分不少于 34 学分。其中，理论课不少于 22 学分，实践课不少于 12 学分。②主专业课程和主 – 副专业课程。主专业课程分为 2 种，单专业课程和双专业课程。单专业课程不少于 40 学分，由学生自主选择学习。双专业课程的每个专业至少学习 40 学分（总学分不少于 80 学分）。主 – 副专业课程要求主专业不少于 40 学分，副专业不少于 30 学分。

（3）选修课程（不少于 6 学分）。

可见，教师教育所有课程项目的学分可以归为：单主专业课程项目，总学分不少于 130 学分；双主专业课程项目，总学分不少于 150 学分；主 – 副专业课程项目，总学分不少于 140 学分。

（二）课程的主要内容

教育课程或专业内容确定，由教师学科组进行课程设计，即由教师课程组、主 – 副专业的课程组设计一个注重理论和实践的课程。负责设计课程主题的人必须是接受过教育管理教育的，借助过去的经验教训和教师培养取得进展的教师。教师培养课程必须注重培养学习者掌握现代主 – 副专业课程的知识，并使其具有自学技能以跟上快速变化的技术发展，能够在现实世界中使用专业的教师知识工作。此外，还要培养学习者的教师精神，另一个重要的培养目标是使学习者适应性强，能够在所有环境和背景下工作。因此，各门课程的教学管理必须以课程负责人和教学人员的合作和共同责任为基础。具体的课程内容包括核心课程或教师职业必修专业、教学实践、提高教师素养的活动、专业课程、通识教育课程。具体课程内容如下。

（1）核心课程或教师职业必修专业。

核心课程或教师职业必修专业的重要内容包括：①价值观和教师精神、道德、伦理、职业道德；②教育哲学；③教师管理学习和发展心理学；

④课程与学习管理科学；⑤创新与信息和通信技术；⑥教育和学习的测量与评估；⑦研究和创新以培养学习者；⑧教师沟通语言。通过对核心课程或教师职业必修专业课程的学习，使学习者对哲学教育的概念、教育心理学、教学科学、TPCK 框架知识、STEM 概念、数字素养、研究技能有一定的认识和理解。能够整合各种与课程设计相关的能力。

（2）教学实践。

学生被安排到泰国教师委员会办公室认证的教育机构进行教学实习，把在课堂上所学的专业知识尝试运用到实际教学当中，以便积累教学经验和提高教学技能。学生的教学实践应不少于 1 年。

（3）提高教师素养的活动。

教育机构确定每年提高教师能力的活动，它可以组织特定的活动或项目，也可以管理各个学科在教学和学习方面的结合。该活动旨在强化教师特色和公民意识。每年至少进行两次活动，活动包括如下内容：①信仰强化活动，旨在强化对教师职业的承诺和热爱；②志愿者活动或公共社区活动，服务社区和社会；③促进爱国主义和学习泰国礼仪的活动；④进行学习适足经济理念和科学哲学的活动；⑤促进童子军、女童子军、红十字青年活动；⑥促进健康活动，包括疾病预防和性教育；⑦促进民主生活方式的活动；⑧促进文化活动，包括艺术、音乐和舞蹈；⑨促进体育和娱乐活动；⑩学术活动；⑪其他教育机构认为合适的活动。

（4）专业课程。

教育有许多学科组。每组学科也有很多的分学科，或多或少取决于每组学科和基础教育课程的范围。教育机构可以安排课程细节和学习成果标准。

（5）通识教育课程。

通识教育课程是指提高人类素质的科目。使学生具有广博的知识，理解和欣赏自身以及周边世界。关注事物的变化，不断提高自己的道德品质，成为帮助泰国社会和世界的好公民。在通识教育学科的教育管理中，按照教育部公布的《本科课程标准（2015 年）》的规定，为达到通识教育学科的目标，总学分不少于 30 学分。

以上关于本科教师教育课程的结构和内容标准，是教师教育机构开展基础教育教师培养课程和教学的依据和标准，包括培养幼儿教育、小学教育、泰语和外语、数学、科学技术、社会研究、健康教育、体育和休闲、艺术教育组音乐教育与舞蹈研究、教育心理学与指导、教育技术与传播、教育测量与评估组、特殊教育、终身教育与社区教育、图书馆学与情报教育、职业科学等教育学专业方向教师的课程和教学。

二、教师教育的教学

《教育学（四年制）学士学位毕业生的资格标准（2019 年）》指出，教学策略是一种学习管理、知识转移、启发和鼓励学习者的方式方法，是通过使用科学教学、快乐学习的策略，以学习者为中心，跨文化跨学科整合知识，并将其应用于教学、知识、内容和技术的综合学习管理。该标准提出以下 19 个教学策略：（1）案例学习；（2）从价值阐明的过程中学习；（3）结合教育机构的实际操作学习；（4）互动讲座；（5）协作学习；（6）考试学习；（7）理论学习；（8）混合学习，通过整合数字技术学习；（9）逆向课堂学习；（10）基于情境和现象的学习；（11）基于项目的学习；（12）基于研究的学习；（13）基于问题的学习；（14）生产性学习；（15）自我领先的学习；（16）苏格拉底式学习；（17）基于团队的学习；（18）基于工作场所的学习；（19）MOOC（大规模开放在线课程）。

教师教育显然在改善教育系统方面发挥着核心作用，特别是当系统成果以经济角度衡量时，教师被视为关键投入变量。教师教育的使命是培养一种新型的专业教师，进而培养一种新型的创造性人才，能够应对新兴工业化社会的风险和挑战。因此，需要为泰国教育系统设计不断发展的教师教育方法，以便泰国教师能更好地应对 21 世纪的复杂挑战。[①]

第三节　教师教育的保障体系

为保障教师教育培养目标的实现，泰国政府为教师教育的发展建立了

---

① SIRIBANPITAK P. Redesigning teacher education［M］//FRY G W .Education in Thailand. Singapore：Springer，2018：471.

一套完善的保障体系，具体包括财政支持、教师队伍建设和泰国教师专业标准。

一、教师教育的经费投入

泰国教师委员会办公室每年在教师教育上投入的经费较多，下面以2019—2021 年泰国教师委员会秘书处支出预算对比（见表 8-2）和 2021 年泰国教师委员会秘书处按使命分类的预算支出（见表 8-3）为例来阐述。

表 8-2　2019—2021 年泰国教师委员会秘书处支出预算对比

项目	支出预算（泰铢）		
	2019 年	2020 年	2021 年
发展教师职业标准、监督教师职业	118 031 100	105 979 200	129 754 300
发展专业和促进教师与教育人员达到专业标准的质量	94 802 800	123 273 100	106 723 500
协调和促进教师专业实践的教育与研究	34 526 700	65 948 900	48 337 100
通过运用合适的技术发展管理制度	131 431 300	98 673 000	124 739 400
预留资金	11 208 100	6 125 800	2 845 700
合计	390 000 000	400 000 000	412 400 000

资料来源 1：สำนักนโยบายและแผนกลุ่มแผนและงบประมาณ. แผนปฏิบัติงานและแผนการใช้จ่ายงบประมาณประจำปีงบประมาณ พ.ศ. 2563 ของสำนักงานเลขาธิการคุรุสภา ［R］. สำนักงานเลขาธิการคุรุสภา，2020：25.

资料来源 2：สำนักนโยบายและแผนกลุ่มแผนและงบประมาณ. แผนปฏิบัติการ และแผนการใช้จ่ายงบประมาณรายจ่ายประจำ ปีงบประมาณ พ.ศ. ๒๕๖๔ ของสำนักงานเลขาธิการคุรุสภา ［R］. นักงานเลขาธิการคุรุสภา，2021：46.

从表 8-2 可看到，泰国教师委员会秘书处对教师教育资助的内容主要分为 5 个方面：（1）发展教师职业标准、监督教师职业；（2）发展专业和促进教师与教育人员达到专业标准的质量；（3）协调和促进教师专业实践的教育与研究；（4）通过运用合适的技术发展管理制度；（5）预留资金。其中在 2021 年，投放在发展教师职业标准、监督教师职业的经费最多。此外，2019—2021 年这 3 年里，泰国教师委员会秘书处的支出预算逐年增加，从 2019 年的 390 000 000 泰铢增加到 2021 年的 412 400 000 泰铢，增加了 5.7%。可见，泰国教师委员会秘书处在教师教育方面的预算支出越来越高，表明政府愈加重视教师教育的发展。

表 8-3　2021 年泰国教师委员会秘书处按使命分类的预算支出

使命	项目或工作	预算（泰铢）
发展教师职业标准、监督教师职业	教育职业知识认证和教育资格认证	239 000
	专业学位和证书认证	1 800 000
	根据教学专业实践的标准，为获得许可的教师开发质量评估系统并创建质量评估信息平台的项目	300 000
	为基于能力的教师培养制定要求和指导方针的项目	1 210 000
	教师专业能力评估系统项目（阶段 2）	41 752 000
	根据专业标准为小学教师、职业教师和特殊教育教师建立能力框架的项目	742 000
	教育专业执照工作	7 274 500
	职业发展活动认证	76 500
	查处违反职业道德的行为	3 500 000
	教师法律委员会	1 500 000
	人事预算	71 360 300
	合计	129 754 300
发展专业和促进教师与教育人员达到专业标准的质量	教育专业发展与支持基金	80 000
	高级教师荣誉仪式	15 000 000
	在诗琳通公主殿下的倡议下培养教师从业者的项目	2 156 100
	玛哈·却克里公主奖	29 998 000
	促进教育研究和创新发展	2 800 000
	促进和发展职业道德守则	6 000 000
	为教育专业人士举行的荣誉仪式	6 000 000
	教师节	11 978 000
	人事预算	32 711 400
	合计	106 723 500
协调和促进教师专业实践的教育与研究	研究、开发和创新教育领域的知识体系与专业知识	1 496 300
	培训课程的认证和教育专业从业者的发展，制定培训和发展课程的认证指南	1 744 200

续表

使命	项目或工作	预算（泰铢）
协调和促进教师专业实践的教育与研究	知识管理工作培养教育专业人才的专业深度	2 000 000
	促进教育专业发展的知识发展工作	3 400 000
	促进专业发展、教育职业和海外专业组织的项目	1 011 000
	东盟教师委员会会议	1 705 000
	将教师图书馆建设成职业智慧宝库的工作	875 000
	期刊制作	1 710 000
	人事预算	34 395 600
	合计	48 337 100
通过运用合适的技术发展管理制度	战略管理	580 000
	建筑楼宇	11 496 200
	设备采购及楼宇改造项目	1 625 000①
	财务会计管理	926 000
	人事管理	569 800
	对教师委员会秘书处人力资源开发项目	2 993 800
	行政工作	3 989 800
	采购管理	4 877 000
	教师委员会董事会会议	3 882 000
	在省教育厅的教师委员会的任务管理	9 805 000
	管理泰国教师委员会秘书处数字技术系统的行政工作	35 305 200
	提升泰国教师委员会秘书处形象的公关活动	7 081 400
	将泰国教师委员会秘书处发展为一个现代化组织的活动	700 000
	内部审计	43 000
	人事预算	40 865 200
	合计	124 739 400

资料来源：สำนักนโยบายและแผนกลุ่มแผนและงบประมาณ. แผนปฏิบัติการ และแผนการใช้จ่ายงบประมาณรายจ่ายประจำปีงบประมาณ พ.ศ. ๒๕๖๔ ของสำนักงานเลขาธิการคุรุสภา［R］.คุรุสภา，2021：47-51.

注①：该项预算是投资预算支出和运营执行预算支出（此表中已省略这两项）相加之和。原表中，投资预算支出为 1 525 000泰铢，但没有给出运营执行预算金额。根据总预算金额，笔者推算用于运营执行预算支出为 100 000泰铢。故该项预算为 1 625 000泰铢。

从表 8-3 得知，按使命分类的预算支出来看，2021 年泰国教师委员会秘书处投入在教师教育的预算支出中，投入在发展教师职业标准、监督教师职业方面的经费最多，达到 129 754 300 泰铢；其次是通过运用合适的技术发展管理制度，达到 165 604 600 泰铢；再次是发展专业和促进教师与教育人员达到专业标准的质量，达到 106 723 500 泰铢；最后是协调和促进教师专业实践的教育与研究，达到 48 337 100 泰铢。由此可见，泰国非常重视专业教师的培养和再发展，为教师教育的顺利开展提供资金保障。

除了每年常规性的教育经费投入，泰国政府还投入了大量资金开展教师培养和发展项目。为了吸引有能力的新一代年轻人从事教学事业，泰国已经开展了各种教师培养项目，目的是招募优秀的人才成为教师，并拥有真正的教师精神和创新的教学能力。根据高等教育委员会办公室的文件《地方发展教师准备项目》和《泰国高等教育学院教师教育项目的良好实践》一文中的信息，一些项目的所有课程都有奖学金，还有一些项目在整个实施期间提供全额奖学金。这些项目主要有：（1）新一代教师项目。该项目为所招募的学生提供全额的教师教育奖学金和教师职业培训金。该项目包括 2 个实施阶段，第一阶段在 2004 年至 2006 年期间实施，提供了一门为期 5 年的教育学士学位课程，以培养基础教育教师。该项目每年能够培养 2 500 名合格教师，还吸引了 50 所大学加入这一阶段的项目。第二阶段在 2009 年至 2010 年期间实施，接受了 4 000 名合格的教师教育学生，其中包括 2 000 名三年级学生和 2 000 名四年级学生。[①]（2）促进科学和数学天才教师的项目。该项目招募完成四年制学士学位课程后的学生，旨在培养在科学和数学方面有才能的教师，该项目每年授予 580 个教师教育专业一年文凭课程的奖学金名额。[②]（3）Khru Rak Thin 项目。该项目是公平教育基金与五个政府教育机构之间的合作项目，旨在补充当地教师的数量，支持学习成绩优秀、热爱教师工作的本地学生完成本科教师教育课程的学习，使之具备 21 世纪学习技能和社区教师精神，成为他们出生所在社区学校的

---

① Office of the Education Council. Education in Thailand［M］. Bangkok：Ministry of Education，2017：110.

② 同① 111.

教师。该项目从 2020 年开始实施，分为 5 个实施阶段，每个阶段提供 300 名学生的奖学金，其中包括学费、住宿费、日常生活费、课本和必要的学习用品。① 除了以上列举的 3 个资助项目，还有一些专门为地方教育机构培养教师的项目，提供全额奖学金，同时提供专注于强化实践和培训的课程，如来自贫困家庭的聪明学生项目、返乡毕业生项目、地方教师发展项目等。

与此同时，公平教育基金也大力支持教师教育。根据公平教育基金 2020 年年度报告，关于教师教育的经费投入主要有：（1）2020 年有 328 名来自 45 个省份的贫困和弱势学生获得了在教育学院学习的奖学金。② 这为偏远地区的学生提供成为新一代教师的机会，让他们回到自己居住的偏远地区任教，以便更好地提高社区学校的教学质量。（2）为了支持教育系统外教师和儿童的发展，帮助培养教师，为教育系统之外的青少年学习者提供有效的学习过程和恰当的生活技能，包括帮助减轻新型冠状病毒肺炎疫情带来的痛苦，公平教育基金资助了 35 140 名目标参与者。③（3）开展教师和学校发展项目。该项目鼓励 834 所学校在课堂上给学生提供主动学习的机会，以便培养 21 世纪所需的技能，共有 194 600 名学生获得了发展潜力的机会，也培养了 19 660 名教师和教育人员。④

二、教师教育的教师队伍建设

为了让新任教师能更快地适应教学，也为了能让老教师不断提升教学技能和水平，教育部《教育学（四年制）学士学位毕业生的资格标准（2019 年）》分别提出了教师发展指南。对于新教师，主要开展以下 3 种活动：（1）提供新教师培训机会，培训内容包括教学管理、教学与评估策略等；（2）支持新教师开展研究和发展，如把研究资金更偏向分配给新研究人员进行与该专业相关的研究，或者鼓励新教师加入由资深研究人员组成的研究团队；（3）安排导师带领，让导师对学术工作提供意见和建议。另外，

---

① Office of the Education Council. Education in Thailand 2019—2021［M］. Bangkok：Ministry of Education，2021：194.

② 同① 217.

③ 同① 217.

④ 同① 218.

对于老教师，主要开展以下 4 种活动：（1）促进教与学继续发展，如内部部门的知识培训和外部代理组织的培训，包括各种学术会议、考察访问、国内和国外的社区活动；（2）支持学术发展，提高学术水平和地位，鼓励教职工继续深造；（3）支持研究与创新发展，资助为国家和国际出版物进行专业相关的研究；（4）提高泰语、英语以及其他外语的语言技能发展。

与此同时，推行现行教师发展系统。泰国研究发现，在过去的 2007 年至 2016 年中，政府机构和私立教育机构组织和实施了许多教师发展项目，包括学校级别的项目、区域项目、省级项目、基础教育委员会办公室项目和教育部项目。为了能更有效地和系统性地提高教师队伍质量，教育委员会秘书处办公室于 2017 年研究了适合泰国社会和国际化的教师发展模式和体系。现行教师发展体系，其发展模式包括：（1）派遣教师参加各种机构举办的会议、培训和研讨会；（2）考察访问、参加学校培训和研讨会（通过邀请外部专家进行教育）；（3）送教师去进修；（4）内部监督；（5）在课堂上做研究；（6）指派教师阅读有关学习改革和教师相关任务的书籍；（7）通过轮换教师执行各种任务，从实践中学习；（8）组织团队一起学习和工作；（9）将各种外部项目引入学校，激发校内教师的工作热情；（10）支持教师开展学术工作，以提高其学术地位并获得各种机构的奖励；（11）在各种场合派遣教师担任讲师；（12）参与国家和地区层面的各种项目，鼓励教师提高警惕和自我发展等。[①]

此外，成立专门机构，推动教师队伍建设。2017 年教育部成立教师发展研究所，其目标如下：（1）推荐教师和教育人才发展的政策和战略；（2）重视研究、开发和创造创新能力，在研究生阶段深化和创造学术专业和相关科学专业的知识体系；（3）教育专业人员培训和发展认证以及制定培训课程认证和教育专业人员发展指南；（4）促进、支持、培训和发展教育专业人士，组织教育专业发展活动；（5）执行泰国教师委员会分配的培训和其他任务；（6）开发知识图书馆，使其成为培训课程和教育专业人员发展信息的传播中心、国内外联系和交流学术知识的中心和教育专业的其

---

① พฤทธิ์ ศิริบรรณพิทักษ์, และคณะ. การพัฒนากลไกขับเคลื่อนระบบการผลิตและพัฒนาครูสมรรถนะสูงสำหรับประเทศไทย 4.0 [M]. กรุงเทพฯ: สำนักงานเลขาธิการสภาการศึกษา, 2018: 83.

他活动举办中心。[①]

三、教师教育质量保障体系

根据教育部公布的《教育学（四年制）学士学位毕业生的资格标准（2019年）》，教授师范生的教师必须具备以下 4 个方面的资格。

（1）至少获得教育学位或研究生证书，即学士学位、研究生证书、硕士学位或博士学位，或必须接受培训并按要求通过专业教师科学评估。培训内容包括道德、职业道德、师资课程和学习管理方面的知识和技能、发展心理学和指导、技术媒体和学习管理的测量和评估、TPCK 框架知识、STEM 概念、PLC 流程、监督和教学技巧、技术和数字媒体技能、研究和评估技能、创造性的合作技巧，总计不少于 60 小时。

（2）具有 1 年以上高等教育教学经验。若教学经验少于 1 年，需要与有 3 年或以上教学经验的教师合作教学，但授课时数不得超过课程的50%。

（3）课程负责人必须具有与所教授课程直接或相关的资格以及与所教授课程直接或相关的学术作品，至少有 1 篇作品以任何方式出版，在过去5 年内至少有 3 篇文章产出。

（4）拥有至少 1 年的教学经验。在 3 个学年内至少任教 1 年，包括学习期间在教育机构的教学实践。

由此可见，泰国对于教师队伍有着明确的要求，这也是为了确保教师教育的师资队伍符合专业需求，也满足教学和学术标准。如此一来才能更好地保证教师培养的有效性和质量。

与此同时，泰国教师委员会制定教师专业标准和职前教师教育认证标准，该标准自 2003 年开始实施，并于 2013 年修订。现行的教师专业标准由两部分组成。第一部分为知识，由 12 个子部分组成，包括教师职业、教育哲学、语言和文化、教师心理学、课程、学习和课堂管理、促进学习的研究、创新和信息技术、学习测量和评估、教育质量保证、美德、道德和

---

① พฤทธิ์ ศิริบรรณพิทักษ์, และคณะ. การพัฒนากลไกขับเคลื่อนระบบการผลิตและพัฒนาครูสมรรถนะสูงสำหรับประเทศไทย 4.0［M］. กรุงเทพฯ：สำนักงานเลขาธิการสภาการศึกษา，2018：83-84.

职业行为准则。第二部分为专业经验，要求教师具有作为课程工作一部分的专业实践，同时是在学校任教一年的全日制毕业生。

此外，推行教师教育内外部质量评估。2000 年，泰国政府设立"国家教育标准与质量评估办公室"，负责每 5 年至少一次的教师培养机构的外部质量评估。评估结果向相关政府部门和民众进行通报。泰国高等教育委员会办公室制定了《高校内部质量保障框架》，国家教育标准与质量评估办公室制定了《高校外部质量保障框架》，其中相当一部分条框同样适用于教师教育。

第四节　教师的地位和待遇

泰国政府十分重视教师职业，每个政府时期的教师职业和教育人员发展政策不仅聚焦于提高教师和教育人员的质量，还关注教师的生活需求、工作待遇和福利。社会也非常尊重教师。在泰国，一年有两个教师节，一个是拜师节，另一个是教师节。在这两个教师节里，学校都会举行学生感谢教师的仪式和活动，是为了让学生更加尊重老师，懂得老师的辛勤付出，懂得感恩老师。

一、泰国教师的地位

据泰国教育委员会办公室报告，泰国每个政府时期的教师职业和教育人员发展政策都侧重于提高教师和教育人员的质量，这是因为教师和教育人员直接影响到学习者的质量。该报告还总结各个政府统一提出的教师素质发展的重要问题：（1）促进贤良人才进入教师职业；（2）培养符合国际标准的高素质教师；（3）持续提高教学质量；（4）完善教师工资支付制度和薪酬体系；（5）完善教师发展系统；（6）开发教师分配信息系统；（7）解决核心学科教师短缺问题；（8）减轻教师的非教学工作量；（9）将信息技术和所有适当的工具作为教师应用于学习和教学过程的辅助工具或自学工具；（10）完善绩效考核体系，关注学习教学管理的效率和教师的素质发展；（11）根据政府解决家庭债务问题的政策，通过暂停还款和重组债务来解决教师的债务问题。由此可见，泰国政府非常重视教师和教育人员的生计和发展。

在《国家二十年发展战略规划（2018—2037年）》中，第三个人力资源开发和加强战略提到了学习改革的指导方针，为了发展一个适应21世纪变化的学习体系，学习改革将彻底改变。改革必须从传统教师转变为现代教师，从"教师"的角色转变为"教练"或"知识促进者"的角色，鼓励和激发学习者的灵感。建立一个持续开发教师潜力的系统，涵盖薪酬、专业道路、教学媒体，以及教师之间交流知识的教师发展网络。

《第十二个国民经济与社会发展规划（2017—2021年）》提出加强和开发人力资本潜力战略，提高教育质量和终身学习的指导方针之一是改变教师教育课程。要采取有说服力的措施吸引优质人才担任教师，调整专业学术地位的评估体系，将发展和学习者的成绩相联系。此外，要有一个用来交流学习和教学过程知识的网络平台，这有助于不断开发教师的潜力。

此外，在《国家教育计划（2017—2036年）》中，第三个战略——开发所有年龄段人的潜力和形成学习型社会——规定改进各级和不同年龄段教师、讲师和教育人员的培养和发展体系，让教师具备教学和学习方面的知识和技能，善于开发学生的潜力，拥有教师精神。

二、泰国教师的待遇

以泰国公立中小学教师的工资为例。根据泰国现行的《公务员教师和教育人员的月薪、学术地位津贴和职务津贴法》（第3版，2015年），泰国公务员教师的月薪、学术地位津贴是根据他们的职称等级来定的。泰国公务员教师职称有6种，从低到高依次为助理教师、一级教师、二级教师、三级教师、四级教师和五级教师。因此，他们的月薪和学术地位津贴也分为6个等级。在月薪和学术地位津贴方面，助理教师的月薪为15 050～24 750泰铢，没有学术地位津贴；一级教师的月薪为15 440～34 310泰铢，没有学术地位津贴；二级教师的月薪为16 190～41 620泰铢，学术地位津贴为3 500泰铢；三级教师的月薪为18 860～58 390泰铢，学术地位津贴为5 600泰铢，特殊补偿为5 600泰铢；四级教师的月薪为24 400～69 040泰铢，学术地位津贴为9 900泰铢，特殊补偿为9 900泰铢；五级教师的月薪为29 980～76 800泰铢，学术地位津贴和特殊补偿都是 13 000 ～ 15 600 泰铢。[①] 由此可见，泰国中小学教师的薪酬待遇较好，虽然助理教师和一级教师都没有学术地位津贴，但月薪的起点都在 15 000 泰铢以上。更为可观的地方是二级教师到五级教师每月都有学术地位津贴，而且三级到五级的教师还有特殊补偿，因此，职称晋升对教师们有着极大的吸引力。

　　除了每个月的月薪、学术地位津贴和特殊补偿金，泰国还给予教师其他的福利和待遇（具体参见表 8-4）。通过比较隶属教育部的公务员教师和地方教师和教育人员的福利和待遇得知，地方教师和教育人员的福利和待遇种类比隶属教育部管辖的教师多。泰国政府增加地方教师和教育人员的福利和待遇，一方面是为了改善地方教师和教育人员的生活，另一方面也是为了稳住地方教师，使其愿意一直留在地方从事教师工作，保证地方教师数量。

表 8-4　隶属教育部的公务员教师与地方教师及教育人员的福利和待遇比较

名单／栏目	隶属教育部的公务员教师	地方教师及教育人员
月薪	√	√
职称补贴	√	√
各种增收（短暂生活补助）	√	√
学校管理者和教育管理者有晋升的特殊权		√
奖金不超过月薪的 5 倍		√
临时代课老师／合同教师每月外加 1 000 泰铢生活补贴		√
各种报酬	√	√
教职工子女入学优惠	√	√
教职工子女受教育的补贴支持		√
医疗福利补助	√	√
工伤慰问金	√	√

① สำนักงานคณะกรรมการข้าราชการครูและบุคลากรทางการศึกษา. พระราชบัญญัติ เงินเดือน เงินวิทยฐานะ และเงินประจำตำแหน่ง ข้าราชการครูและบุคลากรทางการศึกษา (ฉบับที่ ๓)พ.ศ. ๒๕๕๘ [R]. สำนักงานคณะกรรมการข้าราชการครูและบุคลากรทางการศึกษา. 2015: 7-9.

续表

名单／栏目	隶属教育部的公务员教师	地方教师及教育人员
监考补贴	√	√
辅导费	√	√
审阅、检查和评估学术成绩的报酬	√	√
监督雇佣和监控建筑的报酬	√	√
参会费	√	√
房租	√	√
出差意外死亡的丧葬费	√	√
打官司的补助	√	√
因公事而受伤或有安全隐患的补助钱	√	√
短暂国内外差旅费，含食宿和交通费	√	√
非工作日的报酬	√	√
长期／固定国内外差旅费，含食宿、交通费和搬送私人物品费	√	√
探亲费	√	√
如在履行公职中死亡的特殊补助（3 倍月薪、课时费、职位费、与违法者斗争的补助，支付给其配偶、子女和父母）	√	√
国内外培训费	√	√
停职继续教育，并得到资金支持	√	√
工龄	√	√
贷款	√	√
固定体检	√	√
请假(病假、生育假、私事假、休息假、继续教育假、培训假、考察假、调研假、国外出差、婚假）	√	√

资料来源：กรมส่งเสริมการปกครองท้องถิ่น. สวัสดีการและความก้าวหน้าของข้าราชการครูถ่ายโอนมาสังกัดองค์กรปกครองส่วนท้องถิ่น［R］. กรมส่งเสริมการปกครองท้องถิ่น，2015：2-4.

　　基础教育委员会办公室对教师和教育人员的人事经费投入也比较大（具体参见表 8-5）。以 2019 年和 2020 年的人事经费投入为例，增加的支出部分主要是在教师人员的薪水方面。可见，泰国教师人员的收入越来越高，这是政府重视教师福利和待遇的表现。除了支出给教师固定的收入，政府还给予房租、补偿金、社会保障基金等方面的福利，同时额外支付给穆斯林教师的报酬和特殊领域工作的人员的特别补偿，以及支付投放在南部边境省份的教育成本。

　　表 8-5　基础教育委员会办公室人事计划明细对比（2019—2020 年）

单位：百万泰铢

政府人员名单	2019 年	2020 年	增加或减少
薪水	197 708.641 0	201 996.778 3	4 288.137 3
固定工资	5 247.488 1	4 931.578 2	−315.909 9
房租	597.988 2	536.313 6	−61.674 6
伊斯兰讲师／教师的报酬	——	9.004 8	——
一般性补偿	31.857 6	97.436 4	65.578 8
每月特别补偿（在特殊领域工作的政府官员和雇员）	98.802 0	92.983 2	−5.818 8
每月特别补偿（在特殊领域工作的政府雇员）	120.912 0	120.450 0	−0.462 0
提高在南部边境省份教育质量的成本	219.348 0	223.872 0	4.524 0
社会保障基金缴款	103.369 5	197.545 5	94.176 0
补偿基金	——	11.925 9	——
一次性补偿	2.246 4	——	——

资料来源：กระทรวงศึกษาธิการ. รายงานวิเคราะห์งบประมาณรายจ่ายประจำปีงบประมาณ พ.ศ. 2563 ของกระทรวงศึกษาธิการ [R]. กระทรวงศึกษาธิการ，2020：6.

　　此外，泰国政府制定配套政策，成立专门的部门保障教师的福利。泰国《国家教育法》规定，要对教师队伍的建设给予经费保障，制定专门的工资报酬、津贴补助法，设立专门的奖励基金用以奖励有丰硕科研成果、杰出表现的教师，并鼓励教师的职业发展。此外，泰国颁布了《教师和教育人事委员会法》和《政府教师和教育工作者法》，宣布成立政府教师和教育人事委员会，并由此委员会制定政府教师、教育工作者岗位的政策和计划，向部长会议提出上调政府教师、教育工作者的工资、津贴等保障教师福利的意见，监督和评估教师和教育工作者的相关管理情况。《高等教育第二个十五年长期发展规划（2008—2022 年）》建议在基金设置上，要设立并有效利用"高等教育发展基金"，为打造德才兼备的师资队伍提供资金支持。①

---

① 阚阅，徐冰娜.泰国教育制度与政策研究［M］.北京：人民出版社，2020：171-172.

第九章 泰国教育的改革走向

在泰国，教育改革从古到今一直在持续进行，以便更好地提高泰国的教育质量。目前，泰国教育存在一些影响教育发展的问题和挑战，应对这些问题和挑战，需要改革教育，使教育系统成为国家发展的动力机制。

第一节　泰国教育的特色与经验

在政府、地方、学校、教师等相关教育参与方的共同努力下，经过不断改革、实践和经验总结，泰国教育取得了一些成就，包括教育经费投入稳定、德育教育卓有成效、发展地方智慧教师以及小规模学校弱弱相助等项目初见成效。

一、教育经费投入稳定

《国家教育法（1999年）》规定，应从国家和地方行政部门、个人和家庭、社区、私人组织、宗教机构、其他社会机构和外国组织调动资源，投入预算、资金和财产，以便保证各级教育的提供。此外，《泰国宪法（2017年）》规定，国家应确保每个儿童免费接受从学前教育到完成义务教育的12年优质教育。可见，泰国教育经费的投入得到国家法律的保障。受益于多年的教育改革，泰国教育经费的投入逐年增加且稳定，如图9-1所示，2010—2016年教育经费的占比稳定在国家预算的20%左右，占国内生产总值的4%左右。[1] 此外，按职能比较国家预算分配时，教育预算支出排在第3位，仅次于一般行政和经济预算支出。[2] 这在东南亚国家中名列前茅，而基础教育更是占了教育总预算的70%以上。经费投入的增加带来的效果显而易见，如教育部2009年实施的15年免费教育，将学前教育3年、小学教育6年、中学教育6年完全纳入免费教育的行列，学生的学费、课本、校服、学习资料和课外活动的费用全部由政府承担，这反映了泰国为实现

---

① Office of the Education Council. Education in Thailand［M］. Bangkok：Ministry of Education，2017：80-81.

② Office of the Education Council. Education in Thailand 2019—2021［M］. Bangkok：Ministry of Education，2021：206-207.

全民教育目标所做的努力。

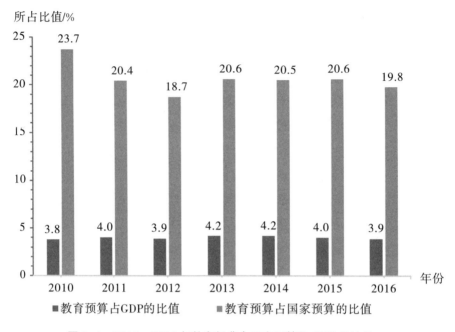

图 9-1　2010—2016 年教育经费占国家预算和 GDP 的比值

资料来源 1：Office of the Education Council. Education in Thailand［M］. Bangkok：Ministry of Education，2017：80-81.

资料来源 2：Office of the Education Council. Education in Thailand 2018［M］. Bangkok：Ministry of Education，2019：97-98.

　　除了每年拨付的教育预算，政府还通过助学贷款基金和公平教育基金投入教育经费。这两个基金旨在减少教育的不平等，保证每个学生的教育机会。助学贷款基金主要提供两个主要基金：（1）学生贷款基金是向中等教育、普通教育、职业教育和高等教育的贫困学生提供贷款的基金，每年利息为 1%。这些贷款用于支付他们的学费和其他教育费用。据统计，2019年共有 442 634 名借款人，金额为 1 955 185 万泰铢。[①]（2）按收入比例拨付津贴和发放贷款型基金为持有高职业证书的学生、国家必修课程文凭的

① Office of the Education Council. Education in Thailand 2019—2021［M］. Bangkok：Ministry of Education，2021：210.

学生和学士学位水平的学生提供的基金，每年利息为 1%，借款人的家庭收入条件不受限制。据统计，2019 年共有 95 764 名借款人，金额为 684 547 万泰铢。①与此同时，为了促进教育公平发展，公平教育基金会每年都开展各种项目支持教育的提供，如"有条件现金转移支付"项目。该基金会平均每年为 70 万名以上贫困学生提供每月 1 500 泰铢的奖学金，2019 年获得奖学金的学生人数增加到 90 万人。②公平教育基金在促进教育公平方面发挥了显著作用。根据该基金的 2020 年年度报告，其主要业绩如下：（1）空间公平教育项目在 20 个试点省份为教育系统外的儿童和青少年开发了一个综合支持系统，该项目为 26 055 人的目标群体提供了支持。③（2）向基础教育委员会办公室和边境巡逻警察所属学校的 994 428 名特困生提供了资助。此外，该基金还用于帮助受新型冠状病毒肺炎疫情影响的目标家庭，减轻了 753 996 人的经济负担。④（3）高等职业创新奖学金项目。该项目帮助那些缺乏资金或处境不利的年轻人接受教育，并根据他们的能力和潜力从事职业。全国 66 所职业院校共有 4 588 名学生获得奖学金。⑤（4）教育研究和创新项目。其目的是减少教育的不平等，促进人力资源开发，2020 年共有 23 个教育和知识开发创新研究项目。⑥

二、德育教育卓有成效

泰国非常重视德育教育。在泰国人心中，德行是人生的核心品质。德行的培养除了受家庭的影响，学校的教育也很重要。因此，不管是小学还是中学的课程与教学，德育培养都是关键目标。泰国把德育教育和佛教教义融合在一起，学校的教学活动将佛教宽容待人、助人为乐、谦和有礼、诚实守信、表里如一、真诚善良等主张潜移默化地融入学生的日常学习和

---

① Office of the Education Council. Education in Thailand 2019—2021［M］. Bangkok：Ministry of Education，2021：211.

② 同① 214.

③ 同① 216.

④ 同③.

⑤ 同③.

⑥ 同① 218.

生活中，培养良好的国民素质，向世界展示泰国人民热情、温和、诚信、礼貌、友好的民族性格特点。

以基础教育中的德育培养为例。为了使学生学习并意识到泰国人在纪律、道德和爱国主义方面的职责。教育部将 12 项国家核心价值观纳入了基础教育课程中。这 12 项核心价值观包括：（1）维护国家、宗教和君主制；（2）诚实、耐心，具有牺牲精神，以积极的态度为公众的共同利益服务；（3）感谢父母、监护人和老师；（4）直接和间接地寻求知识和教育；（5）珍惜泰国宝贵的传统文化；（6）保持道德、正直、善良、慷慨的品质；（7）认同国王为国家元首，学习民主理想的真正本质；（8）遵守纪律，尊重法律，尊重老年人和长辈；（9）自觉按照国王的声明采取行动；（10）实践适足经济理念；（11）根据宗教原则，保持身心健康，不屈服于恶行或欲望，对罪恶和罪过感到羞耻；（12）将公共和国家利益置于个人利益之上。

对于这 12 项国家核心价值观，泰国制订和实施了战略计划，并提出要在所有学科教育中遵循这 12 项国家核心价值观的实施指南。关于该战略计划，基础教育委员会组织了各种活动，以便促进这 12 项国家核心价值观的实施。例如，在 25 000 个地点安装广告牌或海报，以提高公众对 12 项国家核心价值观的认识；举办了 2 413 次论坛；安排 16 批核心价值观新一代青年夏令营，有 3 794 名青年参加；为 15 875 名教育行政人员、教师和私立学校学生发起 12 项国家核心价值观发展活动。[1] 此外，"道德学校项目"于 2010 年启动，成效显著，为国家造就了具有道德风尚的贤士。截至 2016 年，许多教育机构参加了"道德学校项目"，包括基础教育委员会办公室下属的 367 所学校、500 所职业教育机构和 250 所私立学校。[2]

三、发展地方智慧教师

泰国地方智慧教师起源于招募和表彰泰国智慧教师的项目。这是教育委员会秘书处发起的一个项目，自 1996 年以来，该秘书处制定了一项促进

---

[1] Office of the Education Council. Education in Thailand［M］. Bangkok：Ministry of Education，2017：94.

[2] 同[1] 95.

泰国教育管理智慧的政策，并于次年实施。招募和表彰泰国智慧教师的项目的想法来自 Rung Kaewdaeng 博士，他认为教师和教职工是组织学习过程的主要力量，应创造一个空间来支持和促进"泰国智慧教师"参与国家教育管理，包括在正规教育、非正规和非正式教育方面。泰国地方智慧教师拥有丰富的知识体系，被称为当地哲学家，是传授人知识、发展教育、发展民族的基础。泰国十分重视和尊重地方智慧教师。此外，鼓励教育界关注泰国地方智慧，因为这是社区生存和社会发展的资本和智慧，也是一笔无价的文化遗产。泰国教育委员会秘书处赋予了泰国地方智慧的含义：泰国人通过学习、选择、练习、实践、发展和代代相传的过程积累经验所产生的知识、能力和技能体系，以便解决实际问题和提高生活水平，并能够适应社会和时代的发展。

《国家教育法（1999 年）》提出，要发挥泰国地方智慧教师在非正规教育和非正式教育中转移知识的作用。据统计，泰国政府共招募到 503 名泰国智慧教师，涉及 9 个领域（见表 9-1）。[①]

表 9-1　按专长分类的泰国智慧教师人数

擅长的领域或方面	数量 / 人	百分比 /%
基金和社区企业	33	6.6
自然资源和环境管理	34	6.8
泰国传统医学	53	10.5
农业	77	15.3
哲学、宗教和传统	44	8.8
语言文学	48	9.5
营养	11	2.2
艺术	150	29.8

---

① สำนักงานเลขาธิการสภาการศึกษา. ครูภูมิปัญญาท้องถิ่น［EB/OL］.［2021-10-10］. http：//www.thaiwisdom.org.

续表

擅长的领域或方面	数量 / 人	百分比 /%
工业和手工业	53	10.5
总计	503	100

资料来源：สำนักงานเลขาธิการสภาการศึกษา. ครูภูมิปัญญาท้องถิ่น ［EB/OL］. ［2021-10-10］. http：//www. thaiwisdom.org.

　　表 9-1 是按照专长分类的泰国智慧教师人数对比。据 2020 年统计，泰国智慧教师具体分为以下 9 个方面：（1）基金和社区企业；（2）自然资源和环境管理；（3）泰国传统医学；（4）农业；（5）哲学、宗教和传统；（6）语言文学；（7）营养；（8）艺术；（9）工业和手工业。艺术方面的智慧教师人数最多，占比 29.8%；其次是农业方面的智慧教师，占比 15.3%。泰国发展当地智慧教师队伍是增强基础教育教师队伍的有效补充，尤其是一些缺乏师资力量的小规模学校或偏远贫困地区的学校。这不仅有利于提升教师的实践指导能力，也有利于推广地方智慧和发扬传统文化、工艺、技术。

四、小规模学校弱弱相助 ①

　　泰国第二个十年教育改革（2009—2018 年）的政策和战略之一就是整合小规模学校。泰国教育部委员会发布的《小规模学校发展政策（2011—2015 年）》也明确提出校际合作，组织学生跨校进行合班学习。于是，"Kaeng Chan 模型"管理应运而生。该模型是指在彼此距离较近的小规模学校之间建立一个学校合作网络，在学校合作网络里，将相同年级学段的学生集中起来合班上课，共享网络中的师资力量、教育资源和设施设备等。②如表 9-2 所示，泰国发展研究所对"Kaeng Chan 模型"的实施过程和效果进行了具体解释。4 所彼此距离相差不超过 10 千米的小规模学校，分别为

---

① 张清玲. 泰国小规模学校的现状、困境与改进策略［J］. 比较教育学报，2022（2）：60-74.

② ชัยพล คายะอุ่น. ยุทธศาสตร์การบริหารเครือข่ายความร่วมมือเพื่อยกระดับคุณภาพการจัดการศึกษาในโรงเรียนประถมศึกษาขนาดเล็กสังกัดสำนักงานเขตพื้นที่การศึกษาประถมศึกษาน่านเขต 2［J］. วารสารสังคมศาสตร์ วิชาการ，2019（1）：173-196.

A 学校、B 学校、C 学校和 D 学校，假设这 4 所学校都提供从幼儿园到小学六年级的教学，每个年级有 10 名学生，那么每所学校就有 9 个级别，每所学校将有 80 ～ 120 名学生，或者每所学校平均有 90 名学生。根据基础教育委员会办公室规定的教师分配标准，即教师分配比例为每 20 名学生配置 1 位教师，那么每所学校只得到 5 位教师，教师数量没有达到学校所教授课程和年级的数量，或每个年级平均仅有 0.55 位老师，这远远不足以有效地安排和开展教学活动。但是，在实施 "Kaeng Chan 模型" 后，即在 4 所小规模学校之间建立一个学校网络，将同年级的学生转移到网络中的学校，与同一个年级的学生一起学习，这样一来，每个班级的平均教师人数将增加到 1.6 ～ 2.5 人，学生就可以在教师数量充足的学校里学习，学习的连续性和有效性提高了。同时，随着教室里同班或同龄同学数量的增加，学生之间的互动人群范围也扩大了，这将有助于他们更好地锻炼与人交流、与人相处的能力，建立友谊关系网络。此外，泰国发展研究所认为，"Kaeng Chan 模型" 是一种经济高效的教育资源管理模式，但是，建立这样的小规模学校合作网络的核心保障是接送学生前往网络中的学校上学的交通。社区或地方政府则为学生提供免费校车服务或交通补贴。①

---

① สถาบันวิจัยเพื่อการพัฒนาประเทศไทย（TDRI）.แนวทางแก้ปัญหาโรงเรียนขนาดเล็ก［EB/OL］. https：//tdri.or.th/2015/07/wb113/.

表 9-2　实施"Kaeng Chan 模型"前后的学生人数和教师平均数比较

单位：人

人数		建立学校网络前				建立学校网络后			
		学校 A	学校 B	学校 C	学校 D	学校 A	学校 B	学校 C	学校 D
学生人数	幼儿园小班	10	10	10	10	40	—	—	—
	幼儿园中班	10	10	10	10	40	—	—	—
	幼儿园大班	10	10	10	10	40	—	—	—
	小学一年级	10	10	10	10	—	40	—	—
	小学二年级	10	10	10	10	—	40	—	—
	小学三年级	10	10	10	10	—	—	40	—
	小学四年级	10	10	10	10	—	—	40	—
	小学五年级	10	10	10	10	—	—	—	40
	小学六年级	10	10	10	10	—	—	—	40
教师数量		5	5	5	5	5	5	5	5
教学年级数量		9	9	9	9	3	2	2	2
每个年级教师平均数		0.5	0.5	0.5	0.5	1.6	2.5	2.5	2.5

资料来源：สถาบันวิจัยเพื่อการพัฒนาประเทศไทย（TDRI）.แนวทางแก้ปัญหาโรงเรียนขนาดเล็ก［EB/OL］. ［2020-06-16］. https://tdri.or.th/2015/07/wb113/.

　　该模型首次在泰国黎府的 4 所小规模学校实验并取得了成功。黎府有 4 所小规模学校，每一所学校都开设幼儿园至小学六年级，学校彼此之间的距离不超过 10 千米。在此之前，这 4 所学校都面临着教育资源不足、教师短缺等问题，因此，这 4 所学校的校长达成建立学校网络的共识，推行

"Kaeng Chan 模型"，以共享教育资源，如教育预算和教育人员。这 4 所学校一起分担教学任务，各自承担分年级教学的任务。例如，学校 A 负责幼儿园 1～3 年级的教学，学校 B 负责小学 1～2 年级的教学，学校 C 负责小学 3～4 年级的教学，学校 D 负责小学 5～6 年级的教学。此外，黎府还建立了链接这 4 所学校的交通系统，以便学生能够顺利前往网络中的学校学习。由于 1 所学校只负责 2～3 个年级，虽然该校教师人数没变，但每个年级的平均教师人数增加了。当同一年级的学生转移到某一所学校时，每个班级的教室因学生数量的增加而达到了规模标准，使得人均教学成本大大降低。黎府通过 "Kaeng Chan 模型" 成功解决了小规模学校教育资源和师资短缺的问题，被其他地区的小规模学校纷纷效仿。

第二节　泰国教育的问题与挑战

为了提高教育管理效率和提升教育质量，泰国一直在不断进行教育改革，然而，在教育质量、教育均衡等方面仍然存在一些问题。

一、教育质量有待提高

从测试成绩来看，无论是国际测试成绩还是国家统一测试成绩，泰国学生的测试成绩都不太理想，还低于东盟国家的平均水平。例如，2018 年国家基础教育统考（O-NET），全国学生的平均成绩较低，每一门科目成绩的平均分都低于 50 分（总分 100）。[①] 截至 2019 年，经济合作与发展组织的历届国际学生评估项目（PISA 测试）中，泰国学生每一门测试成绩都低于国际平均分。此外，有研究发现，虽然泰国高等教育毕业生的数量每年都在增加，但许多毕业生的素质不符合劳动力市场的要求。与此同时，职业学校的学生人数少于高中生人数，导致中级熟练劳动力短缺。

研究发现，泰国教学重知识，轻技能和实践，使得学生欠缺技能培养、思考过程训练，包括分析问题、提出问题、创造性解决问题的能力，而这

---

① คณะกรรมการอิสระเพื่อการปฏิรูปการศึกษา.แผนการปฏิรูปประเทศด้านการศึกษา［M］.กรุงเทพฯ: กระทรวงศึกษาธิการ，2019：2.

些能力有助于适应经济和社会发展的变化。泰国高校培养的人才面临着创新和技能方面的问题。据泰国发展研究所调查发现,科学、技术、工程、数学领域的大学毕业生供不应求,但是培养的毕业生并不符合劳动力市场的要求,仅有 24% 的毕业生在专业领域工作,而其余的毕业生并未充分利用其大学所学的专业知识。[①]

二、教育不均衡现象突出

泰国教育不均衡现象主要体现在以下几个方面:第一,不同类型学校学生之间的成绩存在差距。例如,在 2018 年全国统考的 O-NET 测试中,大规模学校小学六年级学生每一门的 O-NET 成绩都高于小规模学校六年级学生的成绩。与此同时,泰国只有理科学校和实验学校学生的 PISA 平均分高于国际的平均分 500 分,地方及其他学校学生的 PISA 平均分都低于 400 分。[②]此外,在历届国际数学与科学趋势研究项目测试中,数学和科学成绩的平均分也很低,低于国际平均分。第二,学生受教育机会不均等。虽然政府推出一系列促进和支持国民教育的政策,使得许多适龄的、处境不利的以及有特殊需要的儿童获得了更多的教育机会。然而,仍有一些适龄儿童没有得到入学机会,有特殊需要的人群(残疾人、穷人、有特殊天赋的人)还没得到合适的发展机会,也有学生辍学。此外,劳动适龄人口在教育方面相比以前得到了很多支持,但仍有许多人的教育水平低于中学文化水平。因此,泰国政府开始大力促进所有年龄段人群能获得公平和可持续的发展机会,不断采取措施为儿童和所有年龄段人群提供接受高质量教育的机会。

第三节　泰国教育的发展趋势

根据《泰国宪法(2017 年)》《国家教育法(1999 年)》《国家教育计划(2017—2036 年)》等文件,泰国一直在不断发展和改革其教育制度。

① Thailand Development Research Institute. Big data makes educational institutes more responsive [EB/OL]. [2023-03-23]. https://tdri.or.th/en/2017/05/big-data-makes-educational-institutes-responsive/.

② คณะกรรมการอิสระเพื่อการปฏิรูปการศึกษา.แผนการปฏิรูปประเทศด้านการศึกษา [M]. กรุงเทพฯ: กระทรวงศึกษาธิการ, 2019: 2.

笔者认为，泰国将继续大力推进幼儿教育发展，进一步促进教育公平，推动数字化教育，以及推进教育国际化发展。

一、大力推进幼儿教育发展

《泰国宪法（2017 年）》明确提出国家的教育改革要侧重照顾和发展学龄前儿童，根据不同年龄阶段发展他们的身体、心智、情感、社交能力。[①]指导方针提出在入学之前，应采取措施照顾和培养幼儿。幼儿应该在身体、心理、行为、情感、社会和智力方面得到适合其年龄的免费发展。《国家二十年发展战略规划（2018—2037 年）》涉及开发和提高人力资源潜力，并指出国家教育改革发展的 7 个方向，其中一个方向是，人类潜能的终身开发侧重从怀孕到老年各个年龄段的质量开发，以创造具有知识和能力的潜在人力资源，从而获得有价值的生活。[②]《国家教育计划（2017—2036 年）》对推动教育改革非常重要，该计划的主要目标是确定泰国教育提供的目标框架和方向。与此同时，该计划指出：（1）向泰国人民提供教育，使人人都有机会平等地接受优质教育；（2）教育管理制度应得到有效发展；（3）应开发人力资源，使其工作绩效符合劳动力市场和国家发展的要求。[③]

依据《泰国宪法（2017 年）》《国家二十年发展战略规划（2018—2037 年）》《国家教育计划（2017—2036 年）》的要求和指导方针，国家独立改革委员会办公室于 2019 年提出了《国家教育改革计划（2019—2029 年）》。该教育改革计划提出了大力推进幼儿保育和教育发展，分为两个改革关键议题：（1）发展照顾、开发和管理学习的体制，让学前儿童在身心、纪律、情绪、社交和智力方面获得符合相应年龄阶段特征的发展；（2）增加社会交流以了解学前儿童的发展过程。关于幼儿和学龄前儿童教育和护理改革，经过 2019—2020 年两年的努力，这方面的教育改革进展非常接近其目标。例如，相关公共组织按照法律和国家计划要求的措施，即《幼儿

---

① Office of the Education Council. Education in Thailand 2019—2021 [M]. Bangkok：Ministry of Education，2021：261.

② Office of the Education Council. Education in Thailand 2018 [M]. Bangkok：Ministry of Education，2019：217-218.

③ 同② 219.

发展法（2019 年）》和《幼儿发展机构国家标准》，实施了有关幼儿和学龄前儿童发展的国家政策。此外，拟定的《儿童发展计划（2021—2027 年）》于 2021 年 6 月 15 日通过了部长会议。在起草这项计划的同时，知识体系一直在不断发展，知识的培养以及对幼儿发展原则和目标的理解也在不断发展。①

此前，泰国的教育改革侧重于幼儿发展，《幼儿发展法（2019 年）》自 2019 年 5 月 1 日起生效。该法规定，应设立由总理或副总理领导的国家幼儿发展政策委员会。教育委员会办公室被授权为该委员会的秘书处办公室，并根据第 14 节规定的职责开展工作：制定国家幼儿发展政策，在提交部长会议最终批准之前，首先批准幼儿发展计划，批准政府和地方行政组织与幼儿发展有关的综合年度预算计划和业务计划；就与幼儿发展阶段相关的事项，特别是在幼儿园和小学教育阶段，向部长理事会提出意见和建议；就制定或改进幼儿发展法律提出意见，促进政府、私营部门、民间社会运营的幼儿发展一体化。此外，为了履行幼儿发展职责，委员会有权设立 6 个小组委员会：（1）幼儿发展一体化小组委员会；（2）幼儿信息系统和数据库发展小组委员会；（3）幼儿发展研究、发展和知识管理小组委员会；（4）立法和保护幼儿权利小组委员会；（5）幼儿发展交流小组委员会；（6）特殊和弱势幼儿发展小组委员会。②

在过去的几年里，教育委员会办公室的重要职责包括拟议的《儿童发展计划（2021—2027 年）》，并于 2021 年通过了部长理事会的审议。下一项任务是对幼儿发展机构国家标准的执行情况采取后续行动。这项后续工作由内阁指派给教育委员会办公室，报告将定期提交给幼儿发展政策委员会。此外，教育理事会办公室还发布和制作了研究报告和知识数据库，例如，《幼儿教师能力发展准则》已达到世界一流的教学专业标准；幼儿（0 ～ 8 岁）健康发展阶段指南；泰国高等教育机构培养幼儿教师的现状

---

① Office of the Education Council. Education in Thailand 2019—2021［M］. Bangkok：Ministry of Education，2021：274-275.

② 同① 263.

研究，以及在幼儿和有特殊需要的儿童中使用有效功能的教学管理。^①

2022 年，教育委员会办公室将指导《儿童发展计划（2021—2027 年）》面向从业者本人，以便能够根据幼儿教育计划制订各自的业务计划，整合所有相关部委的合作，提高各类管辖范围内幼儿教育机构的质量，以符合国家标准，让泰国的所有儿童都有平等和普遍的机会获得高质量和可持续的教育发展。^②

二、促进教育公平，缩小教育差距

《公平教育基金法（2018 年）》规定，设立公平教育基金的目的是帮助贫困人口，减少教育不平等，以及提高教师的素质和教学效率。^③

《国家教育计划（2017—2036 年）》提到了 6 项核心战略下的教育发展战略，这些战略与《国家二十年发展战略规划（2018—2037 年）》相一致。其中，第三项战略"开发所有年龄段的人的潜力，创建学习型社会"，第四项核心战略"创造公平和平等的教育机会"^④明确提出了推进国家教育公平与平等发展的方向。

《国家教育改革计划（2019—2029 年）》提出了 7 个方面的改革，其中第 3 个改革就是缩小教育差距，分为 3 个改革议题：（1）实施消除教育不平等计划；（2）给残疾的、有特殊才能的人和有特殊需要的人提供合适的教育；（3）提高偏远地区以及急需提高教育质量的学校的教育质量。经过几年的努力，缩小教育差距的改革已有所成效。例如，设立公平教育基金支持处境不利的儿童，使他们获得平等的受教育机会、接受优质教育的机会以及发展其潜力的机会。与这一事项有关的项目包括向有条件的贫困生提供补贴的项目、促进教育平等的空间管理项目，以及建立幼儿发展示

---

① Office of the Education Council. Education in Thailand 2019—2021［M］. Bangkok：Ministry of Education，2021：275.

② Office of the Education Council. Education in Thailand 2019—2021［M］. Bangkok：Ministry of Education，2021：276.

③ Office of the Education Council. Education in Thailand 2018［M］. Bangkok：Ministry of Education，2019：224.

④ 同②220.

范机构以创造教育平等的项目。然而，贫困家庭的学生仍然面临着与教育质量有关的问题。因此，负责这些项目的机构正试图通过进一步发展教育资源分配系统和教材支持系统，更好地提高弱势群体的教育质量，这两个系统适用于并响应各个领域的需求。[①] 此外，2021年，泰国又调整了《国家教育改革计划（2019—2029年）》。其中的一项改革运动就是，从幼儿时期开始创造教育机会平等，在公平教育基金会的授权下进行。

此外，最新的《国家教育法》起草的原则侧重维度之一就是给所有人提供教育机会，使他们获得持续和终身学习的机会。起草的《国家教育法》的原则促进、支持、协助和鼓励所有年龄段的人终身自我发展。例如，建立信贷转移和积累制度，以便所有年龄段的人都能在社会技术迅速变化和国家灾难、流行病等突发危机的世界中获得所需的能力。这一决定还基于灵活性、多样性以及在各个方面的多维度和多部门参与的原则。

综上所述，泰国从法律、政策、战略和计划上明确指出要大力促进教育公平，可见泰国对推行缩小教育差距这一举措的重视和决心。此外，泰国制定国家层面的政策与计划，并提供配套策略，为各级教育机构在践行促进教育公平、减少教育差距方面指明了方向。加上有宪法和相关法律作为保障，为推动公平教育进程保驾护航。值得注意的是，泰国现阶段十分关注早期幼儿教育的公平，这有助于从根源上减少教育的差距。

三、推广数字化教育

《国家教育改革计划（2019—2029年）》中推进数字化的教育和学习改革具体包括：（1）推进数字化学习改革，构建国家数字化学习平台；（2）发展教育大数据；（3）发展数字化公民，培养公民在数字化阅读、信息阅读、媒体阅读上，以及在终身学习的过程中，学习如何正确地判断信息、接受信息，并且在使用媒体以及网络交流时能文明守礼，遵守相应的法规。

受新型冠状病毒肺炎疫情影响，在线教学暂时取代了面对面的课堂教学。所有相关组织，无论是公共组织还是私人组织，都必须适应这些变化。

[①] Office of the Education Council. Education in Thailand 2019—2021［M］. Bangkok：Ministry of Education，2021：263-264.

为了获得使用在线教学方法的学校的实际情况，教育委员会办公室开展了一项关于各国通过数字平台进行学习管理模式的研究。这项研究发现，良好的政策是影响学校应用指导方针的重要因素。第二个影响因素是在线教学的媒体和工具的使用。如果学生不具备必要的上网工具和技术，网上教学就不可能成功。第三个影响因素是学校领导对教师在线教学的支持。学校应向教师提供在线教育相关知识和技能的培训。最后一个影响因素是在线教学管理，只有在必要的技术准备就绪，并且教师具备足够的技能和知识进行在线教学的情况下，在线教学管理才能非常有效。①

为了应对数字化时代的社会需求，教育委员会办公室提出了《通过泰国国家学习平台促进学习的指导方针》。该方针规定了四个组成部分，即政策、教师发展、支持系统和教学管理。这四个部分是相互关联的。政策部分表明了其他三个组成部分的明确运作过程。在政策确定后，充分展现教师的知识和技能的在线教学将随之而来。与教师发展并行的是教师和学习者的系统支持，使他们能够通过泰国国家数字学习平台进行教学。高质量和有效的教学管理是前三个组成部分的结果。在泰国各级教育中，通过数字平台进行学习的必要性将越来越高，力图使泰国的整体学习系统能够有效应对全球社会技术变化。②

四、推进教育国际化发展

进入 21 世纪以来，泰国出台了一系列重要的教育政策文本，这些政策文本引导和规划了泰国 20 多年的教育国际化发展。

泰国十分重视与世界各国的高等教育合作与交流，致力于推进高等教育的国际化发展。《高等教育第二个十五年长期发展规划（2008—2022 年）》继续对泰国高等教育国际化发展做出具体规划：（1）增加国与国之间师生的流动性和多样性，特别是加强与东南亚国家学生的交流；（2）提高学生学习外国语言和文化的强度和效率；（3）增设双语课程、国际性专业和国

---

① Office of the Education Council. Education in Thailand 2019—2021［M］. Bangkok：Ministry of Education，2021：277-278.

② 同① 279.

际教育课程；（4）鼓励与周边国家合作办学；（5）按照大学的类型制定教师引进及进修资助标准，引进联盟高校项目的教师和鼓励教师选择到世界顶尖大学进修；（6）建立与国外学术科研部门的友好合作关系；（7）面向东盟发展高等教育，积极响应东盟教育一体化发展，与东盟国家签署相互承认高等教育学历学位协定，加强与东盟国家高等教育机构的合作与交流，努力成为东盟活动中的主角。2014 年，泰国教育部高等教育委员会对 52 所公立大学和私立大学进行调查。调查结果表明，有 97% 的高等教育机构将国际化作为其使命的一部分，大约 60% 的高校已经制定了高校层面的国际化方案。此外，为了保持与《国家教育计划（2017—2036 年）》和《国家二十年发展战略规划（2018—2037 年）》的一致性，有效促进国家发展，高等教育委员会办公室任命的小组委员会在审议第三个十五年高等教育规划草案（2017—2031 年）时同意将该计划的期限从 15 年调整为 20 年，并重新命名为《高等教育发展二十年长期计划（2018—2037 年）》。该计划鼓励高等教育机构和教育人员在国际学术界发挥更大的作用，泰国高等教育机构要积极深化高等教育国际化和加强学术科研国际合作与交流，提高高等教育发展水平，使其能够与发达国家的高等教育相媲美，并努力将泰国发展成为东南亚国际教育和培训中心。

与此同时，泰国也重视职业教育的国际化发展。2017 年 9 月，泰国教育部职业教育委员会办公室发布了《职业教育发展二十年计划（2017—2036 年）》。该计划根据《国家教育计划（2017—2036 年）》以及《第十二个国民经济与社会发展规划（2017—2021 年）》确定了国家职业教育人力发展的目标和方向。为了充分提高职业人才培养的质量并达到国际标准，该计划涉及相关国际合作与交流的战略方向包括：（1）将本国的职业资格框架与东盟或其他国家的职业资格框架进行比较，并进行调整，力图培养国际化职业教育人才，以此增强本国职业人才的竞争力；（2）根据学生的专长加强职业教育培养，使之达到国际质量标准要求；（3）优化外语教学策略，提高职业教育学生的外语表达能力；（4）发展与国外职业教育合作的实习项目；（5）开展提高职业教育教师的英语能力与 21 世纪所需的技能的项目；（6）与国际高标准专业协会合作开展专业教师俱乐部发展项目；（7）借助日本政府援助基金发展职业教育项目；（8）把与国外职业教育合作的项目数量列入衡量发展职业教育的指标体系；（9）发展国际标准职业教育项目，提高职业教育管理，使泰国成为东南亚区域职业教育中心。

在继续扩大与东盟教育合作与交流方面，教育部发布《泰国东盟共同体教育战略计划（2015年）》，提出教育发展的五大战略措施：（1）增强东盟意识。主要强调在泰国教师、学生之间分享东盟知识和建立对东盟的积极态度。（2）提高泰国学生的能力。在这一战略中，主要是确保泰国学生具备外语能力，掌握信息、通信技术和与职业相关的技能，以适应工业变革，提高个人能力和抓住更好的就业机会。（3）提高教育水平，加强与其他东盟国家的教育交流。该战略旨在提高泰国的教育标准并促进东盟各级教育机构之间的教育网络，最终目标是就学历条件达成共同协议。此外，它旨在继续建立大学网络，并通过电子学习改善和支持学生与教师的交流和专业互动，通过电子学习改善远程学习和终身学习系统，促进和改善职业教育和与工作有关的培训，以及增进东盟社区成员之间的合作。（4）通过就教育达成的共同协议，为东盟免费教育区做准备。（5）提高青少年的素质，使他们成为泰国成功融入东盟的主体。

中泰关系自1975年建交以来就一直十分友好，两国教育合作与交流频繁，且在深度和广度上不断拓展，并取得丰硕的阶段性成果。在汉语教育方面，截至2019年，泰国有134所高等教育机构开设了汉语相关专业课程；泰国的孔子学院数量位居全球排名第7位，是东盟十国内拥有孔子学院数量最多的国家；中国从2006年开始派出赴泰汉语教师志愿者，数量逐年增加。2019年，共有1 546名赴泰汉语教师志愿者。①在合作办学方面，据统计，2015—2016年，与泰国开展合作办学的国外高校共有136所，其中，中国高校多达45所，占据总合作高校的33%，明显高于合作高校数排名第2的美国（21所）和排名第3的英国（14所）。在职业教育合作与交流方面，根据中国全国职业教育对外合作与交流网公布的数据，仅2016年，中国就和泰国开展了22个职业教育合作办学项目和短期交流项目，其中包括2项职业教育合作办学的项目（1项语言学科和1项财经贸易学科）和20项职

---

① Office of the Education Council. Education in Thailand 2019—2021［M］. Bangkok：Ministry of Education，2021：247.

业教育交流项目（如考察交流、学历进修、短期交流等活动）。在两国学生流动方面，泰国已成为来华留学生第二大生源国。据中国教育部统计，2018 年共有 196 个国家和地区的外国留学人员在中国的 1 004 所高等院校学习，其中泰国留学生 28 608 人，跃升至第 2 位。此外，中国一直是泰国留学生的主要来源国之一。

　　尽管目前中泰两国的教育合作与交流发展总体趋势良好，取得了一定成绩，但同时需要注意到，双方教育合作交流中还存在合作与交流内容单一、合作办学水平较低以及学生流动水平偏低等问题。这些问题如果不能合理和及时解决，将成为影响未来双方教育合作与交流进展以及充分发挥各自教育优势的障碍。随着"一带一路"倡议的实施以及"泰国 4.0"战略的不断推进，如何在崭新的历史机遇下，拓宽两国教育合作与交流的范围，积极探索培育两国合作与交流的新领域，提升两国教育合作与交流的水平，形成更大范围、更广领域、更高层次的教育国际合作与交流，是摆在两国面前的新的历史命题。基于两国教育合作与交流存在的问题，笔者对未来中泰教育合作与交流提出如下建议：丰富两国教育合作与交流的内容，扩大两国人员流动的规模和提升两国人员流动的质量，以及提高两国合作办学的水平和层次。

参考文献

［1］田禾，周方冶.泰国［M］.北京：社会科学文献出版社，2005.

［2］段立生.泰国通史［M］.珍藏本.上海：上海社会科学院出版社，2019.

［3］史国栋，李仁良，刘琪，等.泰国政治体制与政治现状［M］.苏州：苏州大学出版社，2016.

［4］冯增俊，李志厚.泰国基础教育［M］.广州：广东教育出版社，2004.

［5］阚阅，徐冰娜.泰国教育制度与政策研究［M］.北京：人民出版社，2020.

［6］刘宝存，等."一带一路"沿线八国国际教育合作与交流政策研究［M］.北京：人民出版社，2020.

［7］Office of the Education Council. Education in Thailand［M］. Bangkok：Ministry of Education，2017.

［8］Office of the Education Council. Education in Thailand 2019—2021［M］. Bangkok：Ministry of Education，2021.

［9］Office of the Education Council. Education in Thailand 2018［M］. Bangkok：Ministry of Education，2019.

［10］สำนักงานคณะกรรมการการศึกษาขั้นพื้นฐาน.หลักสูตรการศึกษาปฐมวัยพุทธศักราช ๒๕๖๐35–36［M］.กรุงเทพมหานคร：กระทรวงศึกษาธิการ，2017.

［11］张清玲.泰国小规模学校的现状、困境与改进策略［J］.比较教育学报，2022（2）：60–74.

［12］Basic Education Commission. Basic education core curriculum B.E. 2551（A.D. 2008）［S］. Bangkok：Ministry of Education，2008.

［13］周堞薇，张荣伟.合作与交流：泰国教师专业发展年度大会的核心理念：基于 EDUCA 2019 的探讨［J］.福建教育学院学报，2020（4）：

28-34.

　　[14] สำนักนโยบายและแผนการอุดมศึกษา.แผนอุดมศึกษาระยะยาว20ปีพ.ศ.2561—2580 [M].
กรุงเทพมหานคร: สำนักงานคณะกรรมการการอุดมศึกษา, 2018.

　　[15] 高琦."一带一路"背景下中泰职业教育国际合作的实践探索:
以四川工程职业技术学院工业机器人技术泰国师资培训为例[J].国际公关,
2019(9): 7-8.

　　[16] คณะกรรมการอิสระเพื่อการปฏิรูปการศึกษา.แผนการปฏิรูปประเทศด้านการศึกษา [M].
กรุงเทพฯ: กระทรวงศึกษาธิการ, 2019.

附 录

附录一 泰国部分教育统计

1.1 2015—2019 年基础教育机构的学生人数

单位：人

教育层次	2015 年	2016 年	2017 年	2018 年	2019 年
学前教育	2 700 778	2 700 769	2 701 172	2 579 190	2 529 838
小学教育	4 866 449	4 817 882	4 794 485	4 752 202	4 744 155
初中教育	2 308 439	2 276 593	2 287 269	2 282 379	2 265 875
高中教育	1 998 539	1 921 483	1 899 635	1 890 362	1 866 158
总计	11 874 205	11 716 727	11 682 561	11 504 133	11 406 026

资料来源：Office of the Education Council. Education in Thailand 2019—2021 ［M］. Bangkok：Ministry of Education，2021：115–119.

1.2 2013—2019 年高等教育机构的学生人数

单位：人

教育层次	2013 年	2014 年	2015 年	2016 年	2017 年	2018 年	2019 年
本科以下	316 288	312 770	344 377	348 060	329 673	370 756	378 252
本科	1 881 816	1 843 477	1 851 653	1 780 382	1 715 976	1 640 426	1 517 101
研究生文凭	5 399	3 829	7 788	8 226	10 689	9 749	8 655
硕士学位	200 304	188 327	179 245	147 096	131 511	109 938	94 203
高等研究生文凭	1 442	1 523	1 438	1 025	1 761	3 389	2 063
博士学位	25 394	24 487	24 742	23 995	24 472	25 325	23 831
总计	2 430 643	2 374 413	2 409 243	2 308 784[①]	2 214 082[②]	2 159 583	2 024 105

资料来源 1：Office of the Education Council. Education in Thailand 2018 ［M］. Bangkok：Ministry of Education，2019：166.

资料来源 2：Office of the Education Council. Education in Thailand 2019—2021［M］. Bangkok：Ministry of Education，2021：135.

注①、②：原表中，2016年总计数据为 2 309 384，2017年总计数据为 2 234 082。经计算，此两处数据有误，笔者已更正。

1.3　2013—2017 年基础教育机构的教师人数

单位：人

教育机构	2013 年	2014 年	2015 年	2016 年	2017 年
教育部	632 400	611 842	627 465	603 519	609 648
体育和旅游部	576	657	940	897	476
文化部	1 040	974	1 062	932	866
内政部	84 577	91 443	88 984	82 489	88 984
曼谷大都会管理局	16 397	15 331	16 800	15 076	14 158
社会发展和人类安全部	54	53	10	20	6
泰国皇家警察局	1 638	1 648	1 727	1 700	1 456
总计	736 682①	721 948	736 988	704 633	715 594

资料来源：Office of the Education Council. Education in Thailand 2018［M］. Bangkok：Ministry of Education, 2019: 134.

注①：原表中，2013年总计数据为 736 672。经计算，此处数据有误，笔者已更正。

1.4　2016—2020 年按隶属关系分类在曼谷和其他省份地区的教师人数

单位：人

部门		2016 年		2017 年		2018 年		2019 年		2020 年	
		曼谷	地方	曼谷	地方	曼谷	地方	曼谷	地方	曼谷	地方
合计		88 267	572 342	80 623	551 099	81 808	614 187	82 179	674 394	84 871①	580 551
教育部	教育部常务秘书办公室	23 354	82 337	17 686	80 300	17 297	97 341	19 430	89 692	22 405	99 512
	基础教育委员会办公室	11 442	388 357	11 176	364 594	11 176	363 004	14 736	456 140	13 182	360 596
	职业教育委员会办公室	4 082	21 583	4 082	21 601	5 963	53 847	3 926	35 107	4 678	49 495

续表

部门	2016年 曼谷	2016年 地方	2017年 曼谷	2017年 地方	2018年 曼谷	2018年 地方	2019年 曼谷	2019年 地方	2020年 曼谷	2020年 地方
教育部 教育部长直属公共团体	—	71	—	84	—	151	—	157	—	154
其他政府机构 高等教育、科学、研究和创新部	32 439	39 854	31 295	44 578	31 149	58 211	28 320	52 935	28 209	58 918
内政部	—	29 339	—	29 031	—	30 527	—	29 697	—	835
社会发展和人类安全部	10	10	10	13	10	13	10	15	10	7
人类安全部 曼谷	15 076	—	14 516	—	14 489	—	14 529	—	14 714	—
卫生部	129	2 077	134	2 228	104	2 268	105	2 335	104	1 941
交通运输部	63	113	58	77	58	42	43	80	183	38
国防部	1 309	491	1 292	438	957	525	722	525	1 036	541
文化部	135	797	145	768	329	756	107	885	87	834
旅游体育部	—	897	—	713	—	1 023	—	597	—	1 236
国家佛教办公室	228	4 614	229	4 564	230	4 168	211	4 125	223	4 045
总理/部长监督下的组织	—	1 802	—	2 110	46	2 311	40	2 104	40	2 399

资料来源：สถิติการศึกษา. จำนวนครู/คณาจารย์ ในระบบโรงเรียน จำแนกตามสังกัด ในกรุงเทพมหานครและส่วนภูมิภาค ปีการศึกษา 2559—2563 ［EB/OL］. ［2021-12-12］. http：//statbbi.nso.go.th/staticreport/page/sector/th/03.aspx.

注①：原表中，2020年曼谷的合计数为84 869人。经计算，此处数据有误，笔者已更正。

1.5 2016—2020 年按隶属关系分类在曼谷和其他省份地区的教师人数
（学校系统外）

单位：人

隶属	2016 年		2017 年		2018 年		2019 年		2020 年	
	曼谷	地方	曼谷	地方	曼谷	地方	曼谷	地方	曼谷	地方
合计	12 570	26 237	11 763	26 736	20 572	51 949	20 521	50 832[①]	3 500	21 918[②]
教育部	12 444	26 237	11 563	26 736	20 398	51 949	20 297	49 992	3 264	21 280
其他政府机构	126	—	200	—	174	—	224	420	236	319
高等教育、科学、研究和创新部	—	—	—	—	—	—	—	420	—	319

资料来源：สถิติการศึกษา. จำนวนครู/คณาจารย์ ในระบบโรงเรียน จำแนกตามสังกัด ในกรุงเทพมหานครและส่วนภูมิภาค ปีการศึกษา
2559—2563［EB/OL］.［2021-12-12］. http：//statbbi.nso.go.th/staticreport/
page/sector/th/03.aspx.

注①、②：原表中，2019年地方合计数据为 50 412人，2020年地方合计数据为 21 599人。
经计算，此两处数据有误，笔者已更正。

1.6 2016—2020 年按隶属关系分类在曼谷和其他省份地区的教育机构数量
（学校系统内）

单位：人

部门	2016 年		2017 年		2018 年		2019 年		2020 年	
	曼谷	地方	曼谷	地方	曼谷	地方	曼谷	地方	曼谷	地方
合计	1 559	37 070	1 460	36 798	1 502	36 854	1 579	36 402	1 572	36 234
教育部常务秘书办公室	782	3 287	684	3 293	726	3 277	804	3 333	771	3 342
基础教育委员会办公室	159	30 657	160	30 245	160	30 245	159	29 712	159	29 483
职业教育委员会办公室	99	808	96	808	99	811	99	814	87	783
教育部长直属公共团体	—	1	—	1	—	1	—	1	—	1

续表

部门	2016 年		2017 年		2018 年		2019 年		2020 年	
	曼谷	地方	曼谷	地方	曼谷	地方	曼谷	地方	曼谷	地方
高等教育、科学、研究和创新部	48	107	48	107	48	107	48	107	86	170
内政部	—	1 524	—	1 640	—	1 712	—	1 733	—	1 751
社会发展和人类安全部	1	1	1	1	1	1	1	1	1	1
曼谷	440	—	439	—	438	—	438	—	438	—
卫生部	2	36	5	41	2	37	2	37	2	37
交通部	1	1	1	1	1	1	1	1	1	1
国防部	14	5	14	5	14	5	14	5	13	3
文化部	1	15	1	15	1	15	1	15	2	16
旅游体育部	—	28	—	29	—	29	—	29	—	28
国家佛教办公室	12	395	11	398	11	395	11	395	11	397
总理／部长监督下的组织	—	205	—	214	1	218	1	219	1	221

资料来源：สถิติการศึกษา. จำนวนครู/คณาจารย์ ในระบบโรงเรียน จำแนกตามสังกัด ในกรุงเทพมหานครและส่วนภูมิภาค ปีการศึกษา 2559—2563［EB/OL］.［2021-12-12］. http：//statbbi.nso.go.th/staticreport/page/sector/th/03.aspx.

1.7 2013—2019 年泰国各教育层次的学生在公立和私立教育机构中的百分比

单位：%

教育层次	2013 年		2014 年		2015 年		2016 年		2017 年		2018 年		2019 年	
	公立	私公	公立	私公	公立	私公	公立	私公	公立	私公	公立	私公	公立	私公
学前教育	76.7	23.3	78.1	21.9	76.7	23.4	76.6	23.4	76.7	23.3	76.3	23.7	77.4	22.6
小学教育	78.9	21.1	78.8	21.2	77.9	22.1	77.8	22.2	77.7	22.3	77.3	22.7	77.1	22.9
初中教育	86.0	14.0	86.4	13.6	85.9	14.1	85.9	14.1	85.8	14.2	85.7	14.3	85.4	14.6
高中教育	80.5	19.5	81.3	18.7	81.1	18.9	81.3	18.7	80.6	19.4	80.8	19.2	80.3	19.8
普通高中	87.5	12.5	87.9	12.1	87.4	12.6	87.3	12.7	87.2	12.8	87.2	12.8	86.6	13.4
职业高中	66.0	34.0	67.4	32.6	68.4	31.6	69.7	30.3	68.1	31.9	68.5	31.5	68.6	31.4
高等教育	84.5	15.5	83.9	16.1	83.6	16.4	83.0	17.0	82.8	17.2	81.6	18.4	80.9	19.1
总计	80.8	19.2	81.2	18.8	80.4	19.6	80.3	19.7	80.1	19.9	79.7	20.3	79.6	20.4

资料来源 1：Office of the Education Council. Education in Thailand 2018 [M]. Bangkok: Ministry of Education, 2019: 80.

资料来源 2：Office of the Education Council. Education in Thailand 2019—2021 [M]. Bangkok: Ministry of Education, 2021: 93.

1.8 2013—2021年按工作性质分类的教育支出预算

单位：百万泰铢

教育工作的性质	2013年	2014年	2015年	2016年	2017年	2018年	2019年	2020年	2021年
中学教育及以下	367 010.0	383 557.2	387 886.6	388 080.8	376 124.3	325 295.8	347 778.5	341 669.8	329 732.5
高等教育	83 326.3	87 721.9	97 725.7	106 829.1	112 975.0	108 340.9	101 832.7	100 653.0	102 269.9
不分学历层次的教育	2 598.0	2 720.3	2 780.7	9 214.5	3 116.8	3 780.4	2 688.4	2 447.1	2 211.0
教育支持	22 275.9	23 508.6	22 521.1	25 386.7	15 219.8	47 466.3	10 365.8	10 804.4	12 217.3
其他教育	18 681.8	21 011.1	20 130.7	20 197.0	27 840.8	31 721.9	44 341.1	37 469.4	36 073.4
教育研究与发展	—	—	—	—	1 455.3	6 964.1	3 420.5	779.0	260.4
总计	493 892.0	518 519.1	531 044.8	549 708.1	536 732.0	523 569.4	510 427.0	493 822.7[①]	482 764.5

资料来源：สถิติการศึกษา, งบประมาณรายจ่ายด้านการศึกษา จำแนกตามลักษณะงาน ปีงบประมาณ 2555—2564［R］.
［2021-12-12］. http：//statbbi.nso.go.th/staticreport/page/sector/th/03.aspx.

注①：原表中，2020年总计数据为 493 043.7百万泰铢。经计算，此处数据有误，笔者已更正。

附录二　泰国部分大学介绍

1. 朱拉隆功大学

朱拉隆功大学（Chulalongkorn University）成立于 1917 年 3 月，是泰国第一所高等学府。

朱拉隆功大学的主要使命是成为学术学习和专业卓越的高等教育中心。通过追求、发展、传播和应用知识，朱拉隆功大学致力于帮助学生掌握专业知识和研究技能，并具备保护艺术、文化和价值观的意识。除了学术知识，该大学还希望培养学生的道德感、社会责任感和公共服务意识。

截至 2020 年，朱拉隆功大学拥有 20 个学院，包括联合健康科学学院、建筑学院、艺术学院、商业与会计学院、传播艺术学院、牙科学院、经济学院、教育学院、工程学院、美术学院、法学院、医学院、护理学院、药学学院、政治学院、心理学学院、科学学院、体育科学学院、兽医学院、农业资源学院。此外，朱拉隆功大学有 23 个研究机构，441 个课程项目（专业）。截至 2020 年，朱拉隆功大学有 8 138 名教职工，在校生 37 626 人。其中本科生 26 202 人、研究生 10 656 人、证书生（certificate program students）768 人。

2. 泰国国立法政大学

泰国国立法政大学（Thammasat University）于 1934 年成立。创办人比里·帕侬荣（Pridi Banomyong）教授希望建立一所教育泰国人民民主的大学。他认为大学是一片绿洲，可以满足追求知识者的渴望。根据教育自由的原则，接受高等教育的机会理所当然地属于每个公民。

在世界迅速变化的今天，泰国国立法政大学调整其学习和教学模式，发展"主动学习"的教育方法。泰国国立法政大学已发展成为一所全面的综合性大学，提供社会科学、人文、健康和科学技术等各个领域的课程。学院和国际学院也提供国际课程，以满足全球公民对不同知识领域日益增长的需求。

2017 年，泰国国立法政大学与泰国共同发展，制定五年战略计划——将泰国国立法政大学定位为首要机构，通过世界一流的研究和教育培养年轻领导者。该战略计划的 5 个目标包括：（1）使毕业生具备优秀素质，具备创业技能，并且能熟练掌握至少 3 种语言；（2）开展有助于解决社会和世界问题的高质量研究和创新；（3）通过国际合作建立影响深远的网络；（4）利用学术和健康服务质量达到国际标准；（5）将现代尖端管理系统纳入组织的整体运作。

截至 2021 年，泰国国立法政大学有 26 个学院，包括法学院、商业与会计学院、政治学院、经济学院、社会科学学院、社会学与人类学学院、文科学院、新闻与大众传播学院、科学与技术学院、工程学院、建筑与城市规划学院、美术学院、医学院、联合健康科学学院、牙科学院、护理学院、公共卫生学院、药学院、科学与教育学院、发展研究学院、创新学院、跨学科研究学院、全球研究学院、诗琳通国际理工学院、国际学院、朱拉蓬国际医学院。此外，还有 7 个研究机构，包括人力资源研究所、泰国案例研究所、东亚研究所、政法大学研究和咨询研究所、语言学院、泰国民主办事处、区域研究所。据统计，截至 2021 年，泰国国立法政大学有在校学生 36 678 人，教职工 7 221 人，其中教职人员获得博士学历占 60.33%，硕士学历占 35.81%，本科学历占 3.86%。

3. 玛希隆大学

玛希隆大学（Mahidol University）前身是 1888 年由朱拉隆功国王建立的西里拉医院。该医院的医学院是泰国最古老的高等学府，1893 年授予其学生第一个医学学位。后来在 1969 年，由国王普密蓬·阿杜德先生改名为玛希隆大学。玛希隆大学已发展成为泰国久负盛名的大学之一，其教学、研究、国际学术合作和专业服务方面成就杰出，在国际上享有盛誉。这所多元化的大学目前在众多社会和文化学科提供高质量的课程，在博士课程中一直保持着其在医学和科学方面的传统优势。

玛希隆大学的整体理念体现在其校训中："善待他人，正如你希望他人善待你一样。"这一基本主题贯穿于玛希隆大学的各个方面，它努力向毕业生传递这样一种信念：除了取得优异的学术成绩，他们还有提高全人类生活质量的庄严职责。玛希隆大学对高等教育的理念是——真正的成功不在于学习，而在于应用于造福人类。

截至 2021 年，玛希隆大学有 19 个学院，包括牙医学院、工程学院、环境与资源研究学院、研究生院、信息与通信技术学院、护理学院、药学学院、理疗学院、公共卫生学院、科学学院、社会科学与人文学院、热带医学学院、兽医学院、管理学院、音乐学院、宗教研究学院、体育科技学院、玛希隆大学国际学院、拉查苏达学院，以及 1 个研究中心：国家实验动物中心。此外，共有 9 个研究机构，包括东盟卫生发展研究所、创新学习研究所、分子生物科学研究所、营养研究所、人口与社会研究所、技术与创新管理研究所、国家儿童和家庭发展研究所、亚洲语言文化研究所和分析科学与国家兴奋剂检测研究所。据 2021 年统计，玛希隆大学有学生 15 000 人，教职工大约 4 000 人。

4. 清迈大学

清迈大学（Chiang Mai University）成立于 1964 年 1 月。清迈大学作为泰国第一所省级大学，是北部地区学术和职业知识中心。清迈大学的学生注重自我培训，以成为知识渊博、有思想、务实的人，并能够管理自己和他人，具有道德感和社会意识。

截至 2021 年，清迈大学有 26 个学院，包括大众传播学院，农业学院，牙科学院，附属医学院，法学院，商学院，护理学院，医学院，药学学院，人文学院，政治科学与公共管理学院，美术学院，科学学院，工程学院，教育学院，经济学院，建筑学院，社会科学学院，兽医学院，公共卫生学院，农业工程学院，研究生院，海洋研究与管理学院，国际数字创新学院，艺术、媒体和技术学院，公共政策学院，以及 1 个研究所：生物医学工程研究所。据 2022 年 3 月统计，清迈大学有在校学生 35 127 人，其中女生 21 518 人、男生 13 609 人。

5. 孔敬大学

孔敬大学（Khon Kaen University）建于 1964 年，是泰国东北部主要的大学，该校一直致力于成为泰国顶尖大学。孔敬大学的愿景是成为一所研究型大学，为社会和国家发展构建新的知识体系，并期望能被国家和国际社会认可为科研领先大学。孔敬大学的主要任务是培养未来的公民，使他们能在不断变化的世界中胜任工作。此外，孔敬大学提出教育转型，开发了基于满足社会需求的新项目，并将为所有年龄学习者开发终身学习的项目。孔敬大学为学生提供各种技能培训的机会，包括21世纪思维技能，以及第四次工业革命时代所必需的思维技能，即计算思维和统计思维。

截至2022年5月，孔敬大学共有24个学院。这些学院主要分为四大类：（1）科学与技术类，有农业学院、工程学院、科学学院、技术学院、建筑学院、计算机学院；（2）健康科学类，有护理学院、医学院、医疗技术学院、公共卫生学院、牙科学院、药学院、兽医学院；（3）社会科学类，有教育学院、人文与社会科学学院、工商管理与会计学院、美术与应用艺术学院、法学院、经济学院、地方政府学院、管理研究生院；（4）跨学科项目，有研究生院、国际学院、跨学科研究学院。据2021年统计，孔敬大学有2个校区，共有38 407名学生，11 480名教职工。

6. 农业大学

农业大学（Kasetsart University）建于1943年，是泰国著名大学之一。农业大学致力于成为一所在教学和研究创新领域处于领先地位的世界级大学，以农业知识为基础，实现社会的可持续发展。农业大学被誉为"绿色大学"，其校园是一片生机勃勃的绿色城市森林，体现了现代城市园林绿化的一些优秀实践。农业大学也被称为"快乐大学"，因为它不仅提供严格的学术教育课程，还通过为学生提供各种发展活动和机会，让他们获得宝贵的经验，为他们长期成功的职业生涯做好准备，从而促进学生的幸福感。此外，农业大学还被称为"数字大学"，其提倡技术创新，鼓励使用新的信息系统，认同数字化工作的便利性、速度和安全性，并寻求不断采用人工智能服务提供的发展。

据2022年6月统计，农业大学有学生83 225人。其中，本科生有75 701人，硕士研究生有6 241人，博士生有1 283人。农业大学主要有四个校区。Bang Khen校区是主校区，共有16个学院，包括农业学院、工商管理学院、渔业学院、人文学院、林业学院、理学院、工程学院、教育学院、经济学院、建筑学院、社会科学学院、兽医学院、农业工业学院、兽医技术学院、环境学院、医学院。Kamphaeng Saen校区旨在促进高级研究，尤其是农业方面的研究，并提供全学位课程和其他教育机会，重点关注泰国西部地区的教育需求。该校区共设有7个学院，包括农业学院、工程学院、体育科学学院、文理学院、教育与发展科学学院、兽医学院、酒店业学院。Chalermphrakiat Sakon-Nakhon Province 校区明确整合了科学、农业科学、技术、管理科学和健康方面的知识基础，以满足泰国东北部地区的教育和社会需求。该校区共有4个学院，包括自然资源与农业工业学院、理工学院、文理学院和公共卫生学院。Sriracha 校区提供完整的学位课程和广泛的教育课程，为泰国东部地区的经济发展做出独特贡献。该校区设立5个学院，包括管理科学学院、工程学院、理学院、经济学院和国际海事研究学院。

7. 布拉帕大学

布拉帕大学（Burapha University）是一所综合性大学，又称为"泰国东方大学"。学校始建于1955年，是泰国第一所位于东部地区的公立高等教育机构。布拉帕大学在硬件设施、人力、高效管理体系建设等方面不断发展，提供社会科学、健康科学和科学技术等学科领域的学士、硕士和博士学位课程，以及提供国际课程和一些短期课程。

布拉帕大学共有3个校区，分别是 Bangsaen 校区、Chanthaburi 校区和 Sakaeo 校区。Bangsaen 校区是布拉帕大学的主校区，集中了学校的主要院系和管理部门。该校区共有21个学院，包括管理与旅游学院、泰国传统医学学院、音乐与表演学院、护理学院、医学院、药学院、地理信息学院、人文社会科学学院、政法学院、物流学院、信息科学学院、理学院、运动科学学院、工程学部、美术与应用艺术学院、教育学院、公共卫生学院、联合健康科学学院、国际学院、商学院、研究与认知科学学院。Chanthaburi 校区设有3个学院，分别是海洋技术学院、科学与艺术学院、宝石学院。Sakaeo 校区设有农业技术学院、科学与社会科学学院共2个学院。

8. 国王科技大学（吞武里）

国王科技大学（吞武里）（King Mongkut's University of Technology Thonburi）创建于1960年，是泰国的一所知名高等学府，致力于为学生提供世界级教育和研究机会，是泰国工程技术类第一大学，以在科学、技术和工程方面的创新计划和卓越课程而闻名。国王科技大学（吞武里）是泰国第一所获得完全自治权的公立大学。它的管理体制仿效国际公立大学的模式，拥有预算完全控制权，并拥有设立新的学院和部门，以及引入新学术项目的权力。

据 2019 年统计，国王科技大学（吞武里）拥有 15 424 名本科生和研究生，916 名教师和研究人员。国王科技大学（吞武里）主要有 2 个校区。Bangmod 校区占地 21 公顷，是国王科技大学（吞武里）的主校区。该校区设有工程学院，理学院，工业教育与技术学院，能源、环境与材料学院，信息技术学院，文科学院，能源与环境联合研究生院，管理与创新研究生院，野外机器人研究所，科学与技术研究与服务研究所，计算机中心和图书馆。Bangkhuntien 校区设有建筑与设计学院、生物资源与技术学院、试验工厂开发与培训学院和工业园区。国王科技大学（吞武里）还有 1 个学习公园和 1 个创新中心。叻丕府学习公园总面积 186 公顷，该学习公园非常适合教学、研究、提供学术服务以及传播技术和艺术知识。该学习公园致力于发展成为国家"西部教育园 / 工业园"。国王科技大学（吞武里）还设立了知识交流促进创新中心，该中心是为了促进该校与学术盟友、前瞻性制造企业（尤其是战略部门的中小企业）和公共组织之间的知识、技术和创新能力交流，以便提升泰国的技术和创新能力，致使国王科技大学（吞武里）的教师和学生有机会从实际问题中获得经验，并有机会从事真正的需求驱动研究。